China Keitetsi

Sie nahmen mir die Mutter und gaben mir ein Gewehr

Mein Leben als Kindersoldatin

Aus dem Dänischen
von Sigrid Engeler

Ullstein

Bildnachweis:
Foto auf Seite 1 des Bildteils: © Ekstra Bladets Forlag
Alle anderen Fotos stammen aus dem Privatbesitz der Autorin.

3. Auflage 2002

Die Originalausgabe erschien 2002 unter dem Titel
Mit liv som barnesoldat i Uganda bei Ekstra Bladets Forlag
© 2002 by China Keitetsi und Ekstra Bladets Forlag
Published by agreement with
Leonhardt & Høier Literary Agency aps, Copenhagen

Ullstein Verlag
Ullstein ist ein Verlag des Verlagshauses Ullstein Heyne List GmbH & Co. KG
ISBN 3-550-07556-1
Copyright der deutschsprachigen Ausgabe
© 2002 by Ullstein Heyne List GmbH & Co. KG, München

Alle Rechte vorbehalten.
Lektorat: Christiane Burkhardt
Herstellung und Layout: Helga Schörnig
Geländedarstellungen der Karten: MHM® © Digital Wisdom
Karten: Geokarta, Heiner Newe, Altensteig
Bildteil: Helio Repro GmbH, München
Satz: Franzis print & media GmbH, München
Druck und Bindung: Clausen & Bosse, Leck
Gedruckt auf 90 g/qm Werkdruck von Schleipen
Printed in Germany

Dieses Buch ist allen Kindersoldaten gewidmet – denen, die noch am Leben sind, und jenen, die den Tod fanden.

In diesem Zusammenhang gedenke ich auch Lieutenant Colonel Fred Rwigyema, meinem Onkel Caravell, meiner Schwester Helen, meiner Schwester Margie, meiner Schwester Grace, meiner Mutter; Lieutenant Colonel Bruce, Lieutenant Colonel Benon Tumukunde, Major Moses Kanabi, Major Bunyenyezi, Captain Kayitare, Afande Ndugute, Corporal Kabawo, Private Sharp sowie all den anderen Soldaten der National Resistance Army (NRA), die ihr Leben für das Volk Ugandas gaben. Zu wissen, dass es Euch nicht mehr gibt, ist hart. Um Euretwillen will ich stark sein und alles dafür tun, um zu verhindern, dass Kinder zu Soldaten werden und ihr Leben lassen, nur damit ein paar kalte und herzlose Menschen nach Macht und Ehre greifen können.

An dieser Stelle möchte ich auch an den Vater meines Sohnes erinnern, den verstorbenen Lieutenant Colonel Moses Drago Kaima.

Ehre ihrem Andenken

Vorwort

Ich heiße China Keitetsi, bin 26 Jahre alt und eine ehemalige Kindersoldatin aus Uganda. Meine Heimat Uganda liegt in Ostafrika und grenzt an Kenia, Tansania, den Sudan, Ruanda und die Demokratische Republik Kongo.

1999 verließ ich mit Hilfe der Vereinten Nationen Afrika und ging nach Dänemark. Die Geschichte, die ich hier erzähle, handelt von meinem Leben als Kindersoldatin in Uganda.

Vielleicht fragen Sie sich, wie ich dazu gekommen bin, ein Buch zu schreiben. Brigitte Knudsen, die Leiterin des Einwanderungsbüros meiner dänischen Gemeinde, empfahl mir, den Schmerz, den ich empfinde, aufzuschreiben. Sie fand, das Schreiben könne mir helfen, das Erlebte zu verarbeiten. Denn immer wenn ich traurig war oder Alpträume hatte, rief ich sie an, ganz egal, ob am Wochenende oder mitten in der Nacht. Als ich auf ihren Rat hin anfing zu schreiben, war der Bann gebrochen und die Tränen begannen zu fließen. Jedes Mal, wenn ich etwas geschrieben hatte, ging es mir anschließend ein bisschen besser. Und schon bald konnte ich nicht mehr damit aufhören. Ich schrieb, wie ich weinte. Als ich mehr als einhundertundfünfzig Seiten zusammen hatte, erzählte ich Knud Held Hansen, meinem Pflegevater, davon. Er sagte: »Oh, China! Du schreibst ein Buch.« Da dachte ich zum ersten Mal daran, dass tatsächlich ein Buch daraus werden könnte. Das Schreiben hat mir geholfen, mich in meinem neuen Leben zurechtzufinden. Und es hat mir klar gemacht, dass nicht nur ich Hilfe brauche. Für viele andere ist mein Alptraum noch heute bittere Realität. Das Aufschreiben meiner Erlebnisse half mir, Opfer und Täter zu unterscheiden. Die Reaktionen auf mein Buch übertrafen alle meine Erwartungen. Dabei hatte ich ursprünglich gar keine gehabt. Menschen aus der ganzen Welt schreiben mir E-Mails oder tragen sich in mein Gästebuch auf meiner Website ein. Die Menschen sind voller Anteilnahme. Meine Geschichte scheint jeden zu berühren, unabhängig von seiner gesellschaftlichen Stellung oder Hautfarbe. Bisher traf ich Staatsmänner, Schauspieler, UNO-Mitarbeiter und Vertreter anderer Hilfsorganisationen, wie den UN-Generalsekretär Kofi Annan, die Sonderbeauftragte der Vereinten Nationen für Kinder in bewaffneten Konflikten, Olara Otunno, Bill Clinton oder die Schauspieler Whoopi Goldberg, Harrison Ford und Robert de Niro. Ich traf die ehemalige Bildungsministerin von Mosambik, Graça Machel, ja sogar Königin Sylvia von Schweden.

Deutschland ist das zweite Land, in dem meine Lebensgeschichte veröffentlicht wird. Darüber bin ich sehr froh. Ich habe gute Freunde in Deutschland, die mir geholfen haben, die schönen Seiten des Lebens zu entdecken. Sie zeigten mir Italien und Österreich – Länder, von denen ich niemals gedacht hätte, dass ich sie eines Tages bereisen würde. Die Herzlichkeit, die sie mir entgegenbrachten, hat mir sehr geholfen. Das erste und zugleich letzte Abendessen, das ich mit ihnen in Südafrika erlebte, werde ich mein Lebtag nicht vergessen. Für viele ist so etwas eine Kleinigkeit, aber für mich war es eines der wenigen Erlebnisse aus dieser Zeit, an die ich mit einem Lächeln zurückdenken kann. Vor allem aber bin ich froh über diese deutsche Ausgabe, weil sie zeigt, dass viele Menschen in Deutschland das Anliegen meiner Freunde teilen.

Mein Leben in Dänemark ist ganz anders als mein Leben in Uganda. Ich muss keine Befehle mehr entgegennehmen, muss nicht hassen und töten. Aber das Allerschönste daran ist, dass ich jetzt ein selbstbestimmtes Leben führe. Niemand kann mich mehr zwingen, etwas gegen meinen Willen zu tun.

Trotz dieser neuen Freiheit ist meine Angst allgegenwärtig. Der Missbrauch und die Demütigungen haben ihre Spuren hinterlassen. Im Traum sehe ich manchmal die Gesichter befreundeter Kindersoldaten vor mir, die ihrem Leben mit der Waffe ein Ende setzten, weil sie es nicht mehr aushielten. Ich sehe, wie Menschen getötet und gefoltert werden. Sehe die Massengräber mit den gefallenen Kameraden, die tiefe Verzweiflung in den Gesichtern ihrer Kampfgefährten.

Meine Angst ist allgegenwärtig. Die Liebe, die ich empfinde, gilt vor allem den Kindern. Denn für mich ist Unschuld gleichbedeutend mit Liebe.

Der Kampf, den ich heute führe, ist kein Kampf mit Waffen, sondern ein Kampf mit Worten. Alle Kinder sollen das Recht haben, in Unschuld aufzuwachsen. Kein Kind soll erleben müssen, was ich erlebt habe.

China Keitetsi, im September 2002
Chinakeitetsi@yahoo.dk

Teil 1

Die geraubte Kindheit

Auf den Spuren der Vergangenheit

Wenn ich heute als fünfundzwanzigjährige junge Frau sicher und wohlbehalten in einem Teil der Welt sitze, von dem ich bis vor kurzem nur eine äußerst verschwommene Vorstellung hatte, kann ich kaum glauben, dass ich dieses Buch geschrieben habe. Denn die Kindheit, die ich hier schildere, möchte ich nur ungern ein zweites Mal erleben. Erinnerungen sind zweifellos etwas schwer Fassbares. Sie tauchen auf, wenn man sie am wenigsten erwartet – wie ein flüchtiges Aufblitzen. Sie ähneln einem Traum, der ganz eigenen Gesetzen folgt.

Die vielen Spuren, die zu meinem früheren Leben als Kindersoldatin zurückführen, müssen neu abgeschritten werden, aber das Kind in mir wehrt sich dagegen und weint, weil es wieder mit einem Leben konfrontiert werden soll, das alles andere als traumhaft war.

Noch heute überfällt mich manchmal das Gefühl eines entsetzlichen Verlusts, weil ich ohne eine Mutter aufwachsen musste. Damals war ich noch zu klein, um zu verstehen, was das für mich bedeuten würde. Dieser Verlust ist unbeschreiblich intensiv. Trauer und Ohnmacht schlagen über mir zusammen und löschen alle anderen Gedanken aus. Meist versuche ich dann, diese Gedanken wegzuschieben – zu vergessen –, weil das am leichtesten ist.

Wovon träumte ich als Kind? Wovon, glaube ich, alle Kinder träumen, von Geborgenheit und Liebe. Stattdessen wurde ich zur Gefangenen in einem Spiel, bei dem sich mein Vater mit seinem Traum von Macht und Größe und ein zynischer Politiker mit seinem Traum von Macht und Ehre in nichts nachstanden. Doch ihr Traum war nicht der meine. Ihr Traum zwang mich zur Flucht – zur Flucht vor Prügel, zur Flucht vor meiner Rolle als

Sündenbock und zur Flucht vor einem Spiel, bei dem mein Leben als Einsatz galt. Über weite Strecken hinweg zwang mich ihr Traum zu einer Flucht vor mir selbst. Ihr Traum wurde zu meinem Alptraum.

Wovon träume ich heute? Zuallererst davon, mein Leben auch weiterhin selbst bestimmen zu können. Und von Freiheit – Freiheit von Angst, Freiheit davon, mir selbst Gewalt anzutun, Freiheit, die Raum lässt für das Leben und die Liebe. Heute spüre ich, wie weit ich schon gekommen bin, dass ich es geschafft habe, mein Leben selbst in die Hand zu nehmen. Doch es passiert mir immer wieder, dass ich in ein tiefes, schwarzes Loch falle, wenn ich an meine Vergangenheit denke. Die meisten Erinnerungen sind schlimm. Lichtblicke gibt es kaum. Das Gefühl, versagt zu haben, der Verlust meiner Mutter wird mich – glaube ich – niemals verlassen. Die Wunden sind zu tief und die Vergangenheit hat zu viele Spuren hinterlassen, als dass ich sie einfach abwaschen könnte.

Erste Eindrücke

Mein Vater hieß John und kam in einem Dorf in Westuganda zur Welt. Dort wuchs er auf, ging zur Schule und machte Karriere. Seinen ersten Managerposten hatte er bei der Kammer, die den Kaffeeabsatz organisierte. Erst nachdem er meine Mutter kennen gelernt hatte, beschloss er, Jura zu studieren. Auf regionaler Ebene war mein Vater ein durchaus wichtiger Mann. Nebenher betrieb er eine Farm, die von seiner Mutter geleitet wurde.

Als ich zur Welt kam, ließ sich mein Vater von meiner Mutter scheiden – vielleicht, weil ich kein Junge war. Und das, obwohl meine Mutter schnell wieder von ihm schwanger wurde und einen Sohn bekam – meinen kleinen Bruder Richard.

Ich war erst sechs Monate alt, als meine Mutter gezwungen wurde, ihr Zuhause und mich zu verlassen. Wäre sie zurückgekehrt, es hätte sie auf der Stelle das Leben gekostet. In der Beziehung zwischen Mann und Frau galt das Recht des Stärkeren. Das Schicksal – ja, der eigene Lebensweg – hing davon ab, wer der Stärkere war. In meiner Familie war das mein Vater, und er hatte nicht die Absicht, seine Macht mit irgendjemandem zu teilen. Warum, das sollte ich erst sehr viel später erfahren.

Mein Vater wusste sehr wohl, welchen Schmerz und welches Leid er anderen bereitete. Aber er war so von seinem eigenen Leben in Anspruch genommen und ganz besessen davon, immer im Mittelpunkt zu stehen, dass er nicht anders konnte.

Meine Mutter hatte buchstäblich keine andere Wahl, als mich zu verlassen, auch wenn ihr klar gewesen sein muss, dass mir dadurch die Chance genommen war, wie ein normales Kind aufzuwachsen. Ich befand mich in der Obhut eines Vaters, der von seinem Naturell her eher einem Raubtier glich als einem Menschen. Für ihn war ich vermutlich nichts weiter als eine Last, die stets nur forderte, Tag und Nacht. Von diesem Quälgeist trennte er sich, indem er mich zu seiner Mutter auf die Farm schickte. Niemand erzählte mir, dass das die Farm meines Vaters war. Erst als ich älter wurde, begriff ich, dass mein Vater große Bananenplantagen und Ländereien mit vielen Tieren besaß.

Wer bei dem Wort »Großmutter« an eine liebe alte Frau denkt, kennt meine Großmutter nicht. Alt war sie, aber lieb nun wirklich nicht. Sie war klein, fett und sah aus wie eine Hexe. Eines ihrer Augen schwamm stets in Tränen, und ihr Mund war zu einer Grimasse erstarrt. Wenn sie den Mund öffnete, um etwas zu sagen, glich er einem selbstständigen Wesen, das verzweifelt darum kämpft, sich loszureißen und wegzufliegen. Aber ihre zähen und sehnigen alten Muskeln umklammerten ihn wie einen Schraubstock.

Ihr Aussehen tat für mich nichts zur Sache – solange man mich nicht zwang, sie zu küssen. Es waren ihre harten und kalten Worte, die mein Herz durchbohrten. Gegen sie kann sich ein kleines Kind nicht verteidigen. Diese Worte standen nach und nach wie eine Mauer zwischen uns. Ich weiß noch, wie ich sie gehasst habe – doch ich wünschte, es wäre anders gewesen.

Das Farmhaus bestand aus sonnengetrockneten Lehmziegeln und hatte ein Blechdach. Es gab fünf Zimmer. Die Küche lag traditionell im Freien und hatte eine zentrale Feuerstelle, um die wir uns zu den Mahlzeiten versammelten. Wir saßen auf der Erde. Es gab weder Tische noch Stühle. Über dem offenen Feuer bildeten drei Steine die »Kochplatte«, auf der ein Topf Platz hatte. In einem der fünf Räume des Hauses lagerte der in meinen Augen wertvollste Besitz meiner Großmutter: der Bananenvorrat. Ich kann nicht beschreiben, wie gern ich Bananen aß. Jeder Bissen war ein himmlischer Genuss, und ich wurde den Geschmack nie leid. Ein Fenster des Hauses ging auf ein Feld mit Kürbissen hinaus. In meinen Augen wuchsen diese runden Dinger wie von selbst aus der Erde, mitten auf einem riesengroßen Spielplatz. Dass man Kürbisse essen konnte, wusste ich nicht, weil ich sie nie probiert hatte.

Ich war das einzige Kind auf der Farm. Die Kinder der Nachbarhöfe sah ich selten. Wir waren Tutsi, und mein Vater war bei den meisten verhasst. Er war ein Mann, der seine Ausbildung und Position ausnutzte, um die Nachbarhöfe dazu zu zwingen, Land und andere Werte für wenig Geld zu verkaufen. Mich nannten sie »Little John«, was bestimmt nicht freundlich gemeint war.

Wir hatten auf der Farm Landarbeiter, die in der Regel nur für eine Saison angestellt wurden und dann weiterzogen. Zu ihnen konnte ich also keine Beziehung aufbauen, von ein paar warmherzigen Menschen einmal abgesehen, an die ich bis heute gern zurückdenke. Im Übrigen wurde es nicht gern gesehen, wenn ich mit ihnen verkehrte.

Ohne viel Kontakt zu anderen Kindern wurden die Tiere meine Spielkameraden. Bei Großmutters ewigem Gezeter ging es mir sowieso am besten, wenn ich mich in sicherer Entfernung zum Haus befand, weit weg von ihr und all dem Ärger. Von den Tieren auf der Farm waren es in erster Linie die Ziegen, denen ich meine ganze Liebe schenkte. Ihnen vertraute ich meine geheimsten Gedanken an. An sie wandte ich mich, wenn ich mich am verlassensten fühlte. Sie verkörperten Wärme und Liebe für mich.

So vergingen meine allerersten Lebensjahre – ein Leben mit verspielten Ziegen und leckeren Bananen in einer Gegend, in der ich ungehindert herumstreifen durfte. Vielleicht wurde dort der Grund gelegt für meine »Wildheit«, eine Wildheit, die ich nie mehr ganz losgeworden bin.

Diese verhältnismäßig positiven Erinnerungen verdanke ich nicht zuletzt einer – in meinen Augen – alten Frau, die bei uns wohnte. Sie hieß Florida und war die Tante meines Vaters. So hässlich das Gesicht meiner Großmutter war, so schön und ebenmäßig war das von Tante Florida. Sie war äußerlich ebenso schön wie innerlich, weil sie im Gegensatz zu meiner Großmutter ein sanftes und einnehmendes Wesen hatte. Wie ich war sie nur geduldet, und Großmutter schrie und schimpfte immerzu mit ihr. Wenn meine Großmutter begann, sie zu verfluchen und zu verwünschen, versuchte Tante Florida nie, sich zu verteidigen. Sie stand einfach nur da und schaute sie an. Für mich war das nur ein Grund mehr, meine hartherzige und gefühllose Großmutter zu hassen. Und vielleicht wuchs auch deshalb die Überzeugung in mir, es wäre besser, ein Junge zu sein ...

Mädchen brauchen Vorbilder – und in den meisten Fällen ist das die Mutter. Doch für welches Frauenideal sollte ich mich entscheiden – für meine herzlose Großmutter oder für meine sanfte und machtlose Tante Florida? Wenn sich Tante Florida doch nur verteidigen würde! Dann würde sich ihre Ohnmacht in Macht verwandeln. So viel hatte ich schon begriffen – wer die Macht hat, kann über andere bestimmen. Und wer über andere bestimmt, bekommt von allem stets das Beste.

Ich musste dafür sorgen, dass Tante Florida nicht länger passiv blieb, das hatte ich mit meinen drei Jahren bereits begriffen. Ich wünschte mir nichts sehnlicher als eine tätliche Auseinandersetzung. Jetzt galt es nur noch, einen perfekten Anlass zu finden. Vieles – fast alles – konnte Großmutters Wut erregen, zwei Sachen jedoch ganz besonders: Essensvorräte stehlen und ins Bett machen. Dann setzte es jedes Mal Schläge! In meiner Vorstellungswelt würde sich Tante Florida durch eine falsche Anklage gezwungen sehen, sich zu verteidigen. Ich musste Großmutter also nur dazu bringen, Tante Florida etwas vorzuwerfen, das sie nicht getan hatte!

Eines Morgens wachte ich spät auf und merkte, dass ich ganz allein zu Hause war. Ich ging in den Raum, in dem die Milch aufbewahrt wurde, füllte einen schweren Krug und brachte ihn in Großmutters Schlafzimmer, wo ich die Milch auf ihr Bettlaken ausgoss. Als ich dort stand, dachte ich an Großmutters verzerrten Mund – daran, wie der wohl nach der Prügelei aussehen mochte, zu der es, da war ich mir sicher, unweigerlich kommen musste, sobald Großmutter Tante Florida beschuldigen würde.

Vielleicht würde sich Großmutters Mund nach den Prügeln, die ihr Tante Florida sicher verpassen würde, Richtung Westen wenden. Über das Ergebnis hegte ich gar keine Zweifel.

Doch es sollte nicht lange dauern, bis sich meine Selbstzufriedenheit mit Schuld und Angst mischte. Ich konnte mir lebhaft vorstellen, wie Großmutter reagieren würde, wenn sie mich jetzt auf frischer Tat ertappte. Als mir das einfiel, lief ich weg und suchte Schutz im Busch.

Draußen vor dem Gehege mit den Ziegen und Kälbern schaute ich meine Freunde nachdenklich an. Vielleicht würde ihnen eine Lösung einfallen. Da hatte ich eine Idee: Ich würde einfach sagen, die Ziegen hätten mich um die Milch gebeten.

Diese Episode, wie ich als kleines Kind versuchte, Tante Florida den Rücken zu stärken, klingt aus heutiger Sicht ziemlich merkwürdig – auch für mich. Aber ich glaube, das hängt damit zusammen, dass ich mich so ungeliebt fühlte und nichts von dem um mich herum wirklich begriff. Meine Herkunft, mein Körper und mein Geschlecht, das Schicksal meiner Mutter – all das war mir ein Rätsel. Auf meine Fragen bekam ich keine Antwort. Niemand erklärte mir etwas. Niemand machte den Versuch, mich an etwas teilnehmen zu lassen, das auch nur entfernt an ein normales Familienleben erinnerte. Fragte ich, bekam ich Schläge. Arbeitete ich nicht, bekam ich Schläge. Manchmal bekam ich auch einfach so Schläge, ohne zu wissen, wofür.

Heute glaube ich, dass der Wunsch, Tante Florida möge die Starke sein, auch eine Art Selbsterhaltungstrieb war. Denn Tante Florida liebte mich wirklich. Daran gab es keinen Zweifel. Wenn sie stärker wäre als Großmutter, dann müsste man mich auch besser behandeln. Doch aus dem Kampf zwischen der bösen Großmutter und der guten Tante Florida wurde nichts. Meine Großmutter merkte gar nicht, dass man Milch in ihr Bett gegossen hatte. Aber der Milchverlust in der Vorratskammer entging ihr nicht, wofür selbstverständlich ich büßen musste.

Rückblickend war meine Unwissenheit einfach unglaublich. Auch mein Körper war für mich unbekanntes Territorium, weshalb ich kein normales Verhältnis dazu hatte. Spiegel gab es keine im Haus, auch keine Fotos. Ich musste selbst herausfinden, wie die Welt zusammenhing. In dieser Hinsicht war ich so neugierig wie die meisten Kinder und kannte keine Scham.

Meine Unwissenheit führte hin und wieder zu komischen Situationen, wie einmal, als ich meiner Großmutter in der Küche helfen sollte – eine Episode, die sich mir in mehr als einer Hinsicht eingeprägt hat:

Normalerweise reichte der Schein des Mondes aus, wenn draußen gekocht werden sollte. Doch an jenem Abend war es draußen pechschwarz. Wolken verdeckten den Mond. Großmutter rief nach mir. Ich sollte ihr die Lampe halten, damit sie die Mahlzeit zubereiten konnte. Sie saß auf einem Stückchen Stoff und ich auf der blanken Erde. Als das Bratfett die richtige Temperatur erreicht hatte, schnitt sie die Zwiebeln, woraufhin auch ihr zweites Auge tränte. Das sah so urkomisch aus, dass ich beinahe gelacht hätte, obwohl ich noch immer wütend auf sie war, weil nicht Tante Florida das Regiment übernommen hatte. Was wohl passieren würde, wenn ihre Tränen in unser Essen fielen? Würden wir davon krank werden?

Als ihr eine Tomate aus der Hand fiel, bat sie mich, danach zu leuchten. Ich senkte den Kopf und sah, dass ihr die Tomate zwischen die Beine gerollt war. Als ich sie aufheben wollte, entdeckte ich etwas, das aussah wie ein kleines schwarzes Pelztier, und schrie auf. »Was ist los?«, blaffte sie mich an. »Da ist so ein kleines Tier mit schwarzem Fell«, antwortete ich gefasst. »Worauf wartest du, verbrenn es«, befahl sie mir. Sicher glaubte sie, es handele sich um eine Ratte. Schnell nahm ich ein glühendes Holz vom Feuer und stieß nach dem Tier, was gelinde gesagt eine ziemlich schockierende Reaktion hervorrief. Sie schrie vor Schmerz, fuhr hoch und rief, dass ich damit aufhören solle. Noch einmal versuchte ich, das Tier zu treffen, das dort anscheinend in einem dunklen Winkel Schutz gesucht hatte. Erst als sie mir eine Ohrfeige verpasste, hörte ich auf und wurde dann ohne eine Erklärung aus der Küche verbannt. Merkwürdig!

Ich wollte auch Tante Florida untersuchen, ob sie ebenfalls irgendwo »so ein kleines schwarzes Pelztier« versteckt hätte. Doch das verbot sie sich energisch. Auch sie gab mir keine Erklärung, und so blieben mir die Mysterien des weiblichen Körpers noch viele Jahre lang ein Geheimnis.

Ein paar Monate später wurde Tante Florida krank und musste die meiste Zeit das Bett hüten. Jedes Mal, wenn sie nach etwas zu essen und zu trinken verlangte, schrie Großmutter sie an. Ich war darüber tief unglücklich.

Eines Abends setzte ich mich auf Floridas Bett und hoffte, sie würde meine Hand halten. Doch ihre Hand lag schlaff neben ihr. Ich nahm sie in die meine und schüttelte sie, aber sie reagierte nicht. Als ich das Großmutter erzählte, ignorierte sie mich und wusch weiter ab. Am Schluss fing ich an zu weinen und hoffte, dass meine Tränen sie vielleicht rühren würden. Stattdessen schrie sie mich an, ich solle die Klappe halten. Erst als sie mit dem Abwasch fertig war, ging sie ins Haus. Ich blieb ihr dicht auf den Fersen.

Das Nächste, an das ich mich erinnern kann, ist mein Vater, wie er in einem weißen Auto vorfuhr, ihm folgte eine ganze Wagenkolonne. Im Haus sah ich meinen Vater weinen, während der Rest des Gefolges regungslos daneben stand. Danach ging einer nach dem anderen in Floridas Zimmer. Als sie wieder herauskamen, ließen sie die Köpfe hängen und weinten lautlos, weshalb sie noch unnahbarer wirkten als vorher. Niemand beachtete mich. Niemand erklärte mir, was da vor sich ging, und ich war wie immer frustriert, weil ich nichts verstand. Dann fing auch meine Großmutter an zu weinen. Das schockierte mich, wenn auch nur kurz. Bei näherem Hinsehen konnte es auch Spucke sein, mit der sie ihre Augen befeuchtet hatte. Großmutter weinte um einen anderen Menschen? Das überstieg mein Vorstellungsvermögen bei weitem. Das war ein Ding der Unmöglichkeit!

Bei all den Tränen kam Tante Florida wieder zu sich. Und sofort hallte das Haus von ganz anderen Tönen wider. Die Leute, die erst so geweint hatten, waren jetzt überglücklich, alle lachten sie und tranken und sangen. Ich war vollkommen verwirrt. Vielleicht waren mein Vater und die übrige Schar verrückt geworden. Sogleich gab man den Knechten den Befehl, ein paar Ziegen zu schlachten. Meine Ziegen! Ich stand direkt neben ihnen, als ihnen der Hals aufgeschnitten wurde, und sah das Blut fließen. Meine heißgeliebten Ziegen! Ich hatte ihnen sogar Namen gegeben. Jetzt war ich mit Weinen an der Reihe. Ich lief ins Haus und kroch unter die Bettdecke, um diesem Irrenhaus zu entkommen.

Am nächsten Morgen fand ich Tante Florida im Wohnzimmer vor. Sie sah immer noch recht krank aus und saß auf einem Stuhl. Um sie etwas aufzumuntern, setzte ich mich neben sie und fragte, ob sie die Leute weinen gehört hätte. Sie meinte, sie müsse sehr tief geschlafen haben, denn sie habe nichts gehört. Als ich aufschaute, sah ich Tränen in ihren Augen. Dann erzählte sie mir, dass mein Vater sie mit in die Stadt nehmen wolle und dass es ihr sehr Leid täte, mich verlassen zu müssen. Diese Neuigkeit versetzte mich in Angst und Schrecken. Ich bettelte und flehte, sie möge bleiben. Doch meine Worte prallten an ihr ab. Es sei ja nur für ein paar Tage, versuchte sie mich zu beruhigen, aber was hieß das schon: Ein paar Tage, ein Monat, ein Jahr, für so ein kleines Kind wie mich waren das höchst unüberschaubare Größen. Wie immer, wenn mich meine Gefühle überwältigten, rannte ich zu den Ziegen und Kälbern, um dort Trost zu suchen. Und wie es so meine Gewohnheit war, versuchte ich mit der Angst fertig zu werden, indem ich ihnen etwas vorsang, kleine Lieder, die ich mir selbst ausgedacht hatte, während meine Tränen in das Fell der Tiere tropften.

Als ich zum Haus zurückkehrte, waren sie schon mit Tante Florida weggefahren. Ich sah sie nie wieder.

In der Höhle der Löwin

In Afrika wird der Löwe gleichermaßen gefürchtet wie bewundert. Ist er hungrig, wird er zum gefährlichen Raubtier. Doch für seinen Mut, seine Kühnheit, sein Löwenherz schätzt man ihn sehr. Wer einen Löwen besiegt, auf den geht etwas von seinem Mut und seiner Stärke über. Wer den Kampf verliert, wird gefressen und verschwindet für immer. Deshalb sollte man sich hüten, bei einem Löwen zu schlafen. Hätte ich die Wahl gehabt, ich hätte es vorgezogen, draußen bei den Ziegen zu schlafen, aber nicht in der Höhle des Löwen.

Mit Tante Floridas Abreise nahm mein Leben eine völlig neue Wendung. Mit ihr verschwanden auch ihre Liebe und Zuneigung. Die Arbeiten, die sie im Haushalt erledigt hatte, sollte nun ich übernehmen, auch wenn ich gerade einmal drei Jahre alt war. Afrika ist nicht Dänemark. In Afrika betrachtet man Kinder mit anderen Augen. Wenn ein kleines Kind von zwei, drei Jahren kräftig gebaut ist, kann es arbeiten. Für die meisten Kinder in afrikanischen Ländern ist das die Realität. Zumindest draußen auf dem Land.

Für saubere Bettwäsche musste ich jetzt selbst sorgen, musste sie waschen und wechseln. »Hör auf, ins Bett zu machen!«, schrie meine Großmutter, so als täte ich das mit Absicht, nur um sie zu ärgern. Jedes Mal, wenn ich geträumt hatte, ich säße auf der Toilette, setzte es Prügel. Nach Tante Floridas Abreise wurden sie bald zum festen Bestandteil meines Alltags. Denn je mehr mich die Großmutter schlug, desto nervöser wurde ich. Und je weniger ich den Grund dafür begriff, desto mehr Prügel setzte es.

Eines Abends wurde ich von Großmutter geweckt, weil sie entdeckt hatte, dass ich mein Kleid eingenässt hatte. Wie ein fauchendes Raubtier ging sie auf mich los, packte mich am Arm und schleuderte mich auf die Erde. Es knackte laut, gefolgt von einem stechenden Schmerz vom Ellbogen bis hoch in den Nacken. Ich versuchte meinen Arm zu heben, aber er hing einfach schlaff herunter. Ein weißer Knochen stak aus der Haut. Geschockt sah ich das Blut fließen, mein eigenes Blut. Sofort sah ich wieder meine Ziegen vor mir, wie sie geschlachtet wurden, und erinnerte mich daran, wie ihr Blut geflossen war. Ich schrie vor Angst – glaubte, mein letztes Stündlein habe geschlagen. Aber Großmutter schrie mich nur an, ich solle die Klappe halten, und renkte den Arm wieder ein. Der Schmerz war genau so schlimm wie der, als der Arm brach, aber da ich sie mehr fürchtete als jeden Schmerz, kam kein Ton über meine Lippen. Daraufhin hieß sie mich schlafen gehen und ging ihrer Wege. Ich weinte. Lautlos. Das hatte ich bereits gelernt.

Vaters neue Frau

Es muss an einem Donnerstag gewesen sein, als mir die alte Hexe den Arm brach. Am Samstag sollte mein Vater kommen, um nach seinem Vieh zu sehen und den Landarbeitern ihren Lohn auszuzahlen. Am Samstagmorgen drohte mir meine Großmutter: Ich sollte lügen und erzählen, dass ich aus dem Bett gefallen sei. Wenn nicht, würde sie mich grün und blau schlagen, sobald mein Vater wieder in die Stadt gefahren sei.

Als ich auf die Straße lief, hörte ich mit einem Mal ein Motorgeräusch. Insgeheim hoffte ich, es wäre mein Vater, denn mein Arm tat weh. Ein blauer Suzuki, den ich noch nie gesehen hatte, fuhr vor. Als er anhielt, entstieg ihm eine große, sehr schöne Frau mit einem weißen Päckchen auf dem Arm. Sie kam lächelnd auf mich zu und entblößte eine Reihe milchweißer Zähne. Ein Mann stieg aus, und ich sah, dass es mein Vater war. Er und die Frau lachten und schwatzten. Auch er entblößte seine Zähne, wenn er lächelte, und ich fürchtete beinahe, er würde sie beißen. Sie hatten nur Augen füreinander und bemerkten mich kaum, auch dann nicht, als ich den Kopf in den Nacken legte und sämtliche Zähne bleckte.

Beim Hineingehen zog ich meine langärmelige Bluse aus und zeigte meinem Vater den Arm. Noch ehe er mich fragen konnte, beeilte ich mich, ihm die Lüge zu erzählen. Er sah mich lange an und fragte, wer ihn denn verbunden und mit einem Ast geschient hätte, und ich antwortete, das sei die Großmutter gewesen. »Der wird wieder gut«, sagte er und trat ins Haus. Im Zimmer setzte ich mich in eine Ecke und wartete darauf, dass mich jemand ansprechen würde. Aber da mich niemand zu bemerken schien, stand ich auf, um wieder nach draußen zu gehen. Da wurde ich von der schönen Frau aufgehalten, die mich zu sich rief und mich fragte, ob ich nicht das kleine Baby halten wollte. Baby – welches Baby? Vielleicht war sie auch verrückt. Alle Blicke waren auf mich gerichtet, als ich sie darauf aufmerksam machte, dass ich das einzige Kind im Haus sei. Ich hatte offenbar etwas sehr Witziges gesagt, denn alle lachten über meine Bemerkung. Die Frau forderte mich auf, mich hinzusetzen. Dann legte sie das weiße Päckchen, das sich als ein Baby erwies, auf meinen Schoß. Noch ehe ich fragen konnte, ob es ein Junge oder ein Mädchen war, gelang es dem Kleinen, sein Bäuerchen über mich zu ergießen. Ich erfuhr, dass es ein Junge war.

Ich nahm all meinen Mut zusammen. »Wer bist du?«, fragte ich die Frau.

»Ich bin deine Mutter«, antwortete sie.

Als ich kurz darauf wieder zu meinem Ziegenkitz ging, war mir leicht ums Herz, und ich schöpfte neue Hoffnung. Endlich war eine gekommen, die mich aus den Klauen meiner Großmutter befreien würde. Später hörte ich, wie mein Vater davon sprach, ein neues Haus für meine Mutter und mich zu bauen, in dem wir zusammen wohnen sollten. Ich sog alle Neuigkeiten in mich auf, konnte gar nicht genug davon bekommen und genoss es, dabeizusitzen und von seinen Plänen zu hören.

Enttäuschte Hoffnungen

Das Haus wurde tatsächlich gebaut, nur zwei Kilometer von dem meiner Großmutter entfernt. Es war größer, hatte mehr Zimmer, und die Kühe und Ziegen zogen auch mit zu uns. Die Landschaft, in der die neue Farm lag, glich der, die ich kannte und liebte. So gesehen, bedeutete das keine große Veränderung.

Anders verhielt es sich mit dem Leben in dem neuen Haus. Meine Mutter hatte anscheinend richtig viel zu sagen, von der Bananenplantage, die meine Großmutter weiterhin betreiben sollte, einmal abgesehen. Mein Vater wohnte nicht bei uns, sondern fuhr in sein rätselhaftes Haus in der Stadt zurück. Hier gab es also nur mich, meine Mutter und das Neugeborene. Sie würde mich bestimmt gernhaben, und ich weiß noch, dass ich seit langem wieder einmal richtig glücklich war. Langsam wuchs mein Vertrauen, und schließlich wagte ich es sogar, ihr zu erzählen, wie meine Großmutter gewesen war und was sie mir alles angetan hatte. Um einen guten Eindruck zu machen und mich bei ihr einzuschmeicheln, habe ich manchmal bestimmt ziemlich dick aufgetragen.

Ich muss um die fünf Jahre alt gewesen sein, als meine Mutter erneut schwanger wurde. Ich hatte gar nichts davon gemerkt, und es gab auch niemanden, der mir davon berichtet hätte. Wo und wie ihr zweites Kind geboren wurde, ein Mädchen namens Pamela, war mir ein Rätsel. Anfangs war ich begeistert, weil ich endlich einen kleinen Menschen hatte, mit dem ich zusammen sein konnte. Es sollte nicht lange dauern, bis es zu meinen Pflichten gehörte, mich um Pamela zu kümmern, wenn meine Mutter nicht da war.

Eines Tages wollte meine Mutter weggehen – ich weiß nicht mehr, wohin. Als sie mir sagte, ich dürfe die Kleine nicht schreien lassen, begriff ich erst nicht, was sie damit meinte. Alles ging gut, solange wir spielten. Dann sollte sie schlafen. Zuerst klappte das auch. Doch schon bald wachte sie auf und fing an zu weinen. Ich versuchte, ihr Milch zu geben. Ohne Erfolg. Ich versuchte alles Mögliche, aber das Kind hörte einfach nicht auf zu weinen – so lange, bis meine Mutter nach Hause kam. Eine Mutter, die wütend wurde und mich beschuldigte, das Kind nicht gefüttert zu haben. Das verletzte mich tief. Aber ihr Gesicht, das vor Wut beinahe so entstellt war wie das von Großmutter, erschreckte mich derart, dass ich mich nicht traute, mich zu rechtfertigen. Pamela bekam erst die Brust und wurde dann schlafen gelegt. Anschließend wandte sich meine Mutter mir zu und griff mich an wie ein bissiger Hund. Sie zog mich an den Lippen, an den Ohren und schleuderte mich auf die Erde. Ich schmeckte Blut und verstand nicht, warum sie so wütend war.

Aber bei Großmutter hatte ich gelernt, keinen Widerstand zu leisten, und so blieb ich still liegen.

Aus meiner kindlichen Perspektive war das alles die Schuld meiner kleinen Schwester. Hätte Pamela nicht geweint, wäre ich nicht bestraft worden. Beinahe hätte ich meine Schwester gehasst. Jedes Mal, wenn sie weinte, hatte ich Lust, ihr die Lippen und die Ohren lang zu ziehen. Und jedes Mal, wenn sie weinte, wurde ich von Angst und Hass erfüllt, denn ich wusste, dass mich meine Mutter dafür bestrafen würde.

Die Mutterliebe, von der ich geglaubt hatte, sie würde ewig währen, war offenkundig versiegt. Nach einer Weile kehrte mein Vater von seinem Haus in der Stadt zurück. Beim Essen erzählte ihm seine Frau, ich würde jede Nacht ins Bett machen und sie wäre es leid, die nassen Laken zu wechseln. Das stimmte nicht, aber ich konnte nur still dabeisitzen. Ich wechselte meine Laken schließlich selbst! Doch der Ausdruck in den Augen meines Vaters ließ mich schweigen.

Nach dem Abendessen sagte mein Vater, ich solle auf dem Sofa schlafen, und wenn ich ins Bett machte, würde er mich am nächsten Morgen eigenhändig verprügeln. An diesem Abend ging ich mit bangem Herzen zu Bett und gelobte mir, wach zu bleiben. Aber das gelang mir nicht, und als ich am nächsten Morgen aufwachte, fühlte ich sofort auf dem Sofa nach. Niedergeschlagen stellte ich fest, dass es nass war. Ich unterdrückte einen Aufschrei und ging hinaus, um den Sonnenaufgang zu sehen. Ich saß da und wartete, bis mein Vater kam und sein Versprechen einlöste. Nachdem er mich verprügelt hatte, durfte ich den ganzen Tag nichts essen, erst am Abend wieder.

Wenn meine Mutter richtig wütend war, konnte es ihr einfallen, mich mehrere Tage hungern zu lassen. Einmal musste ich ohne

Abendessen ins Bett. Weil mein Magen gar nicht aufhören wollte zu knurren, konnte ich nicht einschlafen. Gegen zwei Uhr nachts hielt ich es nicht mehr aus. Ich musste aufstehen und etwas zu essen suchen. Um mich herum war es stockfinster. Ich kniff die Augen zusammen, um die bösen Geister der Dunkelheit nicht zu wecken, und schlich mich in die Speisekammer. Hier wurden die Reste des Abendessens aufbewahrt. Meine Finger fanden einen Topf, und ich fing an, mir Essen in den Mund zu stopfen. Ich spitzte beide Ohren, um mich nicht erwischen zu lassen. Lautlos kehrte ich in mein Bett zurück. Ich lächelte. Endlich würde ich ein bisschen schlafen können. Aber jetzt machte ich mir Sorgen wegen all des Essens, das ich verdrückt hatte.

Am nächsten Morgen beeilte ich mich, in die Speisekammer zu kommen, wo ich versuchte, die Spuren meiner Finger zu beseitigen, die tiefe Löcher in den Topf gegraben hatten. Da wurde mir klar, dass sich die Spuren meiner nächtlichen Fressorgie auf diese Weise nicht entfernen ließen. Besorgt setzte ich mich draußen hin, um auf meine Mutter und ihre üblichen Befehle zu warten. Als sie schließlich nach den erwarteten Vorhaltungen wieder hineingegangen war, dachte ich, nun würde sie wohl bald entdecken, dass Essen fehlte. Aber da sie nicht kam und über mich herfiel, wagte ich mich zurück ins Haus. Sie hörte mich und bat mich, etwas Milch zu kochen. Wieder nagte der Hunger an mir, doch ich traute mich nicht, sie um ein Frühstück zu bitten. Ich hatte die Milch draußen zum Kochen gebracht und wollte etwas davon in meine eigene Tasse gießen. Aus Angst, entdeckt zu werden, sollte alles ganz schnell gehen, und so traf ich daneben und goss mir die heiße Milch über das Bein. Der Topf fiel mit Getöse auf die Erde, und ich schrie vor Schmerz.

Sie erschien in der Tür, schaute mich nur herablassend an und sagte: »Dein großer Bauch wird dir noch eines Tages zum Verhängnis werden.« Dann ging sie zurück ins Haus, nicht ohne über die verschüttete Milch zu meckern. Ich lief zu einem Baum und pflückte ein paar Blätter, um sie auf die verbrühte Haut zu legen, von der sich große Hautfetzen lösten. Ich fing an zu weinen. Ich riss ein Stück Stoff von meinem Kleid und band es um das Bein, gleichzeitig versuchte ich, mich zu beruhigen. Danach setzte ich mich in der Nähe der Kälber still unter einen Baum.

Dass ich mich ernsthaft verletzt hatte, machte auf meine Mutter keinen Eindruck. Sie fand, ich sei gesund genug, um zu arbeiten. Drei Tage später bat sie mich, hinauszugehen und nach den Kälbern zu schauen, die unten auf dem Feld waren. Noch bevor ich dort war, löste sich der Verband von meinem Bein. Als ich mich zu den Kälbern setzte, sah ich an meinem Bein lauter kleine weiße Fäden. Erst glaubte ich, das seien Stofffasern, die in der Wunde hängen geblieben waren. Doch als ich sie anfasste, entdeckte ich, dass es lebende Maden waren. Schreiend lief ich nach Hause, überzeugt, mein Bein würde verwesen. Meine Mutter half mir, die Maden zu entfernen, und legte etwas Watte auf die Wunde. Das half allerdings nicht gegen meine Angst, mein Bein zu verlieren. Andauernd musste ich nach der Wunde schauen. Zu meiner großen Erleichterung heilte das Bein jedoch schnell.

Wenn mir meine Mutter befahl, zur Strafe die Ziegen zu hüten, ahnte sie nicht, wie glücklich sie mich damit machte. Von morgens bis abends auf meine geliebten Ziegen aufpassen zu können, wegzukommen von all der Prügel, den höhnischen Bemerkungen und all der Schelte war wie ein Geschenk des Himmels für mich. Die Ziegen gehorchten und machten mir nicht viel Mühe. Trotzdem achtete ich darauf, das Gesicht in Falten zu legen, damit es so aussah, als hielte ich das Ziegenhüten für eine wirklich schlimme Strafe. Innerlich jubelte ich. Selbstverständlich war das hin und wieder ein bisschen einsam. Ziegen können schließlich nicht sprechen, und genau wie andere Kinder hatte ich das Bedürfnis nach Unterhaltung und Vergnügen.

Eines Morgens gab mir meine Mutter eine Tasse Milch zum Frühstück und bat mich, schnell auszutrinken und die Ziegen aufs Feld zu bringen. Dann ging sie nach draußen. Als ich ihre Schritte nicht mehr hören konnte, nahm ich ein Stück Fleisch aus dem Topf und schlang es hinunter. Das Fleisch saß im Hals fest, und so schnappte ich mir eine Tasse Wasser, um es hinunterzuspülen. Ich musste mich setzen, um wieder zu Atem zu kommen, ehe ich zu den Ziegen hinausging, um ihnen alle meine Sorgen anzuvertrauen. Die Ziegen und ich kamen zu einer Stelle mit üppigem grünem Gras. Dort ließ ich sie weiden und ging auf Pilzsuche. Damit hatte ich kein großes Glück. Plötzlich hörte ich Zicklein meckern. Ich ahmte ihre zarten Stimmchen nach, und im nächsten Moment sprangen vier hübsche Ziegenkinder unter einem Busch hervor. Mir kamen beinahe die Tränen, als ich sah, dass es kleine Mädchen waren, genau wie ich. Als mir die Zicklein bis zur Herde folgten, war ich außer mir vor lauter Freude. Das waren meine Zicklein. Ich hatte sie gefunden. Endlich hatte ich etwas, das mir gehörte.

Am Abend konnte ich es kaum erwarten, den anderen davon zu erzählen. Sie würden sich bestimmt freuen und stolz auf mich sein. Aber sie lächelten nicht einmal. Meine Mutter sagte nur, sie würde sie am nächsten Morgen inspizieren. Weil sonst niemand etwas sagte, sann ich darüber nach, ob die Ziegenkinder nun mir gehörten oder der ganzen Familie. Ich begriff nichts. Ein paar Wochen später kam mein Vater zu Besuch, und ohne ihn zu begrüßen, nahm ich ihn bei der Hand und zog ihn zu den Zicklein.

»Da hast du aber ein paar schöne kleine Ziegen«, sagte mein Vater und riet mir, gut auf sie aufzupassen, weil sie noch so klein waren.

»Das werde ich, ich habe sie doch so lieb«, sagte ich freudestrahlend. Jetzt wusste ich, dass mir die Ziegen ganz allein gehörten und niemandem sonst.

Die Taufe

Mit der Zeit bekamen meine vier Zicklein selbst Junge, und nach und nach hatte ich zwölf Tiere zusammen. Anlässlich meiner Taufe hatte sich die ganze Familie auf dem Hof versammelt. Endlich war der große Tag gekommen. Ich stand früh auf und hörte, wie mein Vater Byoma, einen der Knechte, bat, zwei Ziegen zu schlachten. Meine Ziegen! Mein Vater ging mit zwei meiner Ziegen zu dem Baum, unter dem geschlachtet wurde. Hilflos musste ich zusehen. Nichts, was ich sagen oder tun würde, konnte ihn stoppen. Als Byoma ihnen die Beine zusammenband, brach ich in Tränen aus. Ich hatte mich noch nicht wieder beruhigt, als Großmutter mit mir zur Kirche ging, wo schon meine Patentante und mein Patenonkel standen. Während wir auf Pater Robert warteten, wurde mir von der schönen, etwas schwermütigen Kirchenmusik noch trauriger zumute. Alle erhoben sich, als Pater Robert zum Altar ging. Dass mein neuer Name aufgerufen wurde, ist das Nächste, woran ich mich erinnere. Ich bekam einen kleinen Stups von meiner Großmutter und begab mich widerstrebend zum Altar.

Als ich zurückkam, umarmte mich meine Patin und fragte, warum ich so traurig sei. Wenn ich mich richtig erinnere, sprach ich während der ganzen Zeremonie kein Wort. Bei der nächsten Gelegenheit schlich ich aus der Kirche – die Messe war noch nicht zu Ende. Ich war fest entschlossen, nie mehr nach Hause zurückzukehren. Statt dessen lief ich zur Bananenplantage. Dort hatte ich mein kleines Versteck, in das ich mich mit einem großen Bündel Bananen zurückzog. Ich wollte unter keinen Umständen zurück und gezwungen werden, einen meiner Freunde zu essen. Ich versuchte mir eine Strafe für Vater und Byoma auszudenken. Der Gedanke an das, was passieren würde, wenn ich plötzlich verschwand, munterte mich ein bisschen auf. Würde womöglich die Polizei kommen und sie mitnehmen? Das würde ihnen nur recht geschehen. Aber da ich mich nicht in Luft auflösen konnte, ging ich schließlich doch nach Hause. Jetzt musste ich mir eine Lüge ausdenken, um mir die Prügel zu ersparen. Es war sinnlos. Stattdessen beschloss ich, ein wütendes Gesicht aufzusetzen und gleich in die Höhle des Löwen zu gehen.

Mein Vater, meine Mutter und meine Großmutter saßen im Zimmer, als ich hineinmarschierte. Mein Vater stand auf und kam kopfschüttelnd auf mich zu. Er zog mich an den Ohren und schrie, alle hätten sie nach mir gesucht. Bald standen wir draußen. Während er mich verprügelte, sah ich Großmutter und Mutter am Fenster stehen und ihm dabei zuschauen. Da hielt ich die Tränen zurück. Sie sollten nicht glauben, dass dies hier weh tat. Was ich allerdings nicht wusste, war, dass mein Schweigen meinen Vater nur noch mehr reizte. Als er fertig war, stürzte ich in den Garten, wo ich meinen Tränen freien Lauf ließ.

Als ich dort später aufwachte, war es um mich herum pechschwarz. Zuerst wusste ich nicht, wo ich war, bis mir klar wurde, dass ich wegen der kalten Nachtluft fror. Gebannt lauschte ich auf die üblichen Nachtgeräusche, kein Vogel durchbrach die Stille. Nur das Quaken der Frösche und das Heulen der Hyänen war zu hören. Ich fürchtete mich zwar im Dunkeln – aber verglichen mit der Angst, an die Tür zu klopfen, war das gar nichts. Nachdem ich eine Weile hin und her überlegt hatte, entschloss ich mich, bei den Ziegen zu schlafen. Der Geruch störte mich nicht. Ich war ein bisschen besorgt, dass sie auf mich treten könnten, aber sie lagen ruhig in ihrem Stall und schliefen.

Erst am nächsten Morgen entdeckte ich Blut auf meinem Kleid und dass ein Finger gebrochen war. Ich ging zum Haus, kroch in eine Ecke, schlang die Arme um mich und wärmte mich auf. Dort wartete ich, bis die anderen wach wurden. Ich versuchte meinem Schmerz nachzuspüren, aber da war nur Wut. Wieder einmal sehnte ich mich danach, jemanden zu haben, der mich tröstete. Nur der Wind strich über mich hin, und ich wünschte, ich wäre so frei wie er.

Mein Vater kam nach draußen, und als ich ihn anschaute, wünschte ich mir, ein großer Stein würde vom Himmel und ihm auf den Kopf fallen. Ich merkte, dass er sich schämte, als er sah, wie ich zugerichtet war. »Vater, mein Finger ist gebrochen«, sagte ich. Schweigend ging er zu dem Baum, unter dem die Ziegen getötet wurden, und sah zum Himmel auf. Nach einiger Zeit kam er wieder und ging wortlos an mir vorbei ins Haus. Als er zurückkehrte, hatte er ein Messer und ein Stück Holz in der Hand, das er ohne etwas zu sagen anspitzte. Was hatte er vor, wollte er mich am Spieß braten, so wie die Ziegen? Als er mit dem Schnitzen fertig war, nahm er mich immer noch stumm mit nach drinnen und wusch meine malträtierte Hand. Mit dem geschnitzten Holzstäbchen schiente er meinen gebrochenen Finger. Der Schmerz war kaum auszuhalten, aber ich wollte ihm immer noch nicht die Genugtuung geben, mich weinen zu sehen, und so überspielte ich die Schmerzensschreie mit Husten. Eine Mischung aus Rachedurst und Trauer stieg in mir auf, und ich schwor mir, meine Freunde zu rächen, sobald ich groß genug wäre.

Jeden Tag wurde das Rachegelüst größer, nachdem ich gezwungen wurde, meine Freunde zu essen, einen nach dem anderen. Das Meckern der Ziegen erfüllte meinen Kopf und meine Träume, von dem Schlafmangel wurde ich fast verrückt. Ich dachte an das Gift, das benutzt wurde, um das Vieh gegen

Parasiten zu behandeln. Alle Kühe meines Vaters wollte ich vergiften. Doch als ich mir das Chaos und die umhertorkelnden Kühe ausmalte, ließ ich von meinem Plan ab.

Familiengeheimnisse

Eines Tages saß ich unter einem Baum und genoss die kühle Brise, als mir ein Junge auffiel, der langsam auf mich zukam. Ein merkwürdiges Gefühl überkam mich, als sich unsere Blicke begegneten, ich verspürte eine überwältigende Geborgenheit und war völlig frei von Angst. Als er so nahe war, dass er mich berühren konnte, grüßte er und fragte, wie es mir ginge. Meine Augen suchten immer wieder die seinen, während ich antwortete, dass es mir gut ginge. Daraufhin fragte er, ob mein Vater zu Hause sei. Ich wollte schon sagen, ich hätte keinen Vater, aber da er ein Fremder war, schwieg ich. Ich bat ihn zu warten, aber kaum dass ich losgegangen war, rief mich der junge Mann zurück und fragte nach meinem Namen und ob meine Großmutter immer noch mit uns zusammenlebte. Sein Gesichtsausdruck änderte sich, und ich sah, wie seine Augen aufleuchteten, als ich bejahte, aber hinzufügte, sie wohne in ihrem eigenen Haus.

»Bitte ihn, hierher zu kommen«, sagte mein Vater, nachdem ich ihm erzählt hatte, dass da ein junger Mann sei, der ihn gern sprechen würde. Ich lief zurück, um ihn zu holen. Als wir uns der Tür näherten, stand mein Vater mit gesenktem Kopf dort, beide Hände auf den Türrahmen gestützt. Er runzelte die Stirn und schien den Betreffenden wiederzuerkennen. Die Art, wie ihn mein Vater willkommen hieß, weckte meine Neugier, und ich versteckte mich in der Nähe, damit ich hören konnte, was gesprochen wurde.

»Was willst du hier?«, fragte mein Vater, worauf der Junge anfing zu weinen.

»Ich weiß nicht, wo ich hin soll«, stammelte er.

»Du weißt doch ganz genau, dass ich dir verboten habe, hier bei mir aufzutauchen! Was willst du?«

»Du bist der einzige Bruder, den ich habe«, antwortete der junge Mann.

Als ich das Wort Bruder hörte, war mir klar, dass dieser Mann mein Onkel sein musste. Deshalb strengte ich mich noch mehr an, um nur ja kein Wort zu verpassen. Mein Vater drohte ihm und befahl ihm, sich augenblicklich zu entfernen.

»Wo soll ich denn hingehen? Ich bitte dich, hilf mir«, bettelte der Bruder meines Vaters.

Hilflosigkeit war ein Gefühl, das ich gut kannte, und ich bemitleidete ihn aus tiefstem Herzen. Je mehr mein Onkel meinen Vater um Hilfe bat, desto kälter wurde er. Am Ende lag mein Onkel auf den Knien und bettelte, bleiben zu dürfen, und ich fing still an zu weinen, ohne mich durch einen Laut zu verraten. Ein paar Minuten später sah ich, dass sich mein Onkel vom Haus entfernte. Ich musste einfach wissen, was passiert war, und rannte hinter ihm her.

»Onkel, Onkel«, rief ich, und er blieb stehen.

»Hat dein Vater seine Meinung geändert?«

»Nein«, sagte ich, »er weiß gar nicht, dass ich mit dir rede.«

»Weshalb kommst du dann?«, fragte er, und ich erklärte, dass ich ihm gern helfen würde, wenn ich nur könnte. Da lächelte er bloß. Als ich ihn nach seinem Namen fragte, erzählte er, er heiße Nyindo (was Nase bedeutet), und erst da fiel mir seine Knubbelnase auf. Wir setzten uns, und ich fragte, warum ihn mein Vater weggejagt habe.

»Du bist doch noch ein Kind. Das kannst du nicht verstehen«, sagte er mit seiner sanften Stimme.

Gerade ich würde ihn verstehen, antwortete ich, aber als ich ihm in die Augen schaute, konnte ich sehen, dass er mir noch immer nichts erzählen wollte.

»Soll ich dir von mir erzählen?«, fragte ich. Das sei eine gute Idee, fand er, und wir rückten näher zusammen.

»Du musst wissen, dass du nicht der Einzige bist, den mein Vater hasst. Mich hasst er auch«, begann ich meine Geschichte, und dann brach es nur so aus mir heraus, und ich berichtete ihm, wie ich behandelt wurde. Irgendwann weinte ich so heftig, dass ich nicht mehr weiterreden konnte, und er streckte die Hände aus, um mir die Tränen abzuwischen. Kurz darauf fing er an, ein bisschen von sich zu berichten. Und was für eine Geschichte er mir da erzählte: von der Familie und von all dem Hass, von den Niederträchtigkeiten meines Vaters.

Mein Großvater hatte sich von meiner Großmutter scheiden lassen und gleichzeitig meinen Vater verstoßen. Er hatte ihm verboten, jemals wieder nach Hause zurückzukehren. Als Vierzehnjähriger wurde mein Vater von einer reichen Familie aufgenommen, die unweit des Hauses meines Großvaters lebte. Mein Vater durfte weiter die Schule besuchen und arbeitete dafür auf der Farm der Familie. In der Zwischenzeit hatte mein Großvater wieder geheiratet und einen Sohn bekommen, Nyindo. Einige Zeit danach wurde mein Großvater krank. Doch ehe er starb, vermachte er sein ganzes Vermögen seiner neuen Frau und dem Sohn, mein Vater dagegen war enterbt. Weil mein Onkel zu jung war, um das Testament anzunehmen, wurde es von seiner Mutter verwaltet. Ich fragte, warum er meinen Vater um Hilfe anbettele, wenn er doch so reich sei. Da erzählte er mir, mein Vater habe ihm alles gestohlen.

»Als Vater starb, kam dein Vater zu seinem Begräbnis und erzählte seiner Witwe etwas von Liebe. Er belog sie und versprach ihr, sie zu heiraten. Es glückte ihm, sie zu schwängern, und als er sie bat, ihm das Testament zu übertragen, hatte sie keine Einwände.«

Mucksmäuschenstill hörte ich ihm zu. Er schien ganz vergessen zu haben, wem er da seine Geschichte erzählte. Nachdem sich mein Vater das gesamte Erbe unter den Nagel gerissen hatte, zeigte er sein wahres Gesicht. Er warf seinen eigenen Bruder – Onkel Nyindo – hinaus, und nachdem die Mutter ein kleines Mädchen geboren hatte, warf er sie ebenfalls hinaus. Nyindo schwieg und fing an zu weinen. Stumm saßen wir beisammen, und ich überlegte, wie ich ihm helfen könnte. Plötzlich fielen mir meine Patentante und ihr Mann ein. Sie würden die Situation verstehen. Sie würden helfen können. Sie wussten, wie meine Familie mich behandelte.

Ein Hoffnungsschimmer zeigte sich in seinen Augen, als ich ihm von meiner Patin erzählte. Bei unserem Spaziergang auf den Hügel, von dem aus wir ihr Haus sehen konnten, versiegten seine Tränen, und er umarmte mich lächelnd. Währenddessen erzählte ich ihm von meiner eigenen Mutter. Als ich das Wort Mutter zum zweiten Mal benutzte, unterbrach er mich und sagte, sie sei nicht meine richtige Mutter. Das konnte ich nicht glauben und dachte, aus ihm spräche nur der Hass.

Meine Patentante saß mit einem ihrer Söhne im Garten und nähte an einem Tuch. Ihr warmes Lächeln, das uns willkommen hieß, machte mich froh, und es rührte mich. Wir bekamen Milch in den schönen Gläsern mit den Blumen serviert, die mir so besonders gut gefielen. Aus ihnen zu trinken, genoss ich sehr, selbst wenn unsere Gläser zu Hause genauso schön waren. Aber dort durfte ich nur Plastikbecher benutzen.

Ich ergriff das Wort und erklärte die Situation, während mein Onkel stumm dabei saß und heimlich auf einen positiven Ausgang hoffte. Sie ließen ihn ein paar Tage übernachten und kritisierten meinen Vater für sein Betragen. Siegesgewiss drehte ich mich zu meinem Onkel um und war schockiert, Tränen zu sehen statt des erwarteten breiten Lächelns. Ich begriff nichts. Wir hatten doch einen kleinen Sieg über meinen Vater errungen. Aber dann fiel mir ein, dass ich ihn wohl nie mehr wiedersehen würde. Der Hass in den Augen meines Vaters war unübersehbar gewesen, sie hatten unmissverständlich besagt, dass er nie mehr versuchen solle zurückzukommen.

Ich wurde zu Hause erwartet und musste mich unter Tränen verabschieden. Zu Hause stellte meine Mutter das Essen auf den Tisch. Wenn Vater zu Besuch kam, erlaubte mir meine Mutter, mich satt zu essen. Was für eine Ironie, dass ich ausgerechnet an diesem Abend zu traurig war, um zu essen, auch wenn ich es versuchte. Jedes Mal, wenn ich sie anschaute, schnürte sich mir die Kehle zu. Ob wohl mein Vater mit mir eines Tages das Gleiche tun würde, mich wegjagen, genau wie seinen Bruder?

Der Gedanke ließ mich nicht mehr los, bis die Angst schließlich so groß wurde, dass ich nach draußen lief und mich übergab. Mein Vater war mir nachgegangen. Als ich fertig war, packte er mich grob, warf mich auf die Erde und fragte, was ich gegessen hätte. Im Hintergrund meckerte meine Mutter. Egal, wie viel sie mir zu essen gäbe, sagte sie, immer würde ich Verbotenes wie Mangos, Apfelsinen und Bananen essen. Sie drohte, ihn meinetwegen zu verlassen, und verlangte, er solle mich in die Schranken weisen. Ich sah, wie sich die Miene meines Vaters verzerrte. Der Ausdruck in seinen Augen glich dem von Böcken, wenn sie um ein Weibchen kämpfen. Weil ich vermeiden wollte, ihn anzusehen, kniff ich die Augen zusammen. Aber ich wusste, er würde es meiner Mutter recht machen wollen. Während er mich gegen die Mauer schleuderte, überlegte ich, ob ich ihm sagen sollte, dass mich die Tränen meines Onkels gerührt hatten, entschied mich aber, wie stets zu schweigen. Später lag ich weinend im Dunkeln und dachte über die Geschichte meines Onkels nach. Langsam drang die Bedeutung seiner Worte, sie wäre nicht meine richtige Mutter, bis zu mir durch. Langsam fing ich an, ihm zu glauben.

Erst am nächsten Morgen wurde mir klar, wie hart die Züchtigung gewesen war. Mein ganzer Körper tat weh. Ich schmeckte Blut. Meine Sachen waren blutverschmiert. Doch ich zog sie nicht aus. Ich wollte, dass mein Vater bereute und mich bemitleidete. Ich ging hinaus, wusch mich mit kaltem Wasser und fegte den Hof, so wie es meine Aufgabe war. Die Sonne ging auf, und mit ihr kam die Hitze. Mir wurde schwindlig, aber mechanisch arbeitete ich weiter. Die ganze Zeit über kreisten meine Gedanken um meinen Onkel und sein Schicksal, von dem ich fürchtete, es könnte auch meines werden. Bilder von ihm in den Klauen hungriger Löwen wirbelten durch meinen Kopf, bis plötzlich alles schwarz um mich herum wurde.

Als ich wieder zu mir kam, lag ich unter einem Baum. Jemand hatte mich mit einem nassen Tuch bedeckt. Wie ich hierher gekommen war, wusste ich nicht, blieb aber liegen. Vielleicht würde mein Vater kommen und nach mir schauen. Nach einer Weile warf ich das Tuch beiseite. Wo sollte ich hingehen? Wo konnte ich etwas zu essen und trinken bekommen? Ich ging zur Frau meines Vaters und sagte, ich würde nach unten gehen und nach den Kälbern schauen. Sie antwortete nicht.

Stattdessen ging ich zur Bananenplantage, um reife Bananen zu suchen. Während ich zwischen den Stauden umherging, hörte ich plötzlich Schritte. Jemand raschelte zwischen den trockenen Pflanzen. In diesem Moment entdeckte ich ein schönes großes Bündel Bananen. Vorsichtig löste ich es ab und setzte mich lautlos hin, um zu essen. Jetzt kamen die Schritte näher, und ich sammelte so viele Bananen wie möglich in meinem Rock. Als ich gerade gehen wollte, sah ich meinen Vater im Gespräch mit drei Männern. Sie kamen direkt auf mich zu. Ich fuhr hoch und lief im Zickzack davon, mein Vater und die Männer waren mir dicht auf den Fersen. Ich konnte ihnen entkommen, ohne eine einzige Banane zu verlieren! Am gleichen Abend belauschte ich meine Eltern, wie sie über den Vorfall diskutierten. »Vielleicht war es nur ein Hund«, sagte meine Mutter.

Ich habe deine Tränen nicht getrocknet, lieber Onkel, als ich sie strömen sah wie einen Bach in den Bergen. Wo immer du auch sein magst – meine Liebe wird dir folgen, das weiß ich. Mit meinem Herzen sehe ich dich in meinen Träumen. Ich glaube, auch du trägst mich in deinem Herzen, selbst wenn ich nicht weiß, wo deine Seele wohnt.
Meine Tränen beweinen dein Unglück.
Meine Seele ist bei dir, und deine Worte sind bei mir.

Neues Leid und neue Hoffnung

Mein Vater hatte seiner Schwiegermutter Jane ein Haus auf der Farm zugewiesen, in dem sie sich niederlassen konnte, und sie war mit ihren Töchtern, einem Sohn und ein paar Kühen zu uns gezogen. Die Töchter sollte ich Tante nennen und den Sohn Onkel, obwohl sie in meinem Alter waren. Die Schwestern meiner Mutter kamen oft zu Besuch. Mit ihnen konnte sie über alles sprechen, während sie mich immer nur anstarrte, ohne ein Wort zu sagen. Das war verletzend, weil sie mir damit zu verstehen gab, was für ein schreckliches und ungeliebtes Kind ich war. Die reinste Plage.
Die Gedanken, die diese Zurückweisungen in mir auslösten, hinterließen noch tiefere Wunden. Ich hegte immer finstere Gedanken, denn ich fand nicht, dass meine Familie einen Platz in meinem Herzen verdient hätte. Die Gedanken gärten in mir und wollten hinaus. Wenn nicht bald etwas geschah, würde ich

explodieren. Ich führte ein armseliges Leben voller Sehnsucht nach Liebe und Anerkennung. Und ich war verzweifelt, weil ich nicht wusste, wie ich diese Sehnsucht stillen konnte. Ich stand mit dem Rücken zur Wand, fest an mein Schicksal gekettet. An dem einen Ende zog und zerrte meine Mutter und an dem anderen ich, stets darum bemüht, meine Seele zu schützen und zu stärken. Eines Tages würde ich meine Fesseln sprengen. Allmählich war ich an einem Punkt angelangt, wo es mich nicht länger kümmerte, wie ich behandelt wurde. Ich wollte nur noch weg. Flucht – Flucht – Flucht. Und wenn es mich das Leben kosten würde.

Eines Abends – es war direkt nach dem Melken – kam Jane und beklagte sich bei meiner Mutter, sie hätte niemanden, der ihr beim Ausmisten helfen würde. Ihre eigenen Kinder kamen dafür nicht infrage, weil sie sonst zu spät zur Schule kommen würden. Meine Mutter sagte, sie könne am nächsten Morgen nach mir schicken. Das ging über mehrere Wochen so, bis mir klar wurde, dass die Arbeit meine Füße ruinierte. Oft war ich zu müde, mir abends noch die Füße zu waschen. Und wenn ich es dann tat, löste sich durch die ätzende Gülle die Haut in Fetzen. Meine Beine waren über und über mit schwarzen Flecken bedeckt, die ich mit einem Stein abscheuern wollte. Doch als sie zu bluten anfingen, musste ich mir etwas anderes einfallen lassen. Ich hasste es, für meine Tanten und Onkel Sklavenarbeit leisten zu müssen, und auch sie hasste ich abgrundtief.

Eines Tages forderte mich meine Mutter auf, ihrer Mutter einen Korb Bananen zu bringen. Als ich hinkam, kontrollierten die Mädchen die Bananen und beschuldigten mich, einige davon gegessen zu haben. Da wurde ich wütend, gab Widerworte und nannte sie schmarotzende Armenhäusler. Zum Schluss rief ich, dass sie aufhören sollten, meines Vaters Lebensmittel zu essen, und dass sie verhungert wären, hätte er sich nicht ihrer angenommen. Zwei der Mädchen stürzten schreiend hinter mir her. Noch im Weglaufen bombardierte ich sie mit so vielen Schimpfwörtern, wie ich konnte. Ich entwischte ihnen um Haaresbreite.

Als ich nach Hause kam, war meine Mutter nicht da, sodass ich hoffte, mich ein wenig ausruhen zu können. Doch als ich mich umsah, entdeckte ich die Mädchen, die hinter mir her waren. Rasch sauste ich in die Küche, schnappte mir ein paar Bananen und versteckte mich unter dem Bett meines Vaters. Ich aß, bis ich beinahe platzte, und schlief irgendwann ein. Plötzlich riss mich die Stimme meines Vaters aus dem Schlaf. Erst glaubte ich zu träumen, schließlich sollte er in der Stadt sein. Es gelang mir hinauszuschleichen, ohne dass er mich bemerkte. So konnte ich das Zimmer betreten, als ob ich gerade erst nach Hause gekommen wäre. Wir begrüßten uns, und ich ging nach draußen, inbrünstig hoffend, dass niemand die vielen Bananenschalen finden möge.

Meine Mutter fand sie schon am nächsten Tag, weil sie den Fußboden zur Abwechslung einmal selbst fegte. Meine Brüder und Schwestern waren bei der Großmutter, und deshalb fiel aller Verdacht auf mich. Mein Vater nahm mich an der Hand und zeigte mir die Bananenschalen, die zu einem großen Haufen zusammengefegt waren. Ein erstaunlich großer Haufen, sodass ich meine Mutter verdächtigte, sie hätte noch ein paar dazugeworfen. Schweigend standen wir beide davor und starrten sie an. Schließlich sah mich mein Vater verwundert an, schüttelte den Kopf und brach in Gelächter aus. Er versprach, mich nicht zu schlagen, wenn ich ihm erzählte, wer die Bananen gegessen hätte. Ohne mit der Wimper zu zucken sagte ich, das wären die gewesen, die draußen im Busch wohnten. Die ganz von schwarzem Fell bedeckt sind. »Und die hast du mit eigenen Augen gesehen?«, fragte er und konnte gar nicht mehr aufhören zu lachen.

Er lachte so laut und rollte mit den Augen, dass mir klar wurde, er glaubte mir kein Wort. Deshalb erzählte ich ihm die Wahrheit und berichtete ihm von den Mädchen, die mir nachgerannt waren. Mein Vater wollte etwas sagen, verließ aber stattdessen das Zimmer und ließ mich stehen. Drinnen in der Stube hörte ich ihn zu seiner Frau sagen, sie möge ihre Mutter Jane bitten, die Farm zu verlassen. Meine Mutter stand kurz davor, ohnmächtig zu werden, und ich beobachtete ihren Versuch, ihn zu beschwichtigen und dazu zu bringen, seine Meinung zu ändern. Aber er blieb hart. Ohne meine Gefühle zu verbergen, drehte ich mich triumphierend zu ihr um. Aber mein Vater stand kurz vor dem Explodieren, und ich beeilte mich, ins Bett zu kommen.

Schreie waren zu hören. Von der Tür aus sah ich, wie sie sich prügelten. Meine Mutter zog offenkundig den Kürzeren, denn ich konnte sie auf dem Fußboden liegen sehen. Ihre Schreie waren furchteinflößend, und ich hielt mir die Ohren zu. Mein Vater ließ sie allein im Schlafzimmer zurück, wo sie bis zum darauf folgenden Tag blieb. Am Abend kam mein Vater zurück, kurz bevor ich glücklich – wenn auch hungrig – einschlief.

Als ich aufwachte, war er bereits wieder in die Stadt gefahren. Ich stand auf und sah, wie sich meine Stiefmutter ein feuchtes Tuch ans Gesicht hielt. Ich ging schweigend nach draußen und schaute zu den Vögeln auf, deren Silhouetten sich gegen den Himmel abzeichneten.

Gegen Ende des Jahres kam mein Vater wieder einmal hinaus zur Farm. Am nächsten Morgen schickte er mich zu den Männern, die wir holten, wenn die Kühe geschlachtet wurden. Auf dem Weg traf ich einen von ihnen, und über die Aussicht auf Arbeit – und Essen – freute er sich. Zusammen gingen wir weiter, um den zweiten zu holen. Beide wollten wissen, um wie viele Tiere es sich handelte. Der Mann sabberte fast. Sein Benehmen überraschte mich nicht, denn ich wusste, dass es Menschen gab, die wesentlich lieber Fleisch aßen als wir. Nach etwa einer Stunde kehrte ich mit den beiden Männern zurück. Mein Vater wartete bereits. Er begleitete sie sofort zu der Kuh. Ich habe mich nie darum gerissen, beim Schlachten zuzuschauen. Deshalb fegte ich lieber die Blätter im Garten zusammen.

Wenige Stunden später kamen die Gäste. Einer der vier Ankömmlinge unterschied sich deutlich von den anderen, weil seine Haut so weiß war wie ein Lichtstrahl. Ich betrachtete ihn eingehend. So einen Mann hatte ich noch nie zuvor gesehen. Ich versuchte, so nahe wie möglich an ihn heranzukommen, um herauszufinden, warum seine Haut so leuchtete und glänzte. Vielleicht hatte er sich am Feuer verbrannt? Sein Blick aus großen, strahlenden dunkelbraunen Augen, sein hoher Wuchs, das Gesicht mit den großen Ohren und einem Schnurrbart unter der großen Nase gefielen mir sehr. Könnte ich ihn doch nur berühren, dachte ich und überlegte, ob die Haut wohl abfallen würde, wenn ich hineinkniff. Die Anwesenheit meines Vaters hielt mich jedoch davon ab.

Der Mann mit der leuchtenden Haut machte einen so starken Eindruck auf mich, dass ich noch heute manchmal an ihn denke. An seinen Namen erinnere ich mich nicht. Vielleicht war das dort, wo er herkam, ein vollkommen gewöhnlicher Name, der nicht so fremd klang wie in unserem Teil der Welt, der weit von seinem Geburtsort entfernt lag.

Die Vorstellung von dieser fernen Welt setzte meine Fantasie in Gang. Eine Welt, in der niemand geschlagen wurde. Eine Welt, in der mich niemand zwingen würde, nur ganz bestimmte Sachen zu ganz bestimmten Zeiten zu essen. Hätte ich damals schon an Gott geglaubt, ich hätte ihm gedankt, weil er mir zeigte, dass der Feind überwunden werden kann! Dann hätte ich schon damals einen Vorgeschmack auf die Freiheit bekommen, auch wenn noch viele

Jahre vergehen sollten, bis ich meine Fesseln sprengen konnte. Bis ich endlich jubeln und ausrufen konnte: »Ich bin frei!« Das war eine Welt, für die ich keinen Namen hatte. Aber jetzt wusste ich, dass es sie gab. Beim Gedanken an diese andere Welt füllten sich meine Augen mit Tränen. Mein Kopf war schwer wie Blei, und ich flüchtete in den Schatten der großen Bäume, ohne die fremden Gäste auch nur einen Moment aus den Augen zu lassen.

Am Abend verließen sie das Fest und ließen mich mit dem Abwasch und den Aufräumarbeiten zurück. In diesem Augenblick kam mein Vater. Lange stand er nur da und betrachtete mich. Dann erzählte er, dass er mich am nächsten Tag mit in die Stadt nehmen wolle. Er lächelte und reichte mir ein Geschenk. Meine Kopfschmerzen waren wie weggeblasen und eine unbeschreibliche Freude durchströmte mich. Breit lächelnd stand ich da und wusste gar nicht, wie ich reagieren sollte. Ich war fast erleichtert, als seine Frau kam und ihn wegführte. In dieser Nacht waren meine Träume zur Abwechslung einmal hell und schön.

Mutters wahres Gesicht

Als wir am nächsten Tag in der Stadt ankamen, wurde ich von drei Mädchen und einem Jungen empfangen, die mich anstarrten. Mein Vater sagte, das seien meine Geschwister. Ich starrte zurück, betrachtete ihre feinen Sachen. Wegen der Kleidung sahen sie recht verweichlicht und verwöhnt aus. Im ersten Moment muss ich sie aus tiefstem Herzen gehasst haben. Sie waren merkwürdige Geschöpfe, die merkwürdige Fragen stellten:

»Wie behandelt dich ›Mutesi‹?« Dieses Wort hatte ich noch nie gehört, und so starrte ich sie bloß an und fragte, was das bedeuten solle.

»Mutesi«, wiederholten sie.

»Meint ihr Mutter?«, fragte ich.

»Nein«, wandten sie ein, »sie ist nicht unsere Mutter. Sie heißt Mutesi.«

»Ja, und wer ist dann unsere Mutter?«, fragte ich. Doch sie wussten auch nicht, wo sie sich aufhielt.

»Wir wissen nur, dass Mutesi nicht unsere Mutter ist.«

Als ich ihnen erzählte, wie schlecht sie mich behandelt hatte, wurden sie traurig.

»Misshandelt sie euch auch, wenn sie zu Besuch kommt?«, wollte ich wissen. Aber sie sagten, das täte sie nicht.

Ich ging weg. Ich musste ein bisschen allein sein und nachdenken. Wenn ich mich anfangs schwer tat zu akzeptieren, dass sie nicht meine richtige Mutter war, erinnerte ich mich immer wieder an ihre Bosheit und Brutalität. In meinem Herzen ersetzte ich das Wort Mutter durch Stiefmutter.

Zwei Tage später stieß noch eine Schwester zu uns, und die Verwirrung wuchs. Annette war also meine älteste Schwester, aber sie war auch meine Tante, die, von der Onkel Nyindo erzählt hatte, das kleine Mädchen, das mein Vater mit seiner eigenen Stiefmutter bekam. So wie die anderen gewann auch sie einen Platz in meinem Herzen. Meinen anderen Schwestern war Annette ein Dorn im Auge – ausgenommen meiner Schwester Grace. Grace war ein stilles, aber äußerst willensstarkes Mädchen, das wild protestierte, wenn ihr jemand Unrecht tat. So hatte ich keine Schwierigkeiten, sie gegen Margie, unsere dominante Schwester, aufzustacheln, die blinden Gehorsam von uns Geschwistern forderte. Eines Tages belauschte ich meine Schwestern, wie sie über Annette lästerten, und ich konnte überhaupt nicht verstehen, warum sie das taten. Fast jeden Tag weinte Annette, und ich stand hilflos daneben. Zum Glück war da noch Marie, unsere Kinderfrau, die sie tröstete.

Meine neue Umgebung gefiel mir ausgezeichnet. Ich kam gut mit meinem Bruder aus, und Marie bewies mir, dass nicht alle Frauen böse waren. Meine Schwestern kehrten ins Internat zurück, und ich begann in der gleichen Schule wie mein Bruder Richard mit der ersten Klasse. Der sorgte allerdings dafür, dass ich jede Menge Ärger bekam, indem er mich bei allen Schulkameraden als »Baby« einführte. Alle außer mir waren entzückt von diesem Kosenamen. Fast jeden Tag bekam ich neue blaue Flecken, weil ich mich mit jemandem prügelte, der mich Baby genannt hatte.

Mein Bruder und ich waren unter Maries liebevoller Aufsicht ein Wochenende allein im Stadthaus zurückgeblieben. Überraschend tauchten mein Vater und seine Frau zusammen mit meinen Stiefgeschwistern auf. Jetzt hatten sie noch einen kleinen Jungen bekommen, auf den ich selbstverständlich jeden Tag nach der Schule aufpassen sollte. Keine Zeit zum Spielen oder für Prügeleien. Ich war wütend und hätte den Kleinen am liebsten ins Klo geworfen. Stattdessen fing ich an, mir Entschuldigungen auszudenken, um nicht auf ihn aufpassen zu müssen.

Eines Tages, als ich mit dem Kleinen auf dem Arm vor dem Haus saß und die anderen Kinder spielen sah, wurde ich so wütend, dass ich ihm in den Daumen kniff. Das löste ein so heftiges und anhaltendes Geschrei aus, dass ich Angst bekam, seine Mutter käme mir auf die Schliche. Vielleicht gäbe es einen blauen Fleck? Andererseits würde sie das Geschrei vielleicht zwingen, herauszukommen und ihr Kind zu holen. Dann könnte ich spielen gehen. Doch nichts passierte; sie kam nicht. Jetzt kniff ich ihn irgendwo hinten, wo man es nicht sehen konnte, und nach einigen Malen hatte ich Erfolg. Sie stürmte aus dem Haus und riss das Kind an sich. Aber sie war eine Nummer zu schlau für mich. Statt das Baby zu hüten, musste ich nun die schmutzigen Windeln waschen. Alle anderen Kinder lachten mich aus, was mich nur noch wütender machte. Ich hasste sie alle miteinander und prügelte mich beim kleinsten Anlass mit ihnen. Nur eine ließ mich in Ruhe – das war Sofia, meine Freundin.

Eines Tages, ich wusch gerade wieder Scheißwindeln, fiel mir auf, dass ihr Inhalt wie Rührei aussah. Ich nahm etwas davon mit nach drinnen, streute Salz darauf und servierte es meinen Stiefbrüdern, Ray und Emanuel. Als sie mehr haben wollten, hätte ich mich ausschütten können vor Lachen. Stattdessen sagte ich, sie müssten bis zum nächsten Tag warten.

Am meisten wünschte ich mir, dass meine Schwestern aus dem Internat nach Hause kommen und meine Pflichten übernehmen würden. Aber bis dahin vergingen noch ein paar Wochen.

Das Haus in der Stadt wimmelte nur so vor Familienmitgliedern, was meine Stiefmutter sehr zu beunruhigen schien. Sie tat immer so, als wäre sie krank, und verbrachte die meiste Zeit im Bett. Wenn sie nicht dort war, hetzte sie meinen Vater auf, seine Töchter zu schlagen. Vielleicht war das der Grund, warum Annette und Grace dicke Freundinnen wurden und fast die ganze Zeit zusammensteckten. Eines Samstagmorgens waren Annette und Grace verschwunden. Später ging Vater los, um nach ihnen zu suchen, aber sie kamen nie zurück. Ich hoffte aus tiefstem Herzen, dass ihr Verschwinden meinem Vater die Augen öffnen und er endlich das wahre Gesicht meiner Stiefmutter entdecken würde.

Die Kinder meiner Stiefmutter begannen jetzt auch mit der Schule. Jedes von ihnen hatte zwei Paar Schuhe. Ich hatte noch nicht einmal ein hübsches Kleid und fragte, ob sie mir eins kaufen würde, aber sie schickte mich nur zu meinem Vater. Eines Abends saß er im Wohnzimmer und rauchte Pfeife. Ganz unerwartet lächelte er, und ich fasste mir ein Herz und erzählte ihm von meinem Wunsch. Immer noch lächelnd teilte er mir mit, dass er morgen daran denken wollte, mir ein schönes Kleid zu kaufen. Ich konnte kaum schlafen, so aufgeregt war ich. Der nächste Tag wollte nicht vergehen. Kaum sah ich meinen Vater, lief ich ihm entgegen und bekam ein Päckchen von ihm. Ich stand artig im Wohnzimmer und wartete, bis er mir erlaubte, es zu öffnen. Als ich die Verpackung aufriss, fiel ein schwarzes Kleid mit weißen Streifen über der Brust heraus. Nicht die Streifen waren das Auffälligste, sondern der tiefe Ausschnitt, sowohl vorn als auch hinten. Doch damit nicht genug, es war lang und sah eher wie ein Abendkleid aus. Die Enttäuschung stand mir wohl ins Gesicht geschrieben, auch wenn ich sie verbarg, so gut ich konnte, aus lauter Angst, den alten strafenden Vater zu neuem Leben zu erwecken. Schnell lief ich hinaus, um zu weinen. Meine Schwester Margie ging mir nach und sagte, ich sähe sehr hübsch darin aus, das Kleid wäre sehr modern. Aber ich fühlte mich völlig wehrlos und beinahe nackt darin. Noch heute taucht es in meinen Träumen auf, wenn ich vergebens darum kämpfe, meinen Körper vor neugierigen Blicken zu schützen.

Tod und Vertreibung

1982 geriet Ugandas Präsident und Alleinherrscher Milton Obote unter Druck. Er war überzeugt davon, dass die NRA, die National Resistance Army, eine Gruppierung, die im ganzen Land immer wieder Aufstände gegen die Regierung anzettelte, von den Tutsi und Teilen Westugandas unterstützt würde. Deshalb forderte er die Menschen dazu auf, die Tutsi aus Uganda hinauszujagen. Vielleicht glaubte er, er könne so den Aufruhr ersticken. Doch vielleicht war er gar nicht wirklich an einer Lösung der Probleme interessiert. Dass er selbst die Ursache für Ugandas Probleme sein könnte, kam ihm nicht in den Sinn. Wie bei allen anderen afrikanischen Staatsführern war sein Machthunger groß, genau so groß wie sein Hunger nach persönlicher Bereicherung. Alle machthungrigen Führer dürsten nach immer mehr Geld, um sich damit die Taschen zu füllen, Taschen, die anscheinend stets Löcher haben.

Obote hat niemals verstanden, dass er seine Probleme nicht damit lösen konnte, die Tutsi zurück nach Ruanda in die Arme ihrer Henker zu schicken. Das sollte sich als katastrophales Fehlurteil erweisen. Je stärker die NRA wurde, desto geringer wurde seine Chance, in Ruhe auf seinem selbst errichteten Thron zu sterben. Obote trank heftig. Whisky beherrschte alle seine Gedanken und füllte seinen Kopf. Die Flasche stand immer in Reichweite. Aber die Menschen gehorchten ihm und folgten seinen Aufforderungen, die Tutsi auszuplündern, auch die Regierungstruppen.

Obotes Regierung blieb passiv und ließ es geschehen, dass die Häuser der Tutsi geplündert und niedergebrannt, ihr Vieh geschlachtet wurde. Die Tutsi-Frauen wurden vergewaltigt, und das herzzerreißende Weinen ihrer Kinder stieß auf taube Ohren. Niemand lehnte sich gegen den Mann auf. Während der Vertreibung nach Ruanda wurden viele Kinder von ihren Eltern getrennt. Andere Kinder flohen kreuz und quer durch Uganda. Obwohl man den Tutsi freies Geleit zugesagt hatte, wurden die Mädchen vergewaltigt. In Ruanda erwartete sie der sichere Tod. Doch ich glaube nicht, dass es der Tod war, vor dem es ihnen graute. Es war die Angst, welchen Leiden und welchem Terror sie zuvor noch ausgesetzt sein würden. Viele versuchten deshalb verzweifelt, sich bei der NRA zu melden. Nicht nur einige wenige, sondern Tausende.

Obotes offizielle Erklärung lautete, diese Maßnahmen seien notwendig, um den Frieden und die politische Stabilität der Region zu erhalten. Ugandas Nachbarn protestierten nicht gegen sein brutales Vorgehen, nicht zuletzt deshalb, weil so viele andere afrikanische Staatsmänner vergleichbare Aktionen durchgeführt hatten – wenn auch nicht von solchem Ausmaß. Mit anderen Worten: Sie waren nicht in der Lage, ihn zu verurteilen, ohne sich gleichzeitig selbst infrage zu stellen.

Die Tutsi erlitten das gleiche Schicksal wie die Inder unter Idi Amin. Meine Familie sind Tutsi. Deshalb leitete diese Kampagne das Unglück meiner Familie ein. Einerseits war ich froh, wenn ich sah, was mit anderen Tutsifamilien passierte, weil ich wusste, dass das mit der Zeit auch meinem Vater und seiner Frau zustoßen würde. Die Rache würde süß werden, so glaubte ich. Aber auch ich kam nicht ungeschoren davon, sodass die Rache nicht ganz so süß wurde, wie ich mir das vorgestellt hatte.

Noch heute bekomme ich Alpträume, wenn ich an die Konsequenzen für mich denke. Mit jedem Tag fällt es mir schwerer, an jenen Abend zurückzudenken, als ich dem Übergriff eines Mannes ausgesetzt war, den ich nur als »chief« kannte – er war einer der Befehlshaber unseres Städtchens. Eine Person, die ich regelmäßig an unserem Haus hatte vorbeigehen sehen. Dachte er schon damals daran, sich an mir zu vergreifen? Oder vielleicht an einer meiner Schwestern? Jedes Mal, wenn ich ihn traf, erschrak ich vor dem Ausdruck in seinen Augen.

Eines Tages zerrte mich dieser alte Mann in ein ausgebombtes Gebäude und drohte, mich umzubringen, wenn ich jemals verriete, was passiert war. Ich war gerade einmal sieben Jahre alt. Instinktiv wusste ich, dass ich noch weiteren Übergriffen ausgesetzt sein würde und dass es keinen Unterschied machte, ob ich meiner Familie davon berichtete oder nicht. In jenen Tagen hatte ich zuweilen das Gefühl, nicht ich, sondern eine andere zwänge mich, an all das Leid zu denken, das mich bis zu meinem Tod noch erwarten würde.

Als mein Vater von dem Beschluss der Regierung unterrichtet wurde, alle Tutsi aus dem Land zu jagen, fuhr er hinaus auf die Farm, um zu retten, was noch zu retten war. Unterwegs stieß er auf einen seiner Landarbeiter, der selbst Tutsi war. Der Mann warnte ihn, dorthin zu fahren. Ich kann mich noch erinnern, dass ich gerade im Garten saß und mit meiner Freundin Sofia spielte, als ich meinen Vater mit einem Sack in der Hand und einem der Arbeiter entdeckte. Ich wusste sofort, dass sich die Situation auf der Farm zugespitzt hatte. Und mir war durchaus bewusst, dass sich viele unserer Nachbarn keinen Deut um meinen Vater scherten. Mein Vater besaß viel Land. Außerdem war er Jurist, was ihm die Macht gab, seine Position auszunutzen und seine Nachbarn so unter Druck zu setzen, dass sie ihm Land abtraten. All dies konnte jetzt gegen ihn verwendet werden. Man begegnete ihm nicht länger untertänig. Jetzt waren die anderen an der Reihe, sich wie hungrige Löwen zu gebärden. Sogar Menschen, denen er geholfen hatte, wandten sich gegen ihn und waren die ersten, die sich an seinen Rindern vergriffen. Und an seinen Ziegen. Sie plünderten das Haus, während andere zur Bananenplantage zogen und sämtliche Stauden fällten, wobei sie riefen: »Tutsi dürfen niemals mehr zurückkehren. Wenn sie es doch tun, werden sie getötet.«

Der gleiche Hass, der meine Familie vergiftete, erfüllte auch diese Männer. Lebewesen bedeuteten ihnen nichts. Sie vertrieben die Kühe und nahmen ihnen ihre neugeborenen Kälber weg, die sie verhungern ließen. Die wenigen Kühe, die nach ihren Jungen suchten, schlachteten sie brutal ab. Auf der Suche nach meinem Vater durchkämmten sie die Felder und das Haus. Als das misslang, zerstörten sie beide Farmhäuser so, dass kein Stein mehr auf dem anderen blieb. Die Bitterkeit meines Vaters wuchs ins Unendliche. Unsere Nachbarn teilten sein Land unter sich auf.

Ich dachte nur an die Ziegen. Hätten die Arbeiter doch nur berichten können, dass mein Vater und meine Großmutter einen Arm oder ein Bein verloren hätten – aber doch nicht meine heiß geliebten Ziegen!

Nachdem sie berichtet hatten, was passiert war, sah mein Vater vollkommen verstört aus, so als wisse er nicht, was er tun solle. Ich sah ihn immer wieder ums Haus laufen, die eine Hand in der Hosentasche, die andere am Kopf. Schließlich ging er ins Wohnzimmer, setzte sich aufs Sofa und brach in Tränen aus. Ich beobachtete ihn vom Fenster aus und sah, wie er erst laut mit sich selbst redete und schließlich alles im Haus kurz und klein schlug.

Wenige Tage später kamen meine Schwestern aus dem Internat nach Hause und wurden bei Freunden in Sicherheit gebracht. Mein Bruder Richard und ich sollten meinen Vater auf die neue Farm begleiten, die sehr weit entfernt lag. Niemand hatte uns darauf vorbereitet. Unterwegs sahen wir, wie sich seine Augen mit Tränen füllten vor lauter Wut. All seinen Ärger ließ er an uns aus. Der Weg kam uns unendlich weit vor, und wir spürten, das war der Weg in die Hölle. Jedes Mal, wenn ich mich umdrehte, um ihn anzuschauen, spuckte er mir mitten ins Gesicht. Zwischendurch schimpfte er immer wieder auf die Menschen, die ihm sein Vermögen geraubt hatten. In meinen Ohren klang das so, als hätte das nicht das Geringste mit uns zu tun.

Wenn ich zurückdenke, sehe ich nur ein kleines Kind vor mir, das versucht, aus der Situation schlau zu werden, das verstehen will, was gut ist und was böse. Wenn er doch so klug war mit allen seinen Büchern und Besitztümern, warum konnte er dann nicht einmal seine Familie verstehen, seine eigenen Kinder? Wieder und wieder verfluchte er meine Mutter, als sei sie es, die neben ihm ging, und nicht ich. »Dieses infame Weibsstück. Nur Mädchen, nie Jungen. Jetzt stehe ich ganz allein da...« Seine Worte fand ich sonderbar, denn mit seiner neuen Frau hatte er doch vier Jungen.

Meine Hoffnung erhielt neue Nahrung, weil er in einem schwachen Moment meine richtige Mutter erwähnt und damit ihre Existenz bekräftigt hatte. Ich riss beide Augen und Ohren auf. Wo mochte sie nur sein? Meine Seele versuchte bis zu ihr durchzudringen. Mit geschlossenen Augen beschwor ich eine weiße Wolke am Himmel herauf, vielleicht war sie dort oben? Aber als ich die Hand nach dem Stern am nördlichen Firmament ausstreckte, der uns den Weg wies, erstarrte ich auf halbem Weg. Das muss der Geist meines Vaters gewesen sein, der mir dazwischenfunkte.

Mein Vater ließ meinen Bruder und mich auf der neuen Farm zurück, die überhaupt nicht so schön war wie die alte. Meine Großmutter war immer noch schlimm, aber Richard und ich hielten zusammen. Wir fanden großes Vergnügen an der Kaninchenjagd und daran, der bösen alten Frau ein Schnippchen zu schlagen.

Eines Abends, als wir von einer unserer vielen Kaninchenjagden nach Hause kamen, stießen wir auf unsere Stiefmutter. Mein erster Gedanke war, dass wir jetzt nicht mehr die einzigen Raubvögel auf der Farm sein würden. Zwei Tage später kam mein Vater dazu. Am Abend rief er die Arbeiter zu sich und erklärte zweien von ihnen, dass sie sich nach einer neuen Arbeit umsehen müssten: Auf dieser neuen und kleineren Viehfarm sei kein Platz mehr für sie. Beim Abendessen bat er meinen Bruder und mich, uns darauf vorzubereiten, wieder in das Haus in der Stadt umzuziehen.

Nach ein paar Gläsern Milch zum Frühstück packten mein Vater und meine Stiefmutter eilig ihre Sachen zusammen. Mein Bruder und ich standen daneben und schauten zu. Wir hatten nichts zu packen.

Eine unerwartete Entdeckung

Zu Hause konnte ich weder Margie noch Helen entdecken. Marie berichtete, sie seien im Internat. Nach einer Woche war alles wieder beim Alten. Mein Bruder hatte sich mit seinen früheren Freunden zusammengetan und ich mich mit meinen alten Feinden.

Bedrückend war nur die Einsamkeit. Die Freunde, die ich beim letzten Mal gefunden hatte, waren weggezogen, und es war nicht leicht für mich, neue Freunde zu finden. Ich war immer allein. Aber dann traf ich die beiden Schwestern, die in die dritte Klasse gingen. Judith und Mutton hatten tolle Kleider und Schuhe und jede Menge Taschengeld. Aus Gründen, die ich nicht ganz verstand, sah bald die ganze Schule zu ihnen auf. Aber sie hatten mich als ihre Freundin auserkoren, und sie nahmen nicht irgendwen. Eigentlich war ich es, die sie ausgesucht hatte. Sie selbst waren nicht sehr interessiert an mir, ließen mich aber dabeibleiben.

Eines Tages erschien ihre Mutter in der Schule, und ich begrüßte sie. Sie hieß Patricia. Zu meiner großen Überraschung kannte sie meinen Vater. Nicht nur das, sie kannte sogar meine richtige Mutter! Ich platzte vor Neugier! Im Gegensatz zu ihren Töchtern schien ihre Anteilnahme echt zu sein, weshalb ich mir einen Ruck gab und sie fragte, ob sie wüsste, wo meine Mutter wäre. Aber sie lächelte nur. Ehe sie ging, bekam ich ihre Adresse, allerdings nur unter der Bedingung, dass ich sie unter keinen Umständen meinem Vater zeigen durfte. Ich beschloss, ihr zu vertrauen. Und auf ihre wiederholte Warnung hin gab ich die Adresse nicht preis. Ich versteckte sie so gut, dass nicht einmal meine Schwestern, die in den Ferien nach Hause kamen, davon erfuhren.

Meine Schwester Margie überraschte uns alle, indem sie unserer Stiefmutter wie eine erwachsene Frau gegenübertrat. Unsere Stiefmutter wurde von Tag zu Tag dünner. Trotzdem gelang es ihr, die Kluft zwischen Vater und seinen Töchtern noch weiter zu vertiefen. So gut wie jeden Tag konnte ich miterleben, wie meine Schwestern Prügel bekamen. Nur Margie schien daran zu wachsen. Sobald die Züchtigung begann, schrie Helen und bat meinen Vater, aufzuhören. Aber Margie biss die Zähne zusammen und hielt durch. Wie oft hörte ich sie sagen: »Vater. Jetzt schlägst du mich schon wieder ohne jeden Grund.« Von meinem Fenster aus konnte ich beobachten, wie meine Stiefmutter die Möbel zur Seite schob, damit Vater mehr »Ellenbogenfreiheit« hatte.

Verrat

Das erstgeborene Mädchen – Helen – hielt die Prügel und Züchtigungen nicht mehr aus. Meine Schwester war groß und gut gebaut, sie hatte helle Haut und große glänzende braune Augen, Augen, die sie wie ein unschuldiges Reh aussehen ließen. Aus Selbstschutz entschloss sie sich, für unsere Stiefmutter zu spionieren und ihr alles mitzuteilen, was wir taten und sagten. Das war ihr verzweifelter Versuch, den Schlägen zu entgehen. Die Angst vor dem Schmerz machte unsere Schwester blind dafür, wie geschickt diese Frau uns Kinder gegeneinander ausspielte. Wir konnten überhaupt nicht begreifen, wieso unsere Stiefmutter jedes Geheimnis zu kennen schien. Margie sah mich schon ganz misstrauisch an. Ich musterte Helen, deren Augen dann immer nervös zu flackern begannen. Margie meinte, vielleicht sei es die jüngste Tochter unserer Stiefmutter. An diese Erklärung glaubte ich nicht so recht, weil wir immer besonders vorsichtig waren, wenn sie sich in der Nähe aufhielt. Aber aus Furcht vor einer weiteren Konfrontation schwieg ich.

Eines Tages konnte ich meine Augen nicht von einem Bündel Bananen abwenden, das in unserer Küche hing. Sie waren so richtig schön reif. Von morgens bis abends dachte ich an nichts anderes, als mich damit voll zu stopfen. Meine Stiefmutter um eine davon zu bitten, war völlig ausgeschlossen. Sie gönnte uns nichts. Nichts. Am Abend, als wir beim Essen saßen, überwältigte mich der Gedanke an die verlockend reifen Bananen. Noch ehe die anderen mit dem Essen fertig waren, stand ich auf und ging nach draußen in die Küche. Dort hob ich ein Stück Brennholz auf – einen langen Zweig – und stieß immer wieder gegen das Bündel. Es gelang mir, vier Bananen zu ergattern, die ich hinter dem Haus aß, während ich mich unter einem großartigen Sternenhimmel zum Pinkeln hinkauerte.

Bananen essen, allein irgendwo sitzen und die Sterne anschauen – das war meine Vorstellung von einer idealen, fast überirdisch schönen Welt. Aus diesem Zustand der Glückseligkeit wurde ich jäh herausgerissen, als Helen aufkreuzte. Wie ein Blitz, der über den Himmel zuckt, stand sie auf einmal da. Eine Donnerstimme nannte meinen Namen. Ohne den Versuch zu unternehmen zu verbergen, was ich in den Händen hielt, antwortete ich ihr. Ich dachte, sie wolle vielleicht eine haben.

»Was machst du da?«, fragte sie.
»Ich esse eine Banane«, flüsterte ich. »Willst du eine haben?«
»Das sage ich Vater«, lautete ihre Antwort.
Überzeugt davon, dass sie mir etwas vormachte, lachte ich nur. Als sie wiederholte, was sie gesagt hatte, begriff ich, dass sie es

ernst meinte, und in der Ferne hörte ich schon den Donner grummeln – oder war es das dumpfe Knurren eines Raubtiers?

»Helen. Wir beide haben die gleiche Mutter. Sei lieb. So etwas darfst du nicht sagen.«

Schließlich bettelte ich. Ich griff nach ihrer Hand, während mir die Tränen über die Wangen kullerten. Aber sie blieb hart und packte mich. Ich versuchte, mich mit einer Hand an der Mauer festzuhalten, aber meine Finger waren nicht kräftig genug. Meine verräterische Schwester zog mich immer weiter. In der anderen Hand hielt sie die Banane, die ich gerade begonnen hatte zu verspeisen, ehe sie kam. Bald stand ich meinem Vater von Angesicht zu Angesicht gegenüber. Unsere Stiefmutter fing an, ihre Krokodilstränen zu weinen. Sie sagte meinem Vater, dass nichts von dem, was sie tat, geschätzt würde, und hörte nicht auf, zu sticheln und ihn zu reizen. Die Lügen und die Tränen wurden immer mehr, und im gleichen Maß wuchs die Wut meines Vaters, bis er explodierte und mich über den Fußboden schleifte. Die Füße stabil zwischen meine Schulterblätter gepflanzt, brüllte er mich an und wollte wissen, warum ich Bananen stahl. Kein Wort kam über meine Lippen, weil ich wusste, meine Antwort würde mit Sicherheit falsch verstanden werden und meine Stiefmutter nur noch mehr reizen. Ich konnte sehen, wie jeder Schlag, der auf mich niedersauste, sie freute. Mein Vater sah das auch. Einen kurzen Moment lang wanderte sein Blick zu ihr hinüber, dann hagelte es wieder Schläge. Nachdem er damit fertig war, ging er ins Schlafzimmer und kam mit einem seiner Mäntel zurück. Er legte ihn auf mein Bett. Sein wohlbekannter Trick. Darauf sollte ich heute Nacht schlafen. In seinen Augen las ich die Drohung, dass es noch mehr Prügel setzen würde, wenn ich wagte, ihn einzunässen.

An dem Abend weinte ich nicht so sehr wegen der Prügel, sondern weil ich immer auf die Probe gestellt wurde, ständig irgendwelche unmöglichen Forderungen erfüllen musste. Leise sang ich vor mich hin, um mich so wach zu halten. Morgens wachte ich auf, und das Herz schlug mir bis zum Hals. Sofort fühlte ich nach dem nassen Fleck. Aber der Fleck auf dem Mantel schien kalt zu sein. Schnell hielt ich zur Sicherheit die Finger an die Nase. Ich roch nur die Reste der blutigen Bestrafung des gestrigen Tages. Die Wunden waren noch frisch. Ich überlegte, von zu Hause wegzulaufen. Aber wohin? Die Erinnerung an die vielen Wunden meiner Kindheit – an Körper und Seele – wallte in mir auf, und ich wusste wieder, warum ich so traurig war.

Im Wohnzimmer traf ich Helen und wurde von einem glühenden Hass auf sie überwältigt. Ich setzte mich draußen hin und wartete auf meinen Vater. Endlich tauchte er auf, und ich reichte ihm wortlos den Mantel. Minutenlang stand er da und sah zu Boden wie ein Dieb, der auf frischer Tat ertappt worden ist. Aber das hielt ihn nicht davon ab, einen der anderen zu bitten, den Stock zu holen. Ich senkte den Blick nicht, sondern sah ihm direkt in die Augen, während große Tränen auf meinen Mund tropften. Nicht, um ihn herauszufordern, sondern als stummen Appell, dass er mich, das Kind, wahrnehmen und erkennen sollte, was er da tat. In seinen unablässig blinzelnden Augen sah ich Scham. Warum er blinzelte, konnte ich nicht erkennen. Vielleicht wusste er nicht, ob er weinen oder lachen sollte. Ich hielt seinen Blick fest, bis er langsam auf dem Absatz kehrtmachte und ins Haus ging. War meine Botschaft bis zu ihm vorgedrungen? Oder war ihm das viele Blut einfach nur zu eklig?

Noch am selben Nachmittag baten ich und Margie Helen, zu unserem üblichen Treffpunkt zu kommen. Margie versuchte ihr zu erklären, dass wir alle im selben Boot säßen, und dass nichts, was wir tun oder sagen würden, unsere Stiefmutter davon abhalten konnte, uns zu hassen. Wenn wir uns erst gegenseitig im Stich ließen, würde sie das nur freuen. Sie würde uns auslachen. Helen fing an zu weinen, aber wir ließen sie einfach stehen und gingen zum Kartoffelfeld, wo wir Süßkartoffeln ausgruben. Kurz darauf kam Helen und versprach hoch und heilig, uns nie wieder im Stich zu lassen.

Das Leben im Stadthaus ging weiter. Eines Tages wurde Helen losgeschickt, um Fleisch zu kaufen, und kam mit leeren Händen zurück. Noch ehe unsere Stiefmutter etwas bemerkt hatte, gestand Helen Margie unter Tränen, sie hätte das Geld verloren und wüsste weder aus noch ein. Margie holte Richard und mich, und wir alle zerbrachen uns den Kopf. Richard schlug vor, auf der Straße zu betteln, und das taten wir dann auch. Nach mehreren Stunden war nicht viel Geld zusammengekommen. Am Ende mussten wir zu Kreuze kriechen und zu unserer Stiefmutter gehen, das heißt, Helen musste. Die Stiefmutter schrie, ihr sei das egal, sie solle bloß warten, bis der Vater nach Hause käme. Am Abend gestand ihm Helen alles. Er schlug ihr ins Gesicht und schrie, das Geld sei dafür da gewesen, ihre Schulgebühren zu bezahlen. Auf dem Boden kniend, bat ihn meine Schwester um Verzeihung, aber all ihr Flehen stieß auf taube Ohren. Vom nächsten Tag an musste sie auf der Bananenplantage mitarbeiten. Während wir uns sputeten, um in die Schule zu gehen, hatte Helen es eilig, die Hacke zu suchen.

So blieb es lange Zeit. Nichts veränderte sich. Helen musste schuften. Es war, als wäre sie Luft, als existiere sie nicht mehr. Als wir eines Tages von der Schule nach Hause kamen, war sie verschwunden. Das Gesicht meines Vaters zeigte keinerlei Regung, als er sagte: »Da seht ihr es! Eure Schwester ist genau so dumm wie eure Mutter, die vollauf damit beschäftigt ist, Zwiebeln zu verkaufen. Egal, wie billig sie die anbietet, niemand will sie kaufen.« Und selbst wenn wir alle von zu Hause weglaufen würden, wäre ihm das gleichgültig, fuhr er fort. Da wurde mir klar, dass er uns ebenso hasste, wie er unsere Mutter hasste. Was hielt das Leben für uns bereit? Wohin würde es uns führen? Welche Zukunft erwartete uns? Eines stand fest: Wir würden alle den gleichen Weg gehen.

Nun waren nur noch eine Schwester und ein Bruder übrig, und ich begriff, dass nirgendwo Hilfe zu finden war. Wir sahen ein, dass diese Frau nicht vorhatte aufzugeben. Niemals. Nach Helens Flucht gaben wir uns besonders viel Mühe und passten auf, was wir taten oder sagten.

Schule ade!

Die Schule schloss für den Sommer, und Vater brachte uns zu der neuen Farm, wo wir die Ferien bei Großmutter verbringen sollten. Unterwegs führte Vater ein kurzes Gespräch mit Richard. Er erklärte ihm, er sei jetzt so groß, dass er auf uns aufpassen müsse, und fuhr fort, er selbst habe Pflichten gehabt, als er im gleichen Alter war. Meine Schwester und ich schauten uns nur an.

Sobald wir untergebracht waren und Vater außer Sichtweite war, schlug Richard vor, Honig zu stehlen. Margie sagte, wir müssten uns zuerst Plastiktüten zum Schutz gegen die Bienen besorgen sowie eine Hacke und Streichhölzer. So ausgerüstet, machten wir uns auf den Weg in die Wildnis, nur der Mond beleuchtete unseren Weg. Nach einigem Suchen fanden wir ein Nest und gruben. Die Bienen gebärdeten sich wie verrückt, und etliche krabbelten in die Tüten, mit denen wir unsere Köpfe bedeckt hatten. Der Angstschweiß lief uns über das Gesicht, während wir uns bemühten, genug Rauch zu produzieren, um die Bienen zu beruhigen. Zum Glück waren unsere Anstrengungen erfolgreich. Vor unseren Augen lag der Honig. Unglücklicherweise waren die Waben voller kleiner Bienenlarven, sodass wir enttäuscht den Heimweg antraten.

Zu Hause saß Großmutter und kochte Milch für das Abendessen. Sie drehte sich wütend zu uns um, sagte aber kein Wort. Entweder war die Wut zu groß, oder sie hatte Bescheid bekommen, sich zusammenzunehmen. Ein winziger Sieg. Nachdem wir die Milch getrunken hatten, sagten wir gute Nacht und gingen zu Bett. Das Lächeln, das um unsere Lippen spielte, war ein ganz besonderes, das wir hervorgeholt hatten, nachdem unser Vater weg war.

Morgens half Margie den Arbeitern beim Kühemelken. Mein Bruder und ich passten unterdessen auf die Kälber auf. Wenn das Melken überstanden war, nahmen wir die fünf Hunde und gingen auf Kaninchenjagd. Es dauerte nicht lange, da hatten die Hunde die Fährte des ersten Kaninchens aufgenommen und schossen hinterher. Wir blieben ihnen dicht auf den Fersen. Das Kaninchen war jedoch schneller und schlüpfte in seinen Bau. Einer der Hunde wurde davor gesetzt, um den Ausgang zu bewachen, während wir gruben. Wie ein Blitz aus heiterem Himmel raste das Kaninchen plötzlich heraus und verschwand zwischen den Beinen des Hundes. Jetzt ging das Ganze wieder von vorne los. Nach einer wilden Verfolgungsjagd glückte es den Hunden schließlich, das Kaninchen aufzustöbern und zu fangen. Das Kaninchen wurde über dem offenen Feuer geröstet. Als es endlich gar war, warfen wir den Hunden, die sich wie verrückt um das Fleisch balgten, die Stücke zu. Wir selbst aßen kein Kaninchen. Es war die Jagd, die uns Spaß machte.

Anschließend saßen wir Geschwister um das Feuer und unterhielten uns, redeten davon, wie wenig wir zum Anziehen hatten und wie wir wohl an Geld kommen könnten, um uns etwas zu kaufen. Mein Bruder schlug vor, eine Kuh zu verkaufen. Margie fand, wir könnten Milch verkaufen. Mir fiel nichts ein, deshalb unterstützte ich Margies Idee.

Als wir nach Hause kamen, stand die Alte vor dem Haus, den Stock in der Hand. »Wo seid ihr den ganzen Tag gewesen?«, fauchte sie. Margie ging ohne etwas zu sagen einfach an ihr vorbei. Aber ich kannte Großmutter besser, und meine Angst war größer als Margies. Die Erfahrung lehrte mich stehen zu bleiben. Ich sah sie die Brüste in die Hand nehmen, sie zum Himmel heben und dabei Margie hinterherschreien: »Bei diesen Brüsten, die deinen Vater gesäugt haben, bei diesen Brüsten verdamme ich dich.« Großmutter fuhr fort und sagte, dass sie, Margie, wie eine Ausgestoßene auf den Straßen umherwandern, ihrem Tod begegnen und am Schluss zum Fraß der Geier würde. Ich stand daneben, sah ihre schlaffen ausgemergelten Brüste und schüttelte den Kopf. Das laute Lachen meiner Schwester sagte mir, dass sie den bösen Fluch offenbar nicht sehr ernst nahm.

Am nächsten Tag beschlossen wir, unseren Plan umzusetzen. Frühmorgens nahmen mein Bruder und ich fast alle Milch, die meine Schwester gemolken hatte, und gossen sie in einen großen Behälter, den wir vorher im hohen Gras hinter dem Haus versteckt hatten. Gegen neun Uhr hatten wir ihn hoch zur Landstraße gerollt. Dort gelang es uns, die Milch an einen Lastwagenfahrer zu verkaufen. Das Geld gaben wir Margie, sie war die älteste. Am nächsten Morgen begleiteten wir sie zur Landstraße, um sicher zu sein, dass sie ein Minitaxi erwischte. Wir beschlossen, dort zu bleiben und auf sie zu warten.

Es dauerte eine Ewigkeit, bis schließlich ein blauer Peugeot am Straßenrand hielt. Margie stieg aus, sie hielt eine kleine Tüte in der Hand. Erst als wir richtig nahe herangekommen waren, fiel uns auf, wie fein sie aussah in ihrem schönen Kleid und den hochhackigen Schuhen. Und erst da bemerkten wir ihren veränderten Gang. Auf die Frage, wo unsere Sachen wären, steckte sie die Hand in die Tüte und zog eine Menge Süßigkeiten und Kuchen heraus, die sie an uns verteilte. Das Geld sei leider alle, teilte sie uns mit. Dann baute sie sich mitten auf der Straße vor uns auf und fing an, hin und her zu gehen. »Sehe ich nicht aus wie ein Model?«, fragte sie. Ich wollte mich ausschütten vor Lachen. In meinen Augen glich sie eher einem neugeborenen Kalb auf wackligen Beinen. Als wir uns zum Essen niederließen, erzählte sie uns, sie hätte gar nichts zu essen bekommen. Da wurden mein Bruder und ich etwas muffig. Sie hatte nur Kleider für sich gekauft, und jetzt bettelte sie um Süßigkeiten. Wütend drohten wir ihr auf dem Heimweg, sie bei unserer Großmutter zu verpetzen. Jetzt stand ihr die blanke Angst in den Augen, und sie bat uns um Vergebung. Doch das ließ uns ziemlich kalt.

Gesagt, getan. Als wir nach Hause kamen, liefen wir schnurstracks zu Großmutter und erzählten, sie hätte etwas von der Milch verkauft. Nachdem Großmutter aufgehört hatte, zu schreien und zu toben, bat sie mich, einen der Arbeiter zu holen. Er bekam den Auftrag, am folgenden Tag eine Nachricht für Vater mit in die Stadt zu nehmen. Margie beschloss auf der Stelle, so wie Grace und Helen wegzulaufen. Sie wollte es nachts tun, damit sie weg wäre, noch ehe Vater hier erscheinen würde. Beim Gedanken daran, noch eine Schwester zu verlieren, fing ich an zu weinen. Ich bemühte mich, sie umzustimmen, Vater würde vielleicht gar nicht kommen. Auch mein Bruder flehte sie an nicht wegzulaufen. Wir versprachen beide, Vater zu erzählen, wir hätten gelogen. Das nützte nichts. »Wenn du wegläufst, kommst du nicht aufs College. Du bekommt keine Ausbildung. Willst du nicht doch bleiben?«, bat ich sie. »Das lasst mal meine Sorge sein. Vielleicht bin ich ohne besser dran«, antwortete sie. Sie hatte ihren Entschluss gefasst und war unnachgiebig. Wir fragten, ob sie Geld hätte. Das verneinte sie, sagte aber, sie würde schon einen Ausweg finden, genau wie die beiden anderen. Ihren Worten glaubte ich zu entnehmen, dass sie wohl doch ein bisschen Geld beiseite geschafft hatte, und vergaß schnell, dass ich traurig war.

Den Rest des Tages brachte Margie damit zu, auf Großmutter zu schimpfen, woraufhin diese ganz überraschend in Tränen ausbrach. Auch ihre Tränen konnten Margie nicht stoppen. Sie sagte, auf Großmutters Augen laste bereits ein Fluch, und niemand würde sie beerdigen wollen, wenn sie einmal starb. Am Abend ging Margie ohne etwas zu essen zu Bett. Am nächsten Morgen war sie weg. Mein Bruder und ich versuchten, den Mut nicht zu verlieren, und hofften, Vater würde nach ihr suchen lassen. Das tat er nicht. Er fand uns in Tränen aufgelöst vor, ging jedoch wortlos vorbei. Als ihm klar wurde, dass sie verschwunden war, schien ihn das nicht mehr zu berühren, als wenn er ein Huhn verloren hätte.

Die Ferien gingen zu Ende, und es wurde Zeit, wieder ins Stadthaus zurückzukehren. Dort wurden wir von unserer breit lächelnden Stiefmutter empfangen – ein mehr als ungewöhnlicher Anblick. Bestimmt hatte die Nachricht über das Verschwinden unserer Schwester das breite Lächeln hervorgelockt, so dachten wir. Auf jeden Fall schienen sich die Dinge ganz nach ihrem Geschmack zu entwickeln. Es sah so aus, als gewänne sie den Krieg, den sie angezettelt hatte, um uns loszuwerden. Jetzt waren nur noch mein Bruder Richard und ich übrig. Aber konnte ich mich auf ihn verlassen? In vielerlei Hinsicht waren wir sehr verschieden.

Als wir erfuhren, dass auch unsere letzte Verbündete, das Kindermädchen Marie, abreisen wollte, weinten wir und flehten sie an zu bleiben. Die Liebe und Fürsorge, die wir bei ihr erfahren hatten, war wie die Liebe einer Mutter gewesen. Das fühlten wir. Aber anscheinend hatte sie genug von unserer Stiefmutter. Am nächsten Morgen war der Tisch gedeckt wie immer, aber als wir hineingingen, um uns von Marie zu verabschieden, konnten wir sie nicht finden. Wir suchten im Garten, auf dem Stück Land mit den

Bananenpflanzen, wo sie oft hinging. Aber auch dort war sie nicht. Auf dem Weg zur Schule sprachen wir über das, was sie für uns getan hatte, und hofften, sie nach der Schule wiederzusehen. Aber sie war und blieb verschwunden.

Nachdem Marie nicht mehr da war, durfte ich meine Stiefmutter auf keinen Fall merken lassen, wie sehr ich Marie vermisste. Ich musste so tun, als sei ich stark und als bedeute mir das alles gar nichts. Um zu überleben, musste ich meine Gefühle unterdrücken. Später im Leben sollte sich das als eine Gewohnheit erweisen, die nur schwer abzulegen war.

Erste Fluchtversuche

Unsere Lage verschlechterte sich zusehends. Die Klagen meiner Stiefmutter hörten nicht auf, und die Züchtigungen durch meinen Vater nahmen den Charakter von Verstümmelungen an. So wie die Dinge lagen, kämpfte ich nicht mehr nur darum, den Tag zu überstehen. Ich kämpfte darum, nicht den Verstand zu verlieren und zu überleben. Tagaus, tagein gingen die Gehässigkeiten meiner Mutter weiter. In der Stadt war es kein Geheimnis, dass mein Vater seine Kinder verprügelte, um seine Frau zufrieden zu stellen. Eine Zeit lang musste nur ich den Kopf hinhalten. Vielleicht war sie mit der Stellung meines Bruders in der Familie zufrieden. In seinem Leben drehte sich alles ausschließlich darum, Prügel zu vermeiden.

Eines Tages hatte ich meine Schultasche in der Schule gelassen, um sie dort später wieder abzuholen. Meine Stiefmutter wollte, dass ich etwas für sie erledigte, was bedeutete, dass ich den Nachmittagsunterricht verpasste. Als ich danach zur Schule ging, um meine Tasche zu holen, war sie weg. Spurlos verschwunden. Mit wachsender Verzweiflung suchte ich alles nach ihr ab. Voller

Panik dachte ich an das, was passieren würde, wenn ich ohne sie nach Hause käme. Die anderen Schüler waren heimgegangen, und so setzte ich mich verzweifelt auf den Schulhof und ließ meinen Tränen freien Lauf. Da mir das Weinen auch nicht weiterhalf, stand ich auf, um aufs Geratewohl umherzulaufen. Mich auf den Heimweg zu machen, dazu konnte ich mich nicht entschließen.

Inzwischen war es bereits später Nachmittag, und ich versuchte, mich innerlich gegen das, was mich zu Hause erwartete, zu wappnen. Plötzlich fiel mir meine Freundin Rehema ein, die bei ihrem Onkel wohnte. Vielleicht konnte sie mir helfen! Auf dem Weg zu ihr traf ich sie und flehte sie an: »Rehema! Du musst mir helfen!« Sie bat mich, unten in den Bananenplantagen zu warten, während sie überlegte, wie sie mich in ihr Zimmer schmuggeln könnte. In der Dunkelheit ging ich unter den großen Stauden umher und wartete, einsam und voller Angst. Viel Zeit verging, sodass ich schon glaubte, sie hätte mich vergessen. Endlich kam sie und bugsierte mich ins Zimmer, das direkt neben dem Ziegenstall lag. Es gelang ihr auch, etwas zu essen zu besorgen, aber als wir gerade beim Essen waren, rief der Onkel sie. Ehe sie ging, sagte sie, ich solle mit dem Essen warten, bis sie wiederkäme. Sie hatten in der Zwischenzeit Gäste bekommen, die in Rehemas Zimmer übernachten sollten, also brachte sie mich in den Ziegenstall. Frühmorgens, noch ehe die anderen aufwachten, kam sie, um mich zu wecken. Ehe ich davoneilte, sagte ich ihr, wie sehr ich sie liebte.

Ich wanderte durch die Plantage, bis ich mich entschloss, in den Busch zu gehen. Erschöpft von dem vielen Weinen, legte ich mich hin, konnte aber nicht schlafen. Ich verspürte nagenden Hunger. Sollte ich doch betteln? Ich beschloss, noch etwas zu warten. Die Landstraße war nicht weit, und so ging ich dorthin, um Autos zu zählen. Währenddessen sang ich alle Lieder, die ich kannte, um meinen knurrenden Magen zu übertönen. Vergeblich. Stattdessen legte ich mich auf den Rücken und begann, an alle zu denken, die ich kannte und die mir Liebe entgegengebracht hatten. Mit aller Macht bemühte ich mich, ein Bild meiner richtigen Mutter heraufzubeschwören, ohne dass mir das richtig gelingen wollte. Der Magen hörte nicht auf zu knurren, und so streckte ich die Hand aus und begann zu betteln. Niemand nahm auch nur die geringste Notiz von mir. Erst als ein Mann in einem kaffeebraunen Auto mit den Buchstaben U.C.B. angefahren kam, tat sich endlich etwas. Er hielt an und fragte, warum ich bettelte. Als ich ihm erzählte, was passiert war, gab er mir ein bisschen Geld und bat mich zu warten, bis er zurückkäme, um mir zu helfen. Sobald er abgefahren war, rannte ich los und kaufte Bananen und kleine Kuchen. An einem ruhigen Fleckchen ließ ich mich nieder und wurde schön satt, auch ohne die Bananenschale aufessen zu müssen. Die Hände wischte ich im Gras ab, dann ging ich zurück zur Straße, um auf den Mann zu warten. Da fiel mir auf einmal ein, dass ich dem Mann den Namen meines Vaters gesagt hatte und wo er arbeitete. Sofort lief ich davon ins hohe Gras, bis ich zu einem Ort kam, an dem man weder meinen Vater noch mich kannte – zum Golfplatz. Ich setzte mich in die sengende Sonne und hoffte, jemand würde mir einen Job als Caddy anbieten.

Die Sonne stand hoch am Himmel und ich war kurz davor, einen Sonnenstich zu bekommen. Da beschloss ich, stattdessen von Haus zu Haus zu gehen und meine Arbeitskraft anzubieten. Überall fragte man mich, wie alt ich denn sei und wie mein Vater heiße. Ich muss an jede Tür in der ganzen Stadt geklopft haben, aber als der Tag zur Neige ging, hatte mich noch immer niemand angestellt.

Allmählich brach die Dämmerung herein, und ich fand mich vor dem Gerichtsgebäude wieder. Ich lehnte mich dagegen und überlegte, wie es weitergehen sollte. Rehema hatte Besuch, das kam also nicht infrage. So blieb ich, wo ich war, und sang mich selbst in den Schlaf. Als ich aufwachte und mich verwirrt umschaute, wurde mir klar, dass ich die Nacht mit heiler Haut überstanden hatte.

Das Gerichtsgebäude lag nicht weit vom Fluss entfernt. Die kühle Brise unten am Wasser klärte den Kopf. Ich roch ziemlich streng nach Ziegen und wäre am liebsten in die Fluten gesprungen, aber ich konnte nicht schwimmen. Deshalb musste ich mich damit begnügen, Steine ins tiefe Wasser zu werfen. Als ich mich umdrehte, um am Ufer entlangzugehen, fiel mein Blick auf ein kleines Haus. Ich beschloss, noch ein letztes Mal mein Glück zu versuchen. Ich stand lange ängstlich davor, bis ich mich traute anzuklopfen.

»Komm rein!«, hörte ich eine Stimme und die Tür ging auf. Da stand ein Mann und schaute mich fragend an.

»Womit kann ich dir helfen?«, fragt er.

Lächelnd bat er mich einzutreten. Dann stellte er die gleichen Fragen wie alle anderen auch. Aber er hatte mich als Einziger ins Haus gebeten, deshalb antwortete ich, so gut ich konnte. Der Mann sagte, ich könne bleiben, bis seine Frau nach Hause käme. Jetzt war ich an der Reihe, Fragen zu stellen. Ich wollte von ihm wissen, was er tue. Er sei Arzt, sagte er.

»Warum bist du dann nicht bei der Arbeit?«, fragte ich.

»Ich habe ein bisschen Probleme mit den Beinen. Seit meiner Kindheit wollen sie mir nicht so richtig gehorchen. Darum muss ich sie ausruhen.«

»Wie geht das?«, rief ich aus. »Du hast doch zwei Beine, genau wie ich!«

»Ja, aber ein Bein ist kürzer als das andere, deshalb.«

»In welchem Krankenhaus arbeitest du?«, fragte ich weiter.

»Warum?«

»Wenn mein Vater und meine Stiefmutter in dein Krankenhaus kommen, kannst du ihnen dann nicht so eine große Spritze geben, damit sie ausnahmsweise auch einmal mit Weinen und Schreien an der Reihe sind?«

Er musterte mich kopfschüttelnd. Das hieß nicht Nein, fand ich, sondern war eher als eine Art Kommentar zu meiner Situation zu verstehen. Eine Weile sagte er nichts. Dann wollte er wissen, ob ich meinen Vater liebe.

»Ja, aber er liebt mich nicht.«

»Würdest du weinen, wenn dein Vater stürbe?«

»Nein. Ich würde nicht weinen, vorausgesetzt, meine Stiefmutter würde gleichzeitig sterben. Stürbe er und sie lebte, dann würde ich weinen«, antwortete ich ehrlich.

Das Gespräch wurde unterbrochen, als seine Frau nach Hause kam. Sie trug ein kleines Baby auf dem Arm. Ich befürchtete schon, sie sei genauso wie meine Stiefmutter und würde von mir verlangen, mich um ihr Baby zu kümmern. Allein schon der Gedanke bedrückte mich. Als sie grüßte, grüßte ich hastig zurück. Etwas verwundert fragte sie, ob es etwas gäbe.

»Nein. Nichts. Ich habe nur nach der Kleinen geschaut.«

»Magst du Babys?«, fragte sie.

»Ja, sehr«, antwortete ich freimütig, nachdem ich tief Luft geholt hatte.

Das Ehepaar zog sich ins Schlafzimmer zurück, um sich zu beraten. Ich wartete besorgt, zu welchem Entschluss sie wohl gelangen würden.

Dann kam die Frau, setzte sich zu mir und fragte, ob sie mich nach Hause zu meinen Vater bringen solle. Ich sagte nichts, weil ich nicht recht wusste, ob das nun eine Frage oder ein Befehl war. Ich sah ihr in die Augen und fragte sie, ob ihr Mann ihr denn nichts über meinen Vater erzählt hätte. Sie nickte. »Hast du denn keine Angst vor meinem Vater?« Sie lächelte nur. Ich durfte über Nacht bleiben und in einem weichen Bett in einem gemütlichen Zimmer schlafen. Die schöne Umgebung tröstete mich nicht. Das Lächeln der Frau und ihre Worte verunsicherten mich. Was würde der morgige Tag bringen?

Am nächsten Tag saß ich erwartungsvoll auf dem Sofa und sah aus wie ein geprügelter Hund. Die Frau kam aus dem Schlafzimmer, sie trug immer noch ihr Nachthemd. Als sie an mir vorbei in die Küche ging, fragte sie, ob ich eine Tasse Tee haben wolle, aber ich schüttelte nur den Kopf. Sie schenkte sich eine Tasse Kaffee ein und setzte sich ins Wohnzimmer. Jetzt erklärte sie mir, dass sie mich wegen meiner Jugend nicht anstellen könnten. »Du hast eine Familie, und deshalb sind wir beide der Meinung, dass es das Beste ist, wenn du nach Hause gehst.« Davon wollte ich nichts wissen, und so bot ich ihr an, umsonst zu arbeiten. Aber sie meinte, ich müsse stark sein und die Prügel hinnehmen, auch wenn sie ungerecht seien. Immerhin dürfte ich trotz allem zur Schule gehen. Ich solle mich von meiner Stiefmutter nicht unterkriegen lassen. Wenn sie mich bleiben ließen, erklärte sie mir, wäre mir damit überhaupt nicht geholfen. Im Gegenteil. Das würde meine Zukunft ruinieren und mich garantiert nicht weiterbringen. »Du musst dir ein dickes Fell zulegen«, sagte sie. »Es geht um dein Leben, und es ist sehr wichtig, dass du nach Hause zurückkehrst. Heute kannst du bestimmt nicht verstehen, warum ich außerstande bin, dir zu helfen, aber eines Tages wirst du es begreifen. Ich will nicht, dass du eines Tages ganz allein und ohne Familie dastehst.«

Nun war mir klar, dass ich unmöglich bleiben konnte und dass ich mir ein dickes Fell zulegen musste. Verweinte Augen, Rotznase – so stand ich vor ihr und hoffte auf ein Wunder, hoffte, sie würde mich trotzdem bleiben lassen. Hätte ich nur Gepäck bei mir gehabt, das gepackt werden müsste! Stattdessen zog ich meinen Aufenthalt in die Länge, indem ich mich wusch, aber das war schnell, viel zu schnell erledigt. Fieberhaft suchte ich nach Ausreden, um noch ein bisschen länger bleiben zu können, und bot an, abzuwaschen und sauber zu machen. Dazu bräuchte ich mich nicht verpflichtet zu fühlen, sagte sie, aber wenn es mir Freude mache, dann sei sie damit einverstanden. Ich legte sofort los. Beim Saubermachen gelang es mir, meine Gedanken ein wenig zu ordnen. Als ich zu ihr ging, um mich zu verabschieden, gab sie mir ein bisschen Geld und sagte, das würde mir vielleicht weiterhelfen, und dann sagte sie auf Wiedersehen. Ich bekam kein Wort heraus und lief rasch auf die Straße.

Ich hatte keine Ahnung, wo ich jetzt hingehen sollte. Als ich zu dem Viertel kam, in dem wir wohnten, versuchte ich die Lage ein wenig zu sondieren. Plötzlich begegnete ich meiner Stiefschwester und meinem Stiefbruder. Sie sahen aus, als seien sie sehr froh, mich wiederzusehen. Das überraschte mich. Ich hätte verstehen können, wenn sie meine Bedienung und das Frühstück vermisst hätten, aber das? So fasste ich mir ein Herz und fragte, ob mein Vater sehr wütend sei, aber sie meinten, nicht so sehr, dass er mich schlagen würde. Trotz ihrer Beteuerungen, ich bräuchte keine Angst zu haben, glaubte ich ihnen kein Wort. Sie wirkten ein bisschen zu eifrig, so als hätten sie den Auftrag bekommen, mich zu überreden, nach Hause zu kommen. Ray schlug vor, er könne vorausgehen und meine Stiefmutter fragen, ob ich gefahrlos heimkommen könne. Ich zögerte, atmete tief durch und ließ mich darauf ein. Nach wenigen Minuten kam er schon wieder zurück. Dass er so schnell wieder da war, machte mich erst recht misstrauisch. Aber was blieb mir anderes übrig? Ich hatte keine Wahl. Eine Bettlerin, die um Gnade bittet. Das war ich.

Kaum war ich durch die Tür, fing meine Stiefmutter an, mich auszufragen, was denn passiert sei. Äußerlich wirkte sie ruhig, und meine Antworten schienen sie zufrieden zu stellen. Sie versprach, meinen Vater zu überreden, ruhig zu bleiben. Weil auch sie nicht schrie und tobte, glaubte ich ihr. Mein Vater sollte am Nachmittag kommen, und so bereitete ich mich auf seine Fragen vor. Vielleicht erwartete ich doch irgendwie, einem Vater zu begegnen, der sich ein bisschen freuen würde, mich zu sehen. Doch diese Hoffnung wurde sofort zunichte gemacht. Hart und brutal verschloss er mir den Mund, packte mich wie einen Gegenstand und schlug drauflos, ohne mich irgendetwas erklären zu lassen. Das Ganze ging so schnell, dass ich erst wieder richtig zu mir kam, als die Nase blutete. Dann wurde ich eingeschlossen und war nun umgeben von Dunkelheit und finsteren Gedanken.

Ein Auge war durch die Schläge ganz zugeschwollen. Das erschreckte mich, weil ich mich immer bemühte, die Augen zu schützen, wenn ich verprügelt wurde. Ich riss ein Stück Stoff von meinem Kleid ab und tränkte es mit dem Blut aus der Nase. Damit benetzte ich das Auge. Ich glaubte, so würde es sich wieder öffnen. Wegen starker Schmerzen in der Rippengegend bekam ich noch mehr Angst und begann laut heulend gegen die Tür zu treten. Als mich mein Vater herauszog, starrte er mich erschrocken an. »Großer Gott!«, rief er und bat mich, meine Sachen auszuziehen. Im Badezimmer wusch er das Blut mit warmem Wasser ab. Erst als ich sah, wie besorgt er war, wagte ich, ihm die Rippe zu zeigen. Mein ganzer Körper war blau. Er würde mich am nächsten Tag ins Krankenhaus bringen, erklärte er, wies mich aber gleichzeitig an, was ich sagen solle, falls ich gefragt würde, was geschehen sei. Wieder sollte ich erzählen, ich sei gefallen – dieses Mal von einem Baum. Anschließend würden wir ausgehen und mir neue Sachen kaufen.

Ich weinte die ganze Nacht, nicht wegen der Schläge, sondern wegen der Worte meines Vaters. Noch nie zuvor war er so fürsorglich gewesen oder hatte so liebevoll mit mir gesprochen. Alles war so unwirklich, und ich begriff nichts. Ich weinte mich in den Schlaf.

Als ich aufwachte, tat mir alles weh. Ich versuchte aufzustehen, konnte aber kaum aus dem Bett kriechen. Mein Vater kam zu mir, streckte die Hand aus und legte sie mir auf die Wange. Danach ging er, kam aber später mit einem Arzt zurück. Der Arzt machte sich nicht die Mühe, zu fragen, was passiert war. Vielleicht traute er sich nicht, weil mein Vater direkt daneben stand. Der Mann machte einfach seinen Job. Doch wegen der gebrochenen Rippe, sagte er, müsse ich ins Krankenhaus eingeliefert werden. Mein Vater sah den Arzt nachdenklich an, ehe er schließlich fragte, was man dort sagen solle.

»Es gibt nur eine Möglichkeit, das Problem zu lösen. Und das wird dich ein hübsches Sümmchen kosten.«

»Von wie viel reden wir?«

»Das kann ich so aus dem Stand nicht sagen. Aber einer meiner Freunde arbeitet dort, und er wird dir das Mädchen wieder zusammenflicken«, lautete die Antwort des Arztes.

Als es mir besser ging, löste mein Vater sein Versprechen ein und ging mit mir in die Stadt – das allererste Mal überhaupt. Und ich war so glücklich wie noch nie. Anschließend gab er mir jede Menge Süßigkeiten und sagte, ich solle es mir gut gehen lassen.

Doch mein Glück währte nur kurz. Kaum war mein Vater aus der Tür, erschien meine Stiefmutter und warf mich hinaus. Sie befahl mir, nicht eher wiederzukommen, bis ich alle Süßigkeiten, die mir mein Vater geschenkt hatte, aufgegessen hätte. Da gingen mir Margies Worte wieder durch den Kopf: »Diese Frau wird ihren Hass noch mit ins Grab nehmen.«

Vater bleibt hart

Die Schwestern, die sich entschlossen zurückzukehren, gingen jede auf ihre Weise mit dem Schmerz um. Wir hatten alle unser Päckchen zu tragen. Wenn sie dann wieder einmal bei uns auftauchten, dachte ich jedes Mal: »Jetzt kommen sie und holen mich hier heraus!« Aber dann erzählten sie nur, wie hart es gerade für sie sei. Nur mir, meiner Stiefmutter und dem Vater gegenüber, gaben sie vor, glücklicher zu sein, als sie es in Wirklichkeit waren. Unter keinen Umständen wollten sie zugeben, wie schlimm es um sie stand. Und mein Vater war anscheinend dumm genug, ihnen zu glauben. Ich habe die Stunden nicht gezählt, die ich damit zubrachte, aus dem Fenster zu schauen, in der Hoffnung, eine von meinen Schwestern würde kommen und mich holen – mich erlösen.

Eines Tages, ich hatte gerade Wasser bei einem Freund meines Vaters geholt, da hörte ich weiter oben auf der Straße ein Auto halten. Helen, meine älteste Schwester, stieg aus einem blauen Auto. War das wirklich Helen? Ich erkannte sie kaum wieder, so schön und elegant waren ihre Sachen, und ihr Haar hatte sie wachsen lassen. Außer mir vor Glück, lief ich ihr entgegen. Auch mein Vater kam und stellte sich wie immer wortlos in die Tür. Noch ehe Helen den Mund aufmachen konnte, fragte mein Vater, wer denn der Mann im Auto sei, und sie erzählte, das wäre der Mann, den sie zu heiraten gedächte.

»Welche Sprache spricht er?«, wollte mein Vater wissen.

»Er kommt aus dem Osten.«

»Was macht er dann hier bei uns im Westen?«

»Er ist hier, weil ich will, dass du ihn kennen lernst«, antwortete Helen, aber das sagte meinem Vater anscheinend nicht zu, denn er rief sofort, selbstverständlich werde er einer Ehe mit »so einem Mann« nie zustimmen.

»Aber er ist immer gut zu mir gewesen, und wenn ich ihn heirate, werde ich ein glückliches Leben führen!«, argumentierte Helen. Ohne Erfolg.

»Wenn du auch weiterhin meine Tochter sein willst, dann heiratest du ihn nicht!«, drohte er.

Meine Schwester fing an zu weinen, und als sie sich umdrehte und zu dem Auto ging, sah sie aus wie jemand, dem eine schwere Last aufgebürdet worden war. Ehe sie die Tür öffnete, drehte sie sich auf dem Absatz um und fragte Vater, ob er ihn nicht wenigstens begrüßen wolle. »Nein!«, brüllte er. »Eines sollst du wissen: Wenn du dich entscheidest, ihn zu heiraten, kommst du mir nicht mehr über die Schwelle.« Ich schaute meinen Vater an, der wie eine Schlange zurück ins Haus glitt, so als wäre nichts geschehen.

Helen verabschiedete sich von dem Mann im Auto. Ich fragte mich, welche Worte sie wohl gebrauchte, denn jetzt glichen sie zwei Menschen, die sich niemals begegnet waren. Wieder im Haus, sah ich sie weinen. Ich verstand den Ausdruck in ihren Augen nicht, aber er machte mich gleichzeitig traurig und wütend: »Du weißt, dass unser Vater böse ist. Und du hast gesagt, dass dich der Mann, mit dem du gekommen bist, glücklich machen will! Warum fährst du dann nicht einfach los und nimmst mich mit?«, fragte ich. Geduldig versuchte sie mir zu erklären, sie hätte zu viel Angst und traue sich nicht, ihrem Vater den Rücken zu kehren. »Wenn eine Frau kein Heim hat, in das sie zurückkehren kann, ist sie ihrem Mann hilflos ausgeliefert.«

»Und was willst du jetzt machen?«, fragte ich.

»Ich habe nicht die geringste Ahnung«, räumte sie ein. »Ich habe nichts, wo ich hingehen könnte.«

Helen war sich nicht sicher, ob sie es aushalten würde, sich aufs Neue dem strengen Regiment unserer Stiefmutter zu unterwerfen und allen ihren Gehässigkeiten ausgesetzt zu sein. Ich flehte sie an, bei uns zu bleiben. Und wenn auch nur für kurze Zeit. Aber ihre Tränen wollten gar nicht mehr versiegen. Am Abend, als Helen und ich schlafen sollten, erzählte ich ihr von Patricia, der Frau, die uns vielleicht helfen konnte, unsere richtige Mutter zu finden. Am nächsten Tag trug sie den Kopf wieder hoch und betonte beim Abschied, sie würde nie mehr zurückkehren. Ich wünschte mir von ganzem Herzen, sie würde Glück haben und unsere Mutter finden.

Mein Vater beklagte sich. »Alle ziehen sie weg. Aber wenn sie Hilfe brauchen, kommen sie zurück. Kaum wird ihnen der Boden unter den Füßen zu heiß, kommen sie wieder angekrochen!« Das waren seine Worte. Ich erinnere mich noch an sie, als wäre es gestern gewesen. Hinter seinem Rücken starrte ich ihn verständnislos an und schüttelte den Kopf über seine Dummheit.

Angst und Schrecken

Damals war es nicht weiter ungewöhnlich, von irgendwelchen Männern entführt zu werden und dann spurlos zu verschwinden. Am Tag nachdem Helen weggezogen war, saßen wir Kinder mit unserem Vater auf der Veranda, als zwei Männer erschienen und verlangten, er möge sich bei der Militärpolizei einfinden. Als er fragte, auf was die Anklage lautete, erhielt er die Antwort, das würde er schon noch erfahren, sobald er sich dort eingefunden hätte.

»Wieso kommt ihr nicht mit dem Auto oder tragt eine Uniform?«, wollte mein Vater wissen.

»Stell nicht so dumme Fragen, sondern sieh zu, dass du dich auf den Weg machst. Wenn du dort ankommst, wirst du schon alles erfahren.«

Ich sah die Angst in den Augen meines Vaters. Sogar ein so kleines Kind wie ich hatte schon von den Entführungen gehört.

Letztlich war es mir egal, was mit meinem Vater geschah. In meinen Augen verdiente er es, bestraft zu werden, ganz besonders wegen seines Verhaltens Helen gegenüber. Das Problem war nur, dass unter Umständen die ganze Familie dafür büßen musste. Das wusste ich. Ich konzentrierte mich auf einen der Männer, der unfreiwillig ein Auge zusammenkniff, was ihn sehr unglaubwürdig wirken ließ.

Mein Vater provozierte die dubiosen Männer. Er sagte, sie müssten ihn auf der Stelle töten, denn er habe nicht vor, irgendwohin zu gehen. Das überraschte die beiden Männer so sehr, dass sie ganz verlegen dastanden und aussahen, als hätten sie den Faden verloren. Als sie uns verließen, riefen sie, sie würden mit noch mehr Soldaten wiederkommen. Kaum waren sie weg, stürzte mein Vater zur Bananenplantage und kehrte kurz darauf mit einer Gruppe Soldaten zurück.

Die Männer sahen ganz anders aus als wir, denn sie kamen aus dem Norden. Ihre Augen waren rot und ihre Haut sehr dunkel. Ich glaube, das ließ sie noch fremder wirken. Unser Leben konzentrierte sich in erster Linie auf die Farm, ihres auf das Militär. Sie nannten uns faule Milchtrinker, das war eine grobe Beleidigung. Verwundert sah ich, wie die Soldaten in einer merkwürdig klingenden Sprache miteinander redeten. Als sie anfingen, Chilischoten zu kauen, die sie in unserem Gemüsegarten pflückten, wären mir beinahe die Augen aus dem Kopf gefallen.

Weder die komischen Männer noch die Soldaten, die zu holen sie gedroht hatten, sahen wir je wieder. Dennoch musste Vater blechen und den Männern aus dem Norden Schutzgeld bezahlen. Die merkwürdig aussehenden Soldaten hatten meine Fantasie ordentlich angeregt. Dass ich einmal selbst so eine Uniform tragen würde, hätte ich mir nicht im Traum vorstellen können.

Stiefmutters Sieg

Seit meine Schwester Helen uns verlassen hatte, um meine Mutter aufzusuchen und ein neues Zuhause zu finden, war eine Woche vergangen. Eines Tages glaubte ich, sie zu sehen, tat es aber als Sinnestäuschung ab. Doch sie war es. Außerstande, noch länger zu warten, lief ich ihr entgegen: »Hast du Mutter gefunden?« Die Antwort stand ihr ins Gesicht geschrieben. Niedergeschlagen musste ich akzeptieren, dass die Reise umsonst gewesen war. Die Frau, deren Namen ich ihr genannt hatte, hatte das Land auf unbestimmte Zeit verlassen. Helen hatte noch mit Mutton und Judith eine Zeit lang auf Patricia gewartet, allerdings ohne Erfolg. Als ich ihren Bericht anhörte, spürte ich, wie die Wut in mir aufstieg, denn ich kannte den Kommentar meines Vaters schon im Voraus: »Wenn sie Hilfe brauchen, wenn ihnen der Boden unter den Füßen zu heiß wird, dann kommen sie angekrochen.«

»Was hat dich veranlasst, nach Hause zu kommen? Hat dich ein wilder Wasserbüffel gejagt? Ja, ja, wusst' ich's doch, dass du noch vor Sonnenaufgang wieder hier sein würdest!«, lautete der Kommentar meines Vaters, als er Helen sah. Sie hielt den Blick gesenkt, ein kleines, trauriges Lächeln umspielte ihren Mund, aber Vater war noch nicht fertig.

»Du kannst mich verlassen, sooft du willst, aber du wirst immer wieder zurückkommen. Dein Zuhause ist hier.«

Meiner Meinung nach wünschte mein Vater meinen Schwestern nichts als Tod und Unglück, wenn sie uns verließen. Und wenn sie dann heimkehrten, wollte er sie bestrafen.

Es folgten ein paar Tage ohne Streitereien. Ein Fotograf kam vorbei, und so fragte ich meine Schwestern, ob wir uns nicht fotografieren lassen wollten, sie und mich und unsere Stiefgeschwister. Ich war noch niemals fotografiert worden und konnte es kaum erwarten herauszufinden, wie ich wohl aussah. Aber die gute Stimmung hielt nicht lange an: Kaum war der Fotograf weg, erschien mein Vater mit einer schlechten Nachricht: Einer der Söhne seiner Freunde hatte Helens Namen genannt und gesagt, er wolle sie heiraten.

Das kam so unerwartet, dass ich überlegte, was das wohl bedeuten konnte. Freute er sich, dass sie nach Hause gekommen war? Oder wollte er sie so schnell wie möglich loswerden? Das ließ mir einfach keine Ruhe und so fragte ich sie, ob sie mir bei den Hausaufgaben helfen würde. Dann hätten wir Gelegenheit, ungestört über alles zu reden.

»Kennst du den Mann, von dem Vater gesprochen hat?«, fragte ich.

»Ich habe ihn noch nie gesehen.«

»Hast du keine Angst, einen fremden Mann zu heiraten? Das kann gefährlich sein«, rief ich und dachte an mein unheimliches Erlebnis mit dem alten Chief, der mich missbraucht hatte. Mich packte die Angst, und ich fuhr eindringlich fort: »Männer sind nicht gut, Helen. Man kann sich nicht auf sie verlassen. Wenn du ihn heiratest, musst du dich auf das Schlimmste gefasst machen!« Sie schaute mich an und sagte zu meiner großen Erleichterung, sie wolle den Mann auf keinen Fall heiraten.

Als sie meinem Vater dieselbe Antwort gab, konnte ich an seiner Miene sehen, dass ihn ihre Worte wütend machten. Noch schlimmer war, dass es ihr anscheinend nicht einmal auffiel. Von da an saß ihr mein Vater permanent im Nacken, kaum dass er das Haus betrat. Er terrorisierte sie, und sie litt unter seiner Niedertracht.

Da sie nicht heiratete und ihre Füße unter keinen eigenen Tisch stellen konnte, musste sie schuften ohne Ende. Sie rackerte sich ab wie ein Kamel. Die gesamte Hausarbeit wurde ihr aufgebürdet. Jeden Tag nach der Schule half ich ihr, so gut ich konnte. Meine Stiefmutter las unterdessen Heftchenromane. Der Garten wurde so umgestaltet, dass sie darin liegen und faulenzen konnte. Wenn Vater von der Arbeit nach Hause kam, bat er meine Schwester, ihm etwas zu essen zuzubereiten. Ob er ganz vergessen hatte, wer seine Ehefrau war? Soweit ich wusste, muss der Mann seine Ehefrau bitten, ihm das Essen zu kochen. Die Kinder dürfen ihm Wasser oder Tee bringen. Es sei denn, die Frau wäre tot, aber das war leider nicht der Fall.

Eines Tages hatte Helen mit den Nachbarstöchtern einen kleinen Ausflug unternommen. Als es an der Zeit war, das Abendessen zuzubereiten, musste meine Stiefmutter selbst Hand anlegen. Sie war wütend, als meine Schwester nach Hause kam.

»Wo bist du bloß gewesen?«, schrie sie. Aber meine Schwester hatte genug und ließ sich nichts gefallen.

»Vielleicht solltest du deinem Mann selbst das Essen kochen. Ich bin seine Tochter. Warum soll ich jeden Tag dafür sorgen, dass das Essen auf den Tisch steht? Halt du lieber den Mund, Frau!«

Das besänftigte meine Stiefmutter gewiss nicht, aber irgendwie war ihr schon klar, dass meine Schwester Recht hatte. Sobald mein Vater den Fuß über die Schwelle setzte, flüchtete sie sich in Tränen. Als sie ihm erklären sollte, was los sei, war die Geschichte, die sie ihm auftischte, nicht wiederzuerkennen. Mein Vater wandte sich mir zu und fragte, was passiert sei. Meine Stiefmutter sah mich mit blitzenden Augen an. Sie brauchte gar nicht zu sagen, was sie mit mir machen würde, wenn ich die Wahrheit erzählte. Um meine eigene Haut zu retten, log ich und sagte, ich hätte den Streit nicht miterlebt. Jetzt forderte Vater Helen auf, sich auf die Erde zu legen. Sie sollte bestraft werden. Meine Schwester wurde richtig wild, so als hätte sie einen ganzen Bienenschwarm verschluckt, und fragte ihn, warum er nur auf die Lügen unserer Stiefmutter hören würde. Was für ein Vater er wäre, der seine Kinder nur prügelte und misshandelte, als ob sie ihm nichts bedeuteten. Vor lauter Angst wagte ich es nicht, den Blick zu heben. Als sie schwieg, herrschte Stille wie vor einem Unwetter. In meinem tiefsten Inneren wusste ich – wussten wir alle –, dass meine Schwester nur die Wahrheit gesagt hatte. Schließlich wagte ich, meinen Vater anzuschauen. Was für ein Schock! Vor Zorn war sein Gesicht völlig verzerrt und ließ ihn viel größer aussehen. Unheimlich groß. Es gelang mir zu verschwinden und ich hörte Helen gerade noch sagen: »Wag du es nur, mich heute zu verprügeln. Ich bin kein kleines Kind mehr. Wenn du mich schlägst, schlage ich zurück. Du hast mich zum letzten Mal verprügelt. Das war einmal.«

Niemand außer meiner Schwester hätte es gewagt, die dunkle Seite meines Vaters beim Namen zu nennen. Lange stand mein Vater da und kämpfte mit der Scham. Dann schrie er, meine Schwester solle aus dem Haus verschwinden.

»Ich gehe nicht. Wenn du mich töten willst, dann tu es jetzt.«

Mein Vater wiederholte nur seinen Befehl.

»Warum hast du mich bekommen?«, fragte Helen erregt und fuhr fort: »Oder bist du vielleicht nicht mein richtiger Vater? Wenn du es nicht bist, freue ich mich. Wenn du mein Vater bist, dann bleibe ich!«

Jetzt versuchte mein Vater, sie mit Gewalt aus dem Zimmer zu schleifen, aber sie war stark. Dann fing er an, sie zu schlagen, aber sie schlug zurück. Sie prügelten sich so heftig, dass mehrere Türen zu Bruch gingen. Wieder zeigte sich, dass sie stark genug war, um die meisten Schläge zu parieren. »Ich werde nicht zulassen, dass du mich wieder schlägst. Nie mehr! Nicht, solange ich lebe!«

Am folgenden Tag teilte Vater ihr mit, sie müsse sich ein neues Zuhause suchen. Wenn sie nicht imstande sei, sich seinen Regeln und denen seiner Ehefrau zu unterwerfen, dann müsse sie eben das Eheangebot annehmen, solange noch Zeit dazu wäre. Darauf antwortete sie nur, dass sie sich weigere, sich seiner Frau zu unterwerfen. Und wenn er so verliebt in diesen Mann sei, könne Stiefmutter ihn ja heiraten.

Sie bat mich, sie nach draußen zu begleiten. Dort gab sie mir einen an Vater adressierten Brief. Hilflos und verwirrt ging ich hinunter zur Bananenplantage, um zu weinen und in Ruhe zu lesen, was sie geschrieben hatte. Soweit ich mich erinnere, stand da Folgendes:

John!
Die Kindheit, die ich dir verdanke, ist völlig anders als die meiner Freunde. Wegen dir, Vater, werde ich jetzt ziellos in der Welt umherirren. Du hast Unrecht getan. Es ist dir nicht gelungen, zwischen deiner Frau und mir zu vermitteln. Du hast mir niemals Liebe geschenkt. Trotzdem sagst du, ich sei dein Fleisch und Blut. Du hast große Zweifel in mir gesät, ob du überhaupt mein Vater bist. Ich gehe jetzt. Ich werde unter Schmerzen sterben, aber ich werde nie deinen Namen nennen. Du kannst Himmel und Erde anrufen. Du wirst mich nie mehr wiedersehen. Wenn du stirbst, wird das in Schuld und Schande geschehen, ohne dass du dich jemals gefragt hättest, warum. Den Schmerz, den du mir zugefügt hast, sollst du am eigenen Leib verspüren.
L. Helen

Nachdem ich den Brief gelesen hatte, wusste ich nicht, ob ich ihn meinem Vater geben oder ihn zerreißen sollte. Ich entschloss mich, den Brief in winzige Stückchen zu reißen, die man nie mehr zusammensetzen konnte. Die Angst davor, was meinem Vater einfallen könnte, wenn er ihn bekäme, war zu groß.

Die Schwester, die ich eine Verräterin genannt hatte, war zu meiner Heldin geworden. Den Wortlaut ihres Briefes habe ich nie vergessen. Ich werde ihn in meinem Herzen bewegen, bis ich sterbe. Sie kämpfte für das, was ihr etwas bedeutete. Helen sollte noch viel Kummer und Schmerzen ertragen müssen. Aber sie hielt Wort und kam nicht zurück und bat meinen Vater auch niemals um Hilfe. Als sie schließlich heimkehrte, kam sie, um zu sterben.

Und wieder war ich allein. Das bisschen Glück, das mir vergönnt gewesen war, verschwand so rasch, wie es gekommen war. Wieder war eine Schwester weg, und ich war traurig, weil ich nicht wusste, wo sie hingegangen war. Wo hätte ich nach ihr suchen sollen? Wo würde das alles enden? Ich überlegte allen Ernstes, wegzulaufen wie sie. Ich wusste weder aus noch ein. Die Tage vergingen, und mein Leid wuchs.

Eines Morgens erschien der Milchkutscher nicht, sodass ich die Milch in der Meierei holen musste. Vater war das Kleingeld ausgegangen, deshalb musste er mir einen Schein mitgeben. Auf dem Weg kam ich an meiner Schule vorbei. Vor der Bank standen Soldaten herum. Als ich näher kam, starrten sie mich an. Ich erschrak, geriet nahezu in Panik und rannte so schnell ich konnte an ihnen vorbei. Bei der Meierei entdeckte ich, dass ich den Geldschein verloren hatte. Ich ging zurück, um nach ihm zu suchen. Aber ich hatte kein Glück, obwohl ich überall suchte, auch dort, wo ich nicht gewesen war. Der Heimweg wurde mir schwer, und ich dachte an das, was mit meinen Schwestern passiert war, wenn sie Geld verloren hatten. Ich konnte nur hoffen, dass mein Vater mein jugendliches Alter berücksichtigen würde.

Als ich nach Hause kam, war er schon zur Arbeit gegangen, und meine Stiefmutter sagte, ich müsste ihm das später selbst berichten. An dem Tag ging ich nicht zur Schule. Ich behielt die ganze Zeit die Uhr im Auge und betete, dass mein Vater von einem Auto überfahren und nie mehr nach Hause kommen würde, aber abends war er wieder da. Meine Stiefmutter kam mir zuvor. Ich wurde sofort zu ihm hereingerufen. »Du Mistgöre! Wie konntest du nur das Geld verlieren!« Ich erzählte ihm von den Soldaten. Er hatte doch selbst Angst vor Soldaten, das wusste ich. Mein Vater glaubte mir meine Geschichte nicht und sagte, nun würde er mich aus der Schule nehmen. Ich erstarrte. Auch dieses Mal schlug ich die Augen nicht nieder, sondern sah ihn lange an. So standen wir uns eine Zeit lang gegenüber. Die Augen sind der Spiegel der Seele, heißt es. Aber in meine sah er nie.

Als ich im Bett lag, wünschte ich, die Tränen würden kommen, aber sie blieben aus. Ich dachte daran, dass mein Vater selbst eine Ausbildung erhalten hatte: Fremde hatten sich seiner erbarmt. Aber was ich mir am sehnlichsten wünschte, konnte mir keiner geben. Sollte ich meinem Leben selbst ein Ende setzen? Oder sollte ich warten, bis mein Vater merkte, dass ich lange genug bestraft worden war? Mein Lebenswille war stärker.

In der Höhle des Löwen

Einige Wochen später schickte meine Großmutter eine Nachricht. Wenn ich nicht mehr in die Schule ginge, könnte ich doch auf die Viehfarm ziehen und ihr helfen. Am nächsten Tag fuhr mich mein Vater in einem Minitaxi zu ihr, zurück zu den qualvollen Erinnerungen, die ich glaubte für immer hinter mir gelassen zu haben. Während ich überlegte, wie viele Jahre Schule ich nun verpassen würde, betrachtete ich die hohen Bäume, die den Weg bis zur Farm säumten. Großmutter hieß uns willkommen, sie hatte gutes Essen vorbereitet, aber ich bekam keinen Bissen hinunter. Vater fuhr noch am gleichen Tag zurück in die Stadt, ohne ein Wort darüber zu verlieren, wann er mich wieder holen würde. Darüber machte ich mir lange Sorgen. Dann traf ich Mike, einen der Landarbeiter, einen sehr großen Mann mit einem wunderschönen Lächeln, das strahlend weiße Zähne enthüllte. Aber wichtiger war sein gutes Herz. Er brachte mich dazu, mich zu öffnen. Auf ihn konnte ich bauen, ihm konnte ich alle meine Sorgen anvertrauen.

Bald darauf wurde auch mein Bruder auf die Farm geschickt. Sobald wir unsere Pflichten erledigt hatten, saßen er, Mike und ich im Gras hinter dem Haus unter dem Sternenhimmel und waren guter Dinge. Eines Abends fragte ich nach Mikes Familie, aber er sagte, er hätte keine. Es war offensichtlich, dass er nicht darüber sprechen wollte, aber mich konnte das nicht aufhalten. Jetzt wurde Mike traurig und räumte ein, dass er nicht darüber reden wolle, dann verschwand er in den Unterkünften für die Arbeiter. Als ich meinen Bruder fragte, meinte er, es könne sein, dass Mikes Familie genauso schlimm sei wie unsere. Unser Gespräch wurde durch Großmutter unterbrochen, die uns zum Abendessen rief.

Eines Tages kam Vater in einem Lastwagen mit einigen Männern, denen er gewöhnlich Vieh verkaufte. Er blieb auf der Farm und überließ es dem Chauffeur, den Handel in der Stadt zum Abschluss zu bringen. Am nächsten Tag kam mein Bruder von der Weide und berichtete, eine der Kühe habe ein neugeborenes Kalb im Busch versteckt. Wem sollten wir zuerst davon berichten, Großmutter oder Vater? Wir überlegten hin und her und einigten uns dann auf Großmutter, damit er nicht in Gefahr geriete, von Vater verprügelt zu werden. Aus Schaden klug geworden, beschloss ich, mich nicht in der Nähe aufzuhalten, während er es ihr erzählte.

Ein Schrei, der beinahe das Dach zum Einsturz gebracht hätte, gellte über die ganze Farm. Ich lief gleich hin, um zu sehen, was passiert war, und kam gerade noch rechtzeitig, um mitzubekommen, wie Großmutter im Eilschritt zu Vater lief, der auf der anderen Seite des Hauses einen Zaun reparierte. Unmittelbar darauf stürmte mein Vater ins Haus, griff sich einen Stuhl und setzte sich. Er schäumte vor Wut. Sekunden später fuhr er hoch, den Kopf vorgeschoben, mit blitzenden Augen. Mein Bruder zog sich vorsichtshalber bis zur Tür zurück.

»Bist du dir darüber im Klaren, dass die Löwen vielleicht schon dabei sind, das Kalb zu fressen?«, brüllte er, als er zu seinem Stuhl zurückging, ohne meinen Bruder berührt zu haben. Es herrschte Totenstille im Raum, einen Moment lang hatte ich die Luft angehalten und glaubte nun, wieder ruhig atmen zu können.

»Du Bastard! Du hast mein Kalb den Löwen geschenkt!«

Das kam so plötzlich und mit einer solchen Wucht, dass ich vor Schreck fast rückwärts umgefallen wäre, registrierte dann aber, starr vor Schreck, dass mein Vater nach dem Buschmesser griff. Schnell wie eine Gazelle sprintete mein Bruder aus der Tür, mein Vater war ihm dicht auf den Fersen, die Machete zum Schlag erhoben. Ich war außerstande, mich vom Fleck zu rühren. Ich war mir sicher, er würde meinen Bruder töten. Aber ich behielt Großmutter im Auge. Vielleicht würde sie auch etwas tun. Aber sie starrte mich nur böse an und sagte dann, ich solle den Mund halten und aufhören zu weinen.

»Deine Tränen, sind die aus Blut oder Milch?«, fragte sie, aber ich wusste nicht, was das bedeuten sollte, und ging still zu Bett, um dort alles Weitere abzuwarten.

Einige Zeit später kam mein Vater zurück und befahl mir aufzustehen. Dann zeigte er mir die blutige Machete und sagte, er hätte Richard getötet. Erstaunlicherweise fühlte ich mich danach stärker. Jetzt hatte ich nichts mehr zu verlieren. Ich weinte nicht. Mich schauderte nicht mehr, ich spürte nur, dass die Welt ein bisschen kälter geworden war. Als ich im Bett lag – dieses Mal mit ungeweinten Tränen –, dachte ich an meinen Bruder. An ihn und all den Spaß, den wir miteinander gehabt hatten. Und ich wünschte – hoffte –, die Löwen würden sich alle Kühe holen. Zu denken, dass mein Bruder wegen ihnen gestorben war, tat so weh.

Aber dann fiel mir ein, was für eine Mutterliebe die Kuh dazu bewegt haben mochte, ihr Kind zu verstecken, und da wünschte ich ihnen nicht länger Böses. Die Liebe dieser Tiere war reiner als jedes Gefühl, das ich bei Menschen erlebt hatte.

Noch ehe die anderen wach waren, stand ich am nächsten Tag auf und ging hinaus, um nach der Leiche meines Bruders zu suchen. Nach kurzer Zeit sah ich den Umriss eines Jungen, hoch oben auf einem Termitenhügel. Beim Näherkommen entdeckte ich, dass das niemand anders war als mein Bruder! Noch ehe ich ein Wort über die Lippe brachte, drehte er sich um und zeigte mir seinen nackten, blutigen Po. Aus purer Erleichterung warf ich mich vor Lachen fast hin. Während ich ihm erzählte, was geschehen war, nachdem man die Jagd auf ihn eingestellt hatte, umarmte ich ihn. Das Wichtigste war doch, dass er noch lebte. Ich bat ihn zu bleiben, wo er war, ich würde versuchen, für ihn etwas zu essen und ein bisschen Milch herauszuschmuggeln, ohne dass Großmutter etwas merkte. Als ich meinem Vater von Angesicht zu Angesicht gegenüberstand, vergaß ich nicht, so lange gute Miene zum bösen Spiel zu machen, bis er uns verließ und in die Stadt zurückkehrte.

Flüstern in der Finsternis

An einem Samstagmorgen, nachdem die Kühe gezählt worden waren, begannen schlimme Zeiten für die Rinderfarm. Fünfzehn Tiere fehlten. Rasch liefen zwei der Arbeiter zu Großmutter. Ihr standen fast die Haare zu Berge. Wütend fragte sie nach Mike, der für die Kühe verantwortlich war. Als sich gerade alle auf die Suche machen wollten, tauchte Mike auf. Er sah aus, als sei er gerannt. Auf die Frage, warum denn alle hier versammelt seien, antwortete meine Großmutter, er solle nicht so unschuldig tun. Mike verstand nicht, was die Großmutter meinte, bis sie ihn anklagte, mit den Viehdieben unter einer Decke zu stecken. Er beteuerte seine Unschuld und betonte noch, wie dumm es wäre zurückzukommen, wenn er gestohlen hätte. Großmutter ließ sich nicht überzeugen und antwortete, das habe er nur getan, um den Verdacht von sich abzulenken. Ein anderer Landarbeiter wurde losgeschickt, um Vater zu holen.

Mein Bruder und ich rieten Mike wegzulaufen, aber das wies er weit von sich. Er betonte, er sei Tutsi wie wir.

»Euer Vater wird verstehen, dass man von einem, der zum selben Volk gehört, keine Kühe stehlen kann.«

Am Nachmittag kam Vater in Polizeibegleitung. Mikes Worte stießen auf taube Ohren. Die Polizei hörte nur auf Vater, der von einem Bein auf das andere trat, als würden seine Füße über einem Feuer geröstet. Die Polizisten schlugen Mike, traten nach ihm und schleppten ihn schließlich zu ihrem Landrover.

Abends sagte mein Vater, mein Bruder und ich sollten kein Vieh mehr hüten, weil wir womöglich von Dieben überwältigt würden. Ich hörte nicht zu. In Gedanken war ich bei Mike, der vielleicht immer noch von der Polizei geprügelt wurde. Früh am nächsten Morgen zogen Vater und einer der Arbeiter los, um nach dem Vieh zu suchen. Wie schon so oft betete ich, dass jemand Vater bestrafen, dass einer der Diebe ihn töten würde. Aber ein paar Tage später war er wieder da – mit leeren Händen. In der Zwischenzeit war Mike freigelassen worden. Das Einzige, was ich in den Augen meines Vaters lesen konnte, war: Rache. Vater suchte nach ihm und bestach Landarbeiter auf anderen Farmen. Daraufhin wollte jeder Mike irgendwo gesehen haben.

Am nächsten Tag standen wir in aller Frühe mit Vater beim Kälberstall, als ein Mann kam und berichtete, Mike habe einen Job auf seinem Hof bekommen. Schnell lief Vater ins Haus und holte ein Seil, dann zogen er und die Arbeiter los. Als mein Bruder und ich am Nachmittag zurückkamen, sahen wir Mike wieder, einen Mike, der kaum noch wiederzuerkennen war. Seine Sachen waren blutdurchtränkt, und er lag neben dem Haus auf der Seite, die Arme stramm auf den Rücken gefesselt. Um ihn herum standen Vater und seine Männer. Als Mike uns sah, bat er um etwas zu trinken, wobei er versuchte, den Kopf zu heben. Mein Bruder holte einen Krug Milch. Vater riss ihm den aus den Händen und warf ihn Mike an den Kopf. »Hättest du nicht mein Vieh gestohlen, wäre das nicht passiert!« Dann sah ich, wie mein Vater ein eisernes Rohr nahm und damit auf Mikes Rücken hämmerte. Er musste sich übergeben. Blutiges Erbrochenes schoss ihm aus dem Mund. Sein Schreien machte mir Angst, und ich lief ins Haus und versteckte mich.

Plötzlich wurde es ganz still, und ich getraute mich wieder nach draußen. Ich sah, dass Mike so komisch auf der Erde lag, ohne sich zu rühren. Und als meine Augen denen meines Vaters begegneten, entdeckte ich die Angst in ihnen. Er wich meinem Blick aus und befahl den Arbeitern, Mike auf einer Karre wegzubringen und irgendwo draußen im Busch abzuladen. Am nächsten Morgen kam Vater mit der Polizei zurück, aber ich bin mir sicher, dass es nicht der gleiche Polizist war, der Mike festgenommen hatte. Ihm gegenüber erklärte mein Vater, sie hätten Mike überrascht, wie er wieder Vieh stahl, weshalb die Arbeiter ihn verprügelt hätten. Mike sei leider tot. Das sei ein unglücklicher Zufall, erklärte er. Als ich diese widerwärtige Lüge aus seinem Mund hörte, starrte ich ihn mit offenem Mund an. Wenn Blicke töten könnten, er wäre mit Sicherheit tot umgefallen.

Nachdem mein Vater ins Haus gegangen war, erzählte ich dem Polizisten schnell, was wirklich passiert war, flehte ihn aber an, mich unter keinen Umständen zu verraten. Ich sah, wie meinem

Vater Handschellen angelegt wurden, kaum dass er wieder herauskam. Meine Großmutter schrie wie verrückt, als sie ihren Sohn mitnahmen. Aber ich lächelte nur still vor mich hin. Jetzt konnten wir tun, was wir wollten, mein Bruder und ich.

Ein Licht in der Dunkelheit

Eine Woche verging. Kein Vater, keine Stiefmutter. Draußen auf der Farm hatten wir Zeit für uns. Großmutter war ungewöhnlich still und achtete nicht sonderlich auf das, was wir unternahmen. Eines Tages, wir waren gerade auf der Jagd gewesen, trafen wir auf dem Heimweg Margie. Die Schwester, die unser Geld für sich selbst und ein paar Süßigkeiten verwendet hatte. Auch dieses Mal hatte sie Süßigkeiten mitgebracht. Wir gaben ihr den Spitznamen Nasch-Margie. Doch diesmal fragte sie uns nicht, ob wir fänden, dass sie gut aussähe. Wir konnten es kaum erwarten, ihr zu erzählen, was mit Vater passiert war. Als wir damit fertig waren und wieder Luft holten, sagte sie, dass unser Vater für ein so schweres Verbrechen vermutlich lange hinter Gitter käme. Als sie uns fragte, ob die Kinder unserer Stiefmutter auch aus der Schule genommen worden seien, konnten wir nur den Kopf schütteln. Ihre Augen sprühten vor Zorn. Sie sah aus wie eine Schlange, kurz bevor sie angreift. Wutentbrannt bat sie uns, mit ihr in die Stadt zu fahren. Wenige Tage später war es ihr gelungen, unsere Stiefmutter zu zwingen, uns wieder in der Schule anzumelden. Und das ging so:

Margie sollte Vater im Gefängnis besuchen, und ich wollte sie dabei begleiten. Ich platzte schier vor Neugier zu erleben, wie es ihm so hilflos und eingesperrt wohl ging.

Draußen vor dem Tor waren verschiedene Gefängniswärter postiert. Sie starrten uns an, und einer von ihnen rief meine Schwester zu sich. Im Gegensatz zu mir hatte sie keine Angst und ging furchtlos auf ihn zu. Sie setzte ihr strahlendstes Lächeln auf und brachte den Mann dazu, uns hineinzulassen, ohne dass wir ihn dafür bestechen mussten. Nur wenige Minuten später hatte er Vater geholt. Er trug graue Shorts und ein kurzärmeliges Hemd. Zu meinem großen Erstaunen hatte man ihm den Schädel kahl geschoren.

Man wies uns einen leeren Raum zu, und der Wächter befahl Vater, auf dem nackten Zementboden zu sitzen. Er sah beschämt und verlegen aus. Er schaute uns nicht an, während des gesamten Gesprächs war sein Blick starr auf den Boden gerichtet. Mit mir sprach er so gut wie gar nicht, sondern überwiegend mit meiner Schwester. Ich betrachtete meinen Vater eingehend. Ich wollte sehen, ob er sich irgendwie verändert hätte, aber da war nur dieses starre Lächeln. Ehe wir gingen, gerieten Margie und er in Streit darüber, dass wir nicht zur Schule gingen. Da tat er mir plötzlich Leid, und ich kniff sie vorsichtig, damit sie aufhörte. Aber sie ließ sich nicht aufhalten und schimpfte weiter, bis der Wächter Vater befahl, in seine Zelle zurückzukehren, sodass wir uns gar nicht richtig verabschieden konnten. Ich weinte, doch Margie schrie mich an: »Hör auf, sonst muss ich mich übergeben!« Sobald wir nach Hause kamen, fing sie an zu packen, um nach Kampala zurückzugehen. Aber sie hatte ihren Willen durchgesetzt, und meine Stiefmutter schrieb mich bei einer Schule ein, wenn auch bei einer billigeren. Meinen Bruder Richard schickte sie zum Arbeiten zurück auf die Farm.

Die neue Schule war weitaus interessanter. Die Lehrer dort schienen mich viel besser zu verstehen als die auf der alten Schule. Bald wurde ich Klassenbeste. Aber im Kontakt mit meinen Klassenkameraden war ich unsicher und fühlte mich oft unterlegen. Aus politischen Gründen konnte ich ihnen nicht sagen, zu welchem

Stamm ich gehörte, Tutsis waren nicht sonderlich gut angesehen. Wegen meines fremden Aussehens wurde ich gehänselt, obwohl ich versuchte, es gut zu begründen. Ich log und sagte, ich hätte die gleiche Abstammung, ohne jedoch jemanden zu überzeugen. Mein Gesicht war wie ein Kainsmal. Die schmalen Lippen und die helle Haut straften mich.

Kurz nachdem Margie abgereist war, fing meine Stiefmutter an, Kühe zu verkaufen – fast jede Woche eine. Bis mein Vater entlassen sei, bräuchte sie Geld, um das Schulgeld zu bezahlen, lautete ihre Entschuldigung. Aber ihre Schwestern gingen bei uns zu Hause aus und ein, was mich sehr wütend machte – und auch ein bisschen neidisch. In meinen Augen verschwendete sie das ganze Geld meines Vaters an sie. Sogar Jane, ihre Mutter, die sich sonst nie blicken ließ, besuchte uns fast jeden Abend mit ihrer Tochter Christina. Und das, obwohl Vater die beiden aus unserer alten Farm hinausgeworfen hatte. Noch schlimmer wurde es, als Christina zu uns zog.

Meine Stiefmutter besuchte meinen Vater so gut wie nie, was ich nicht verstehen konnte. Vielleicht würde er gar nicht mehr wiederkommen. Vielleicht würde meine Stiefmutter einfach all sein Geld nehmen und mich hinauswerfen. Mein Vater war ein schlechter Mensch, und er hatte es verdient, im Gefängnis zu sitzen – aber er war der Einzige, der die Macht hatte, mich vor meiner Stiefmutter und ihrer Familie zu beschützen.

In der Schule ging es mit mir bergab. Früher hatte ich immer die richtigen Antworten gewusst, jetzt konnte ich mich überhaupt nicht mehr konzentrieren. Als die Stunde um war, fragte mich meine Lehrerin, was mit mir los sei, aber nicht einmal darauf konnte ich antworten.

Als ich eines Tages von der Schule nach Hause kam, saß da Margie. Ich vergaß ganz und gar, sie zu grüßen, ließ nur die

Tasche fallen und lief jubelnd wieder hinaus, um allen davon zu erzählen. Sogar meine Feinde erfuhren es. Margie war groß und stark und die Einzige, die mich vor meiner Stiefmutter beschützen konnte – wenn sie denn da war. Ich war bei Sofia gewesen und kam gerade noch rechtzeitig heim, um einen Streit zwischen Margie und meiner Stiefmutter mitzuerleben. Margie drohte ihr, sie zu schlagen, wenn sie nicht damit aufhörte, unser Vieh zu verkaufen. Und sie ließ es tatsächlich bleiben. Und nicht nur das. Margie nahm die Dinge in die Hand, und wenige Wochen später wurde mein Vater freigelassen. Als Margie nach Hause fuhr, hatte ich Angst, wieder von der Schule genommen zu werden. Aber Vater blieb zu Hause und bemühte sich wirklich, ein guter Vater zu sein.

Doch er hatte keine Arbeit mehr und fing an zu trinken. Wenn er nachts nach Hause kam, machte er einen solchen Lärm, dass er uns alle aufweckte. In so einer Nacht trommelte er uns alle im Wohnzimmer zusammen. Dort hielt er uns einen Vortrag über unsere Zukunft. »Schaut mich an und hört gut zu!«, sagte er. Er konnte kaum noch aufrecht stehen. Er begann mit Ray: »Du wirst einmal Arzt. Pamela, du wirst Krankenschwester. Emanuel! Du wirst Vater. Baby!« Er unterbrach sich jäh und fuhr nach einer Pause fort: »Du wirst Pilotin.«

Eines Tages hörte ich, wie er meine Stiefmutter beschuldigte, sie habe während seiner Zeit im Gefängnis mit einem jungen Mann geschlafen, der beim Nachbarn zur Miete wohnte. »Im ganzen Haus riecht es nach Sperma!«, schrie er, dann stieß er sie durch die Vordertür. Draußen im Garten fingen sie an, sich zu prügeln.

Eine Woche später bekam er seinen alten Job zurück und hörte auch mit dem Trinken auf. Meine Stiefmutter hingegen spielte wieder ihre alten Tricks. Diesmal musste ich das Abendessen zubereiten. Sie wollte nämlich Mrs. Derrick besuchen. Inzwischen versuchte ich mich an die Soße zu erinnern, die sie immer machte. Alles, was mir einfiel, war, dass sie gelb war und gut schmeckte. Ich legte los. Ich begann mit Fischöl. Dazu gab ich jede Menge Curry. Curry schmeckt gut. Mit dem Salz war ich etwas vorsichtiger. Stolz betrachtete ich das Ergebnis. Die Soße sah gut aus. Jetzt würde sie mir dankbar sein. Als sie zurückkam, ging sie sofort in die Küche, warf einen kurzen Blick auf das Essen und kam dann ins Wohnzimmer, ohne auch nur ein einziges Wort zu verlieren. Ich war mächtig stolz auf mich, so wie jedes andere kleine Mädchen auch. Wenn alle bei Tisch versammelt waren, würde sie sich gewiss noch bei mir bedanken. Als mein Vater von der Arbeit kam, ließ sie mich servieren.

»Frau, was ist das für ein Hundefraß, den du mir da servierst?«, schrie er.

»Frag deine Tochter«, höhnte sie.

»Warum sollte ich, wo du doch meine Frau bist?«

Dann erzählte sie, sie sei von einem Besuch bei Freunden zurückgekommen, nur um zu entdecken, dass ich gekocht hätte, ohne darum gebeten worden zu sein. Da ging mein Vater auf mich los wie ein bissiger Hund und brüllte, wer mich gebeten habe zu kochen. Ich starrte zu Boden und brachte kein Wort heraus. Da schickte er Ray los, ein Bündel Chilischoten aus dem Garten zu holen. Die mischte er unter die Bescherung und verlangte, ich solle das essen.

Mir war klar, dass er mich verprügeln würde, ob ich das nun äße oder nicht. Also war es einerlei. Der Befehl wurde in immer gröberem Ton wiederholt, bis er endlich aufgab und in sein Zimmer ging, um einen Stock zu holen. Als er sich vor meinen Stuhl stellte und mich aufforderte, mich auf den Fußboden zu legen, blieb ich sitzen. Da klemmte er mich zwischen seine beiden Beine. Ich sträubte mich und hoffte, er würde die Öllampe über dem Tisch treffen, sodass das Glas splitterte und wir alle in den

Flammen umkommen würden. Jetzt drosch er auf mich los. Mit den Händen versuchte ich meinen Rücken zu schützen. Ein stechender Schmerz ließ mich zurückzucken. Das Schreien und Weinen meiner Stiefgeschwister drang bis zu mir durch. »Hör auf, Vater, lieber guter Vater, hör auf. Du bringst sie noch um.« Den Kindern wurde befohlen, ins Bett zu gehen. Alle verließen das Zimmer, und ich blieb mir selbst überlassen. Kurz darauf kamen Ray und Pamela zurück und halfen mir, das Blut abzuwaschen, und brachten mich ins Bett. Mir wurde warm ums Herz, als Pamela fragte, ob sie bei mir schlafen dürfe. Wir redeten über unsere Eltern, und sie erzählte mir, dass sie die beiden hasse für das, was sie getan hätten.

Am nächsten Morgen schärfte mir mein Vater ein zu sagen, ich sei von einem Baum gefallen. Täte ich nicht, wie mir geheißen, würde er mich erneut verprügeln. Langsam schleppte ich mich zur Schule. Als ich dort ankam, umringten mich alle Kinder und wollten wissen, was mir zugestoßen sei. Aber ich konnte nichts sagen. Mir liefen nur die Tränen über die Wangen. Da holten die Kinder eine Lehrerin, die ebenfalls wissen wollte, was passiert war. Der Lüge meines Vaters glaubte sie nicht, und so brachte sie mich zum Rektor, der mir versicherte, das Gespräch würde unter uns bleiben. Dennoch blieb ich stumm und sah zu Boden. Sogar die Frage, ob das meine leibliche Mutter sei, die bei uns wohnte, wagte ich nur mit ja zu beantworten.

Der Rektor hörte nicht auf zu bohren, bis ich schließlich nachgab. Dann nahm er einen Stift und schrieb einen Brief. Den sollte ich meinem Vater geben. Er versicherte mir, dass mir nichts geschehen würde. Mein Vater brüllte sofort los, als ich ihm den Brief überreichte. Voller Angst wartete ich draußen im Garten, bis mir mein Vater einen Antwortbrief für den Rektor mitgab. Am nächsten Morgen gab ich ihm den Brief. Der Rektor schüttelte beim Lesen nur den Kopf. Dann nahm er mich mit in sein

Büro und erklärte mir, er habe versucht, meinen Vater zu überreden, mich bei sich wohnen zu lassen und mich dort zu unterrichten.

Flucht und Vergessen

Meine Finger heilten. Vielleicht gefiel das der Frau meines Vaters nicht, denn ihr Verhalten war wie eine Ruhe vor dem Sturm. Mein Vater verhielt sich ruhig, wenn nicht sogar freundlich. Vielleicht wartete er auch nur darauf, bis die gebrochenen Finger geheilt waren. Bald waren Ferien, und ich fürchtete mich schon davor, den ganzen Tag zu Hause zu sein.

Am letzten Schultag bügelte ich morgens mein Kleid und ging mit gemischten Gefühlen aus dem Haus. Alle hatten sich bereits versammelt, als ich kam. Die meisten Eltern waren auch da. Nur ich hatte niemanden an meiner Seite. Die Geschenke wurden aufgebaut, und ich freute mich schon und hoffte sehr, eines zu bekommen, wenn ich denn Klassenbeste geworden war. Der Rektor betrat das Podium und bedankte sich bei den Klassenbesten und Vertrauensschülern. Dann kam der Moment, wo die Zeugnisse vorgelesen wurden. Zwei Namen wurden vor meinem genannt. Aber ha! Ich bekam trotzdem ein Geschenk. Als ich es öffnete, waren wunderbare Farbstifte, Lineale und Lehrbücher mit schönen Bildern darin.

Nachdem uns der Rektor entließ, ging es gleich los mit der Balgerei. Jeder lief los und holte sich einen Zweig. So war das jedes Jahr. Wir durften jedem Kind, das wir nicht mochten, einen Hieb versetzen. Wir organisierten uns in kleinen Banden und nahmen die Sache ziemlich ernst. Wir gingen ziemlich hart gegen unsere Gegner vor, wohl wissend, dass im neuen Schuljahr alles vergeben und vergessen sein würde.

Danach gingen meine Freundinnen und ich schwatzend nach Hause. Plötzlich kam mir meine Freundin Sofia entgegengerannt. Ohne mich auch nur zu Wort kommen zu lassen, warnte sie mich davor, nach Hause zu gehen. Meine Stiefmutter und ihre Mutter hatten von einem kleinen Hügel aus nach mir Ausschau gehalten. Sofia hatte sie dabei belauscht und gehört, wie meine Stiefmutter gesagt hatte, sie wolle mich verprügeln lassen, weil ich nicht sofort nach der Schule nach Hause gekommen sei.

Eine Weile kämpfte ich mit den Tränen. Dann sagte ich zu Sofia, dass ich versuchen wolle, meine richtige Mutter zu finden, bat sie aber, niemandem etwas davon zu sagen. Verzweifelt machte ich mich auf den Weg zu Patricias Haus. Die ganze Zeit über weinte ich bitterlich.

Patricia und ihre beiden Töchter standen vor dem Haus und waren mehr als verblüfft, mich zu sehen.

»Weiß dein Vater, dass du hier bist?«, wollte sie als Erstes wissen.

Ich schüttelte nur den Kopf und zeigte ihr meine Finger. Da schüttelte sie ebenfalls den Kopf und fragte, wie sie mir helfen könne.

»Kannst du mich nicht zu meiner Mutter bringen?«, flehte ich sie an. Traurig schlug sie die Augen nieder und sagte, das ginge nicht. »Ich habe Angst vor deinem Vater«, erklärte sie mir.

»Wenn du mich zwingst, zu ihm zurückzugehen, nehme ich Gift«, schluchzte ich.

Als wir im Garten saßen, entdeckten wir Pamela und Ray. Patricia bat mich, mich rasch im Haus zu verstecken. Ich bin sicher, sie hatten mich gesehen. Das erzählte ich aber nicht Patricia, die vor Nervosität zitterte. Judith und Mutton nahmen mich mit in ihr Zimmer. Dort zeigten sie mir all ihr Spielzeug, und für kurze Zeit vergaß ich meine Sorgen.

Nachdem wir zu Abend gegessen hatten, zeigte mir Patricia ein Foto meiner Mutter und sagte, ich sei ihr wie aus dem Gesicht geschnitten. Dann erklärte sie mir, welchen Weg ich einschlagen müsse, um zu meiner Mutter zu gelangen.

Das war 1984. Ich war fast zehn Jahre alt und lief von zu Hause weg. Patricia hatte mich noch zur Bushaltestelle begleitet, mir eine Fahrkarte gekauft und sich von mir verabschiedet. Erleichtert saß ich nun im Bus und malte mir aus, dass an der Endstation meine Mutter auf mich wartete. Es gelang mir nicht, die Tränen zurückzuhalten.

Auf halber Strecke geriet der Bus in eine militärische Straßensperre. Ich erschrak, als man allen Passagieren befahl, auszusteigen und vor dem Bus eine Schlange zu bilden. Unterdessen begannen die Soldaten mit der Leibesvisitation, außerdem wühlten sie alles Gepäck durch. Manche Passagiere wurden mit Gewehrkolben geschlagen. Wer keine Papiere dabei hatte, wurde beschuldigt, ein Aufrührer zu sein, und in den Busch verschleppt. Uns anderen wurde gesagt, dass der Bus nicht weiterfahren würde. Zur Begründung hieß es, die Aufrührer würden alle öffentlichen Transportmittel entführen. Der Busfahrer fing an, uns das Geld zurückzuzahlen. Aber ich hatte meine Fahrkarte verloren. So sehr ich auch bat und bettelte, er weigerte sich, mir das Geld zurückzugeben.

Als mich der Mann, der im Bus neben mir gesessen hatte, fragte, warum ich so weine, erklärte ich ihm, dass ich zu meiner Mutter unterwegs sei. Als er fragte, ob ich wisse, wo sie wohne, sagte ich ja, denn ich hatte Angst, zu meinem Vater zurückgeschickt zu werden. Zu meiner großen Erleichterung schlug mir der Fremde vor, ihm etwas Gesellschaft zu leisten.

Er fragte mich nach dem Namen meiner Mutter. Sonderbarerweise wusste er sofort, wer sie war. Ihr Mann hatte eine leitende

Position im Rathaus inne, er hatte Geld und war sehr einflussreich. Das zu hören ärgerte mich. Warum hatte sie dann den Einfluss ihres Mannes nicht benutzt, um ihre Kinder zu retten?

Stunden später erreichten wir endlich eine Art Markt. Mein neuer Freund ging in ein Restaurant und ließ mich draußen stehen. Mein Hunger wurde dadurch nicht geringer. Also beschloss ich, mich ein bisschen umzuschauen. Nicht weit entfernt gab es eine Polizeiwache und ein weiteres Gebäude, das aussah wie jene, die mir Patricia beschrieben hatte. Vor der Wache standen ein paar Frauen, die ich nach meiner Mutter fragte. Sie kannten sie nicht, also ging ich zurück zum Marktplatz, um auf meinen neuen Freund zu warten, auch wenn er mich hier draußen stehen und ihm beim Essen und Trinken zuschauen ließ.

Bald darauf kamen noch mehr Busreisende zum Restaurant. Von dort aus lief unsere Gruppe weiter in den Busch. Das sei der direkteste Weg, wurde uns gesagt. Das flache Buschland schien überhaupt kein Ende zu nehmen. Nur ein paar vereinzelte Büsche und Bäume unterbrachen die monotone Landschaft. Die Tiere waren eine willkommene Abwechslung. Sie waren von einer derartigen Lebensfreude, dass ich fast schon überzeugt war, die Einzige auf der ganzen Welt zu sein, die zu so einem traurigen Dasein verurteilt war.

Von dem ermüdenden Fußmarsch wurden meine Gedanken nur noch finsterer. Auch wenn ich es gewohnt war, weite Strecken zu gehen, brannten mir doch die Füße, und es fiel mir schwer, mit der Gruppe Schritt zu halten. Ich fiel immer weiter zurück und sackte schließlich zusammen.

»Steh auf. Steh sofort auf!« Das war der Mann aus dem Bus. Er bemühte sich, mir auf die Beine zu helfen, doch ich jammerte und sagte, ich könne nicht mehr. Eine Ohrfeige brachte mich wieder zur Besinnung, und ich lief weiter. Ich zwang mich, den Schmerz und den harten, unebenen Boden unter meinen Füßen zu vergessen. Wie ein Roboter setzte ich einfach nur einen Fuß vor den anderen.

Als es dunkel wurde, standen wir plötzlich vor einem Haus. Der Mann sagte, ich könne dort übernachten. Das Haus gehörte einem alten Mann, der anscheinend ganz allein lebte. Ich habe das nie richtig herausbekommen, denn er sprach fast kein Wort, und ich war zu müde, ihn zu fragen, geschweige denn, einen klaren Gedanken zu fassen. Ehe ich ins Bett geschickt wurde, stellte er Essen auf den Tisch, und wir aßen schweigend. In dieser Stille entspannte ich mich. Sie hatte etwas Beruhigendes. Ehe er mich zu einem Schlafraum brachte, zeigte er mir, wo ich mich waschen konnte. Ich war so erschöpft, dass ich sofort einschlief.

Am nächsten Morgen spürte ich, wie meine Kräfte zurückkehrten. Nun sah ich mir den alten Mann genauer an. Er war ziemlich klein, schlicht gekleidet und hatte eine Glatze. Seine Koteletten und das Haar, das aus seinem Hemdkragen hervorschaute, war grau meliert, fast weiß. Beim Frühstück klopfte es an die Tür. Das war der Mann aus dem Bus, der mich abholte. Ich dankte dem alten Mann für seine Gastfreundschaft und zog mit meinem Begleiter los. Noch während wir durch den fruchtbaren Garten hinauf zur Landstraße gingen, dachte ich daran, wie freundlich der alte Mann zu mir gewesen war.

Meine fremde Mutter

Als die beiden Frauen auftauchten, waren wir schon ziemlich weit gelaufen. Das waren nicht irgendwelche Frauen: Der Mann deutete auf die eine von den beiden und sagte, die dort, die sei meine Mutter. Einen Moment lang dachte ich daran, einfach kehrtzumachen und wegzulaufen, aber da kam sie schon auf mich zu. Der Mann erklärte, ich sei auf der Suche nach ihr.

Dann stand sie vor mir und starrte mich an. Unter ihrem Blick gefror ich fast zu Eis. Sie sah so ganz anders aus als die Frau auf dem Foto, das mir Patricia gezeigt hatte. Das war überhaupt das Schlimmste. Vor mir stand eine viel ältere Frau, die mich ausfragte. Sie wollte den Namen meines Vaters wissen, meinen Namen, wie meine Schwestern hießen.

Bei jeder meiner Antworten riss sie die Augen auf. Sonst sagte sie kein Wort, und ich bekam es mit der Angst zu tun, weil sich der Mann verabschieden wollte. Ich überlegte kurz, ob ich mich ihm anschließen sollte, aber da nahm mich die Frau lächelnd an die Hand. Doch ihre Unsicherheit war nicht zu übersehen. Sie hatte zweifellos keine Ahnung, welche ihrer Töchter hier vor ihr stand. Da sie dennoch glücklich zu sein schien, mich zu sehen, folgte ich ihr.

»Dieser Hund hat mir nicht einmal gestattet, meine eigenen Kinder zu sehen. Ich erkenne dich überhaupt nicht wieder!«, beklagte sich meine Mutter, als wir losgingen. Die ganze schreckliche Vergangenheit mit meinem Vater kam wieder in ihr hoch. Ihre Aufregung machte mich ein bisschen verlegen, und ich blieb schweigsam. Sie war meine Mutter, aber gleichzeitig eine Fremde. Ich hatte dauernd Angst, zu viel zu verraten. Irgendwie konnte ich es kaum glauben, dass ich tatsächlich meine Mutter gefunden hatte!

Wir gingen zu einem großen Haus, das von einem prächtigen Garten mit vielen Schatten spendenden Bäumen und schönen Blumen umgeben war. Ehe wir hineingingen, rief sie den Dienern zu, alles zum Schlachten einer Kuh vorzubereiten. Daraufhin ließ sie mich allein und lief denselben Weg zurück, den wir gekommen waren. Bevor ich mich traute, das Haus zu betreten, ging ich einmal rund herum. Ich wollte wissen, ob ihr Mann zu Hause wäre. Als ich niemandem begegnete, machte ich einen kurzen Rundgang durch alle Zimmer. In einem lag etwas Geld auf einem Tisch. Eine Weile starrte ich nur darauf. Ich wollte schon wieder hinausgehen, da meldete sich mein Unterbewusstsein, und ich nahm rasch etwas davon weg. Ich hatte so eine böse Vorahnung, und mit etwas Geld in der Tasche, das wusste ich, würde ich mich leichter durchschlagen können.

Kurz darauf kam meine Mutter mit vielen Männern und Frauen zurück. Bald machten sich die Frauen an den Töpfen zu schaffen, während die Männer ein Feuer entfachten. Die Frau, die behauptete, meine Mutter zu sein, lief unterdessen zwischen ihnen herum und sprach so schnell, dass ich nur dann und wann meinen Namen verstand.

Es wurde dunkel. Ein paar von uns nahmen an einem Tisch Platz, während sich die anderen zum Essen in den Garten setzten. Alle lächelten mich an. Trotzdem hatte ich große Angst. Ich wusste nicht recht, ob sie sich darüber freuten, mich zu sehen, oder darauf, mich zu fressen. Ich hatte von Menschen gehört, die kleine Kinder fraßen. Vielleicht waren das alles Menschenfresser? Andererseits bog sich der Tisch förmlich unter all dem Essen, sodass ich hoffte, es würde reichen, um alle satt zu bekommen.

Schließlich war das Festmahl vorbei. Die Gäste waren nach Hause gegangen, und es war bereits spät. Jetzt war ich mit der Frau allein, von der ich nur hoffen konnte, dass sie tatsächlich meine Mutter war. Nachdem sie mich zu Bett gebracht und mir gute Nacht gesagt hatte, ging sie in ihr eigenes Schlafzimmer. Ich lag im Bett und dachte an diese Familie und an die Gäste, die ich kennen gelernt hatte. Ob sie wohl zurückkehren würden, um mich zu fressen? Aufmerksam lauschte ich auf die vielen Geräusche im Haus. Hörte sich das nicht an wie das Wetzen von Messern oder wie Schritte im Garten? Als alles Stille atmete und sich nichts mehr rührte, stand ich auf. Lautlos zog ich mich an und schlich durch das Haus hinaus in den Garten. Dann lief ich davon.

Welche Richtung musste ich einschlagen, um das Haus des alten Mannes zu finden? Ich musterte die Landstraße und sah mich um. Ich würde ihm alles erzählen und hoffte, bei ihm bleiben zu dürfen. Ich konnte für ihn arbeiten und ihm helfen.

Die fremde Umgebung, in der mir nur der Mond und die Sterne vertraut waren, ängstigte mich sehr. Ihr Licht funkelte heller als jede Straßenlaterne. In der Hoffnung, dass sie mir beistehen würden, ging ich los. Nach einer Weile wurde mir klar, dass irgendetwas nicht stimmte, denn das Haus des alten Mannes war immer noch nicht aufgetaucht. Vielleicht sollte ich denselben Weg zurückgehen? Oder vielleicht sah bei Nacht alles anders aus? Ich ging weiter. Ich war so müde, dass ich keinen klaren Gedanken mehr fassen konnte. Zwei Tage lang hatte ich funktionieren müssen wie eine Erwachsene. Jetzt war ich wie ein Zombie, der ziellos umherirrt. Wo sollte ich hingehen und warum? Ich fühlte mich wie betäubt, aber ich musste einfach weitergehen.

Schließlich kam ich an einen Bahnhof. Ich stand auf dem Bahnsteig und versuchte nachzudenken. Als mir das nicht gelang, stieg ich einfach in den nächsten Zug, ohne zu wissen, wo er eigentlich hinfuhr. Nachdem ich eine Fahrkarte gelöst hatte, legte ich mich schlafen und wachte nicht eher auf, bis der Zug wieder anhielt.

Teil 2

Mein Leben als Kindersoldatin

Rekrut China

Als ich ausstieg, war es noch nicht wieder hell. Überall lagen Leute und schliefen. Der Ort war sehr abgelegen, ich konnte kein einziges Haus entdecken. Wieder ging ich mechanisch drauflos, bis ich ans Ende einer Straße gelangte. Plötzlich sah ich einen Lichtschein, und wäre ich nicht so erschöpft gewesen, wäre ich umgekehrt. Stattdessen ging ich einfach immer weiter und auf das Licht zu, bis mich eine barsche Männerstimme zurückhielt:

»Stopp! Wer da?«

»Ich bin's!«, antwortete ich naiv.

»Komm näher«, befahl die Stimme, und ich machte noch ein paar Schritte. Der Mann wirkte ziemlich überrascht, als er den Kopf beugen musste, um mich zu sehen.

»Was machst du denn hier mitten in der Nacht?«, wollte er wissen.

»Ich suche nach meiner Mutter.«

»Und was ist mit deinem Vater, wo ist er?«, fragte er und richtete die Taschenlampe auf mich.

»Er ist tot«, log ich.

Ich beantwortete seine Fragen, als eine Gruppe Männer mit geschulterten Gewehren aus dem Busch trat. Ihre Sachen waren zerfetzt und sehr schmutzig. Sie scharten sich um mich und musterten mich prüfend. Mir zitterten die Knie. Was würden sie jetzt mit mir anstellen? Einer der Männer fing an, mich in meiner eigenen Sprache auszufragen. Dadurch wurde ich ein bisschen lockerer, außerdem stellten ihn meine Antworten offenbar zufrieden. Er sagte, ich solle mich schlafen legen. Ich begriff nicht, was er meinte, denn wo war das Haus, wo die Betten? Er lachte und breitete zwei zerrissene Decken auf der Erde aus und wiederholte, ich solle mich schlafen legen. Die Decke stank, aber wegen der vielen Mücken zog ich sie mir trotzdem bis über den Kopf.

»Links, rechts, links, rechts, links...« Was war das für ein ohrenbetäubender, merkwürdiger Abzählreim, der einen so früh am Morgen weckte? Ich sah mich um und entdeckte große und kleine Kinder, die neben einem Mann in Militäruniform hermarschierten. Träumte ich oder war ich verrückt geworden? Als ich mich an die letzte Nacht zurückerinnerte, wurde ich schon ganz zappelig und hoffte, sie würden mich mitspielen lassen. Der Mann, den ich gestern getroffen hatte, kam zu mir. Seine Augen hatten einen merkwürdigen Ausdruck, aber sein Mund lächelte. Noch ehe ich fragen konnte, ob ich mitspielen dürfe, sagte er, ich solle mich wegen meiner geschwollenen Füße ausruhen.

Kurze Zeit später mussten wir alles zusammenpacken und aufbrechen, um an einem anderen Ort unser Lager aufzuschlagen. Ich begriff nichts von dem, was da vorging, und mir wurde auch nichts erklärt. Aber das kannte ich ja schon. Am dritten Tag erhielt ich die Erlaubnis, mit den anderen Kindern zu spielen, und war froh und stolz, gemeinsam mit ihnen marschieren zu dürfen – zwei volle Stunden am Stück, anschließend konnten wir eine Viertelstunde Pause machen. Wir Kinder bildeten eine eigene Gruppe und die Erwachsenen blieben für sich.

Ich sah mir die Gesichter der anderen Kinder genau an. Einige von ihnen wirkten so, als hätten sie bereits Routine, andere waren ebenso neu und unerfahren wie ich. Es war schwer, mit ihnen Kontakt aufzunehmen, da die meisten eine andere Sprache sprachen. Nach der Rast wurden zwölf Kinder für Schießübungen ausgewählt. Jedes Kind bekam eine AK-47 ausgehändigt. Sie wurden aufgefordert, hinter einem kleinen Hügel Stellung zu beziehen. Ich war sehr beeindruckt, als die Kinder das Gewehr auf

Kommando auseinander nahmen und innerhalb von fünf Sekunden wieder zusammensetzten.

Am nächsten Tag lernten wir, in Deckung zu gehen und mit einem aufmontierten Bajonett anzugreifen. Doch weil die AK-47 größer waren als die meisten Kinder, mussten diese stattdessen mit einem Holzstück üben.

Nach und nach wurde ich zur Soldatin gedrillt. Am dritten Tag stand ich zusammen mit den anderen Kindern beim Morgenappell, als mein Ausbilder zu mir trat. Er war ein strenger, sehr großer Mann, der mich nach allem Möglichen ausfragte. Er pflanzte sich direkt vor mir auf und sah mir die ganze Zeit über in die Augen. Zum Schluss musste ich meinen Namen sagen. Aber den auszusprechen, fiel ihm schwer, denn er stammte aus Norduganda. Er wurde wütend. Ich wagte nicht, ihm in die Augen zu schauen, und senkte den Kopf.

»He, du da, mit den chinesischen Schlitzaugen, sieh mich an!«, brüllte er.

Ruckartig hob ich den Kopf, während Adrenalin durch meinen Körper schoss. Jetzt zog er mich aus der Reihe und fing an zu rufen: »China, links-rechts, China, links-rechts«, und ich musste vor aller Augen strafexerzieren. Dieser neue, fremd klingende Name verlieh mir gleich einen gewissen Status, und plötzlich wollten viele der Kinder mit mir befreundet sein, soweit die Sprachschwierigkeiten das zuließen.

Zwei Sprachen musste ich sehr schnell lernen: Kiganda und Swahili. Meine eigene Sprache war Kinyankole. Das sprachen und verstanden hier nur wenige. Die meisten Kinder gehörten zum Stamm der Baganda, sie sprachen Kiganda. Swahili hingegen war keine eigentliche Stammessprache. Museveni hatte sie zur Landessprache Ugandas gemacht, weil er fand, eine gemeinsame Sprache sei vorzuziehen und gleichzeitig eine Waffe gegen die

Ukabira – die Stammeszugehörigkeit. Er wollte die Unterschiede zwischen den Stämmen mit aller Macht auslöschen. Wir alle sollten für die gleiche Sache kämpfen: für unsere Freiheit.

Das Mädchen China erhielt kein langes militärisches Training. Nicht, weil sie sich besonders hervorgetan hätte als Kindersoldatin oder weil sie besonders schnell lernte, sondern ganz einfach deshalb, weil es der NRA stets an Soldaten fehlte, besonders an der Front. Für ausgedehnte militärische Übungen fehlte schlichtweg die Zeit. Nach einem notdürftigen Kampftraining wurden die Kinder in unterschiedliche Frontkämpfergruppen eingeteilt. Als eine von den Kleinsten, die noch keine schwere AK-47 tragen konnte, erhielt ich zunächst die Aufgabe, die persönliche Ausrüstung der Anführer zu tragen, das heißt ihr Kochgeschirr und ihre Munition.

Kein Kinderspiel

Ein Monat war vergangen, seit ich das Trainingscamp verlassen hatte. Ich war mit einigen anderen Kindern für eine Sonderkommando-Einheit ausgewählt worden und durfte endlich an richtigen Kampfhandlungen teilnehmen, von denen mir die älteren Kinder schon so viel erzählt hatten. Ich glaubte immer noch, das Ganze sei eine Art Spiel, und konnte es kaum erwarten. Während wir durch den Busch marschierten, erhielten wir unsere Anweisungen. Bald darauf befanden wir uns auf einem Schotterweg, wo wir uns im Gebüsch versteckten. Nach einer Weile befahl uns der Commander, uns mitten auf die Straße zu setzen und so zu tun, als ob wir dort spielten.

Es sollte nicht lange dauern, bis ein sehr großer Konvoi der Regierungstruppen auf uns zufuhr. Wie befohlen, blieben wir sitzen und spielten »unschuldig« im Sand. Der Konvoi hielt erst, als er schon richtig nahe an uns herangekommen war. So gut wie alle Soldaten stiegen aus. Das war das abgesprochene Signal, und so rannten wir zu unserer Abteilung zurück. Sobald wir in Sicherheit wären, sollten die anderen das Feuer auf die Regierungstruppen eröffnen. Doch ganz so klappte es dann nicht. Noch ehe wir wussten, wie uns geschah, flogen uns die Geschosse nur so um die Ohren. Wir konnten uns gerade noch hinter ein paar Bäume retten.

Die gesamte Straße und alles, was sich auf ihr befand, wurde in Stücke zerfetzt. Der Lärm war ohrenbetäubend und ängstigte mich mehr als alles, was ich jemals erlebt hatte. Das war kein Spiel. Ich wollte aufstehen und weglaufen, aber da packten mich meine Kameraden und hielten mich hinter einem Baum fest.

Nachdem der Schusswechsel beendet und die Schlacht gewonnen war, liefen alle wie auf Kommando auf die Straße und fingen an, den toten Soldaten die Kleider vom Leib zu reißen. Ich sah zu, wie in Windeseile Unterwäsche und Stiefel die Besitzer wechselten. Ich war richtig verwirrt. War das die Freiheit, für die wir angeblich kämpften? Nicht in meinen kühnsten Träumen hätte ich gedacht, dass dazu auch gehören würde, ein Leichenfledderer zu sein. Als ich die Verwundeten auf der Straße liegen sah und um Hilfe schreien hörte, war meine Begeisterung sofort verflogen. Plötzlich war es nicht mehr so leicht, in diesen Menschen den Feind zu sehen. Den Soldaten, die sich ergeben hatten, fesselte man die Arme straff auf den Rücken, um ihnen möglichst große Schmerzen zu bereiten. Als ich mich umschaute, sah ich, dass meine Kameraden die Situation zu genießen schienen. Das bestärkte mich nur in meiner Ansicht, dass Menschen anscheinend nichts mehr Vergnügen bereitet, als ihre Opfer zu quälen und zu foltern. So gesehen, stand meine neue »Familie« der alten in nichts nach.

Die Gefangenen wurden getreten, bespuckt und ins Lager

gebracht. Dort angekommen, wurden die Offiziere erschossen. Im Lager wartete unser großer Anführer. Yoweri Museveni hieß uns mit einer flammenden Rede willkommen, die uns davon überzeugen sollte, ein bisschen im Sand zu spielen mache uns bereits zu Helden. Abends durften wir sogar an seinem Tisch sitzen – bei ihm, dem Erfinder der Heeresverbände mit Kindersoldaten.

Das Abendessen wurde an einem richtigen Tisch eingenommen. Er war vor Musevenis afrikanischer Hütte gedeckt worden, die man extra für ihn gebaut hatte. Anschließend erhielt jeder von uns ein Geschenk, das sich als je eine Uniform und ein Paar Stiefel der hingerichteten Offiziere erwies. In dieser Nacht durften wir lange schlafen und wurden nicht wie sonst für den Wachdienst eingeteilt.

Am folgenden Morgen hieß es weiterziehen und ein neues Lager aufschlagen. Nach einem Angriff aus dem Hinterhalt, wie wir ihn am Tag zuvor durchgeführt hatten, war das Pflicht, weil die Regierung Hubschrauber und Artillerietruppen nach uns ausschicken könnte.

Unsere neue Feldausrüstung erforderte ein nahezu akrobatisches Geschick. Die Stiefel reichten bis hoch zu den Schenkeln, und die überdimensionierten Uniformen schienen uns regelrecht zu verschlucken. Den Marsch durch den Busch erleichterte das nicht gerade. Zum Glück hatte sich eine Frau zu uns gesellt, die sich bemühte, uns das Leben ein bisschen angenehmer zu gestalten. Irgendwann waren wir Kinder so erschöpft, dass Museveni gezwungen war, eine Pause einzulegen, damit wir etwas essen konnten. Die Mahlzeit bestand in der Regel aus gekochten Bohnen und Mais. Einige von uns sammelten Brennmaterial, andere suchten nach Wasser. Währenddessen ruhte sich Y. K. Museveni im Schatten eines Baumes aus und entspannte sich in Gesellschaft seiner Offiziere.

Unter den Offizieren war ein Mädchen, die »Mukombozi«, die Befreite, genannt wurde. Die NRA hatte sie zu sich genommen, nachdem Regierungstruppen ihre Familie getötet hatte. Allein dass sie überlebt hatte, war so etwas wie ein Wunder. Die Regierungstruppen hatten »ihr Leben verschont« und sie jedes Mal, wenn sie unter Beschuss gerieten, als Kühlerfigur auf ihren Jeep gebunden. Die Soldaten starben, aber Mukombozi überlebte. Wegen eines Granatenschocks konnte sie sich nicht mehr an ihren Namen erinnern. Bei uns war sie berühmt für ihren Mut und weil sie sich konsequent weigerte, eine andere Waffe zu tragen als jene, die sie seinerzeit befreit hatte – eine RPG, von der Größe einer Bazooka.

Mukombozi und Narongo – ebenfalls eine Frau – waren die besten Freundinnen. Narongo gehörte zum Stamm Muganda. Wie die meisten Waisenkinder der NRA war sie im Ruwero-Distrikt geboren. Eines Abends hatte Narongo am Lagerfeuer berichtet, warum sie auf Seiten der NRA kämpfte: Auf der Suche nach NRA-Aufrührern waren eines Tages Regierungstruppen in ihr Haus eingedrungen. Sie hatten ihren Mann verprügelt und gefoltert und ihn dann, als er mit auf den Rücken gefesselten Armen auf der Erde lag, erschossen. Anschließend nahmen sie ihre Zwillinge und erschossen sie vor Narongos Augen. Mit Trauer und Zorn in der Stimme schwor sie, die Verantwortlichen zu fassen, die ihren Mann und ihre Kinder ermordet hatten, sobald wir eines Tages das Land regieren sollten. Als neuen Ehemann nahm Narongo die AK-47, die stets an ihrer Seite war. Ich glaube, ich spreche im Namen aller Kindersoldaten, wenn ich sage, dass wir ihre liebevolle Art nie vergessen werden.

An der Front

Meine Abteilung hielt sich in der Nähe von Rwenzori auf. Heute war Ruhetag, und wir flüchteten in den Schatten, weil die sengende Sonne des gestrigen Tages alle unsere Energie erschöpft hatte. Gegen drei Uhr nachmittags stieß Salim Salem zu uns, einer der höchsten Offiziere und Musevenis jüngerer Halbbruder. Er hielt eine flammende Rede, um unsere Kampfmoral zu stärken. Immer wieder rief er, es sei an der Zeit, dass die National Resistance Army – die NRA – die Regierungsmacht übernähme und sie den Händen Dr. Milton Obotes entrisse. Bei diesen Worten lächelte er breit.

Seinem selbstsicheren Auftreten war es zu verdanken, dass wir eine sehr wichtige Waffe, eine Katuscha (eine Art Stalinorgel) erobert hatten. Deshalb – berichtete er uns weiterhin – sei die Kampfmoral der Regierungssoldaten stark gesunken. Unsere hingegen wurde durch seinen Auftritt und seine vielen Versprechungen gestärkt. Jubel und Gesang begleiteten ihn, als er das Podium unserem Befehlshaber überließ.

Jetzt wurden wir gebeten, uns auf den Kampf vorzubereiten, und über unsere nächste Aktion informiert. Am darauf folgenden Tag sollten wir ein knapp vier Kilometer entferntes Regierungslager angreifen. Nach den Instruktionen starrten wir uns zunächst nur an und schauten dann wortlos zu Boden. Was die anderen dachten, weiß ich nicht. Doch jetzt galt es, alle Gedanken an den Tod um jeden Preis zu unterdrücken.

Später ging ich auf die andere Seite des Lagers, um mein automatisches Sturmgewehr kontrollieren zu lassen – eine Uzi, die etwas kürzer war als eine AK-47. Anschließend trennte ich die Seitentaschen von meiner zu großen Uniform ab und kürzte sie. Als ich sie danach anzog, fühlte ich mich wesentlich leichter und selbstsicherer. Ich hatte gelernt, dass leichtes Gepäck entscheidend zum Überleben beiträgt. Wie die meisten Kinder hatte auch ich Angst, wagte aber nicht, sie zu zeigen, um nicht als Feigling zu gelten. Auf diese Weise kontrollierten wir uns alle gegenseitig, genauso wie zu Hause, als wir Geschwister uns untereinander belauerten und verpetzten, um den brutalen Züchtigungen zu entgehen. Hier im Lager konnte man sich auch nie sicher sein, ob der eine oder andere nicht bereit war, die Angst seines Nachbarn zu enthüllen. Ich hatte keine Probleme, meine Gefühle zu verbergen – darin hatte ich Erfahrung genug.

Am Abend saßen wir eine Weile ums Feuer, bis uns eine Soldatin aufforderte, vor der Schlacht noch ein paar Stunden zu schlafen. Etwas widerstrebend legten wir uns schlafen, so als könnten wir das Unabwendbare damit aufschieben. Ich weiß nicht mehr, ob es die Mücken oder meine Sorgen waren, die mich plagten – ich wälzte mich ruhelos hin und her und konnte einfach nicht einschlafen. Schließlich gab ich es auf, legte mich auf den Rücken und schaute in den sternenklaren Himmel. Während der ganzen langen Nacht versuchte ich meine Gefühle unter Kontrolle zu bringen, ehe die Stunde des Blutbads anbrechen würde.

Der Mond und die Sterne beleuchteten unseren Weg, als wir uns vor Tagesanbruch einen Weg durch den Busch bahnten, um bis zu unserer Vorhut vorzudringen, die bereits in Position lag. Unser Commander befahl uns, das Signal zum Angriff abzuwarten. Eine weitere halbe Stunde mussten wir die schmerzhaften Bisse der Moskitos erdulden und ihnen Blut spenden. Trotz der aggressiven Mücken durfte keiner nur den geringsten Laut von sich geben. Ich biss mir auf die Lippen.

Noch gewährten uns die Schatten der Bäume etwas Schutz. Vor uns lag der Feind, und wir konnten direkt in das Lager der schlafenden Gegner hineinschauen. Auch von dort war kein Laut zu hören. Alles schien Frieden zu atmen, nichts deutete auf die drohende Gefahr hin. Ich hielt den Atem an, und im selben Augenblick zerrissen die ersten Gewehrsalven die nächtliche Stille. Das war unser Signal, das Lager zu stürmen und jeden darin zu töten.

Nackte Männer und Frauen kamen herausgerannt, um gleich darauf zu einem großen blutigen Haufen zusammenzubrechen. Sie hielten ihre Kleider noch in den Händen. Die Schüsse hatten die Ziegen geweckt, die jetzt wie wild meckerten. In unseren Ohren vermischten sich die Schreie der Ziegen mit denen des Geflügels und der Menschen und wurden zu einem fernen Hintergrundgeräusch, das langsam nachließ und im Laufe von drei bis vier Stunden ganz erstarb.

Als wir das Lager übernahmen, bot sich uns ein trauriger Anblick: überall lagen tote Ziegen, Hühner, Soldaten und ihre Frauen. Routinemäßig begannen wir, Essen und Waffen einzusammeln, die wir Kinder tragen mussten. Den Gefangenen wurden die Ellbogen stramm auf dem Rücken zusammengebunden – das Übliche. Bei uns im Lager wurde den Kriegsgefangenen befohlen, ihr eigenes Grab zu schaufeln. Ebenfalls Routine. Einige Offiziere befahlen uns Kindern, den Gefangenen in die Augen zu spucken. Wir gehorchten automatisch. Bald wurde auch das zur Routine. Die Gefangenen bekamen zu hören, dass man keine Kugeln an sie verschwenden würde. Ihnen wurde beschrieben, welcher Tod sie erwartete: »Nachdem ihr euer Grab geschaufelt habt, werde ich die besten Männer dazu auffordern, euch mit einem Akakumbi den Schädel einzuschlagen.«

Ein Akakumbi ist eine einfache, aber stabile Hacke. Hatten sich die feindlichen Soldaten schließlich ihr eigenes Grab geschaufelt, wurde ihnen befohlen, sich direkt daneben zu stellen. Dann schlug jemand mit dem Akakumbi so lange abwechselnd auf die Stirn und den Hinterkopf, bis sie – mehr oder weniger tot – ins Grab taumelten.

Dann war es auch schon Zeit weiterzuziehen. Wir mussten immer unterwegs sein, denn der besser ausgerüstete Feind ließ uns keine Ruhe. Manchmal mussten wir nach einem Gefecht noch einen ganzen Tag lang gehen – und das ohne eine einzige Pause. Über unseren Köpfen brummten die Militärhubschrauber der Regierung. Sie waren mit Lautsprechern ausgerüstet, über die sie uns unausgesetzt aufforderten, uns zu ergeben. Wenn wir uns nicht ergäben, müssten wir mit einem so genannten »Wipe-out« rechnen. Totale Auslöschung. Aber wir konnten uns einfach nicht ergeben. Wir hatten bereits eine gewisse Grenze überschritten. Wir hatten bereits geschworen, das hier zu Ende zu bringen. Und niemand ist so loyal wie ein Kind – ganz besonders ein Waisenkind. An wen hätten wir uns wenden sollen? Wohin fliehen? Unser einziger Gedanke war in dieser brennenden Hölle so gut es ging, mit den Erwachsenen Schritt zu halten. Wir hatten entsetzlichen Durst. Irgendwann wollte ich aufgeben – ich konnte nicht mehr. Zum Glück schlug ein Commander vor, ins nächste Dorf zu gehen und um Wasser zu bitten.

Dem Tod ins Auge sehen

Wir waren nie besonders auf der Hut, wenn wir in ein Dorf gingen. Die meisten waren mehr oder weniger auf der Seite der NRA. Wir rückten langsam vor und behielten die Umgebung genau im Auge. Einmal wurden wir nervös, denn es roch leicht nach verwesendem Fleisch. Je weiter wir zum Dorf vorrückten, desto stärker wurde der Gestank. Wir blieben stehen und berieten uns, um ihn dann zu ignorieren.

Als wir das Dorf betraten, bot sich uns ein trauriger Anblick. Vor uns lagen die Leichen unserer eigenen Kameraden, aus jeder Körperöffnung strömten Blut und andere Körpersäfte. Ungläubig schüttelte ich den Kopf und schloss die Augen, um den grauenerregenden Anblick zu verscheuchen. In diesem Moment begriff ich, dass das erst der Anfang war. Doch egal, was noch kam, an meiner Situation würde das nichts ändern. Es gab Dinge, mit denen würde ich mich niemals versöhnen. Aber was konnte ich schon tun? Eine Flucht war so gut wie unmöglich. Die wenigen erwachsenen Soldaten, die geflohen waren, hatte man sofort wieder eingefangen, gefoltert und dann vor aller Augen getötet – eine Disziplinierungsmaßnahme. Deshalb flohen die Kinder nicht.

Bei dem grausigen Anblick erstarrten die anderen Kinder genau wie ich und hingen ihren eigenen Gedanken nach. Noch während wir uns fragten, was wohl geschehen sein mochte, tauchte plötzlich ein Hubschrauber der Regierung auf und brachte neuen Schrecken. Wir mussten uns in den Staub werfen, Deckung suchen – oder einfach abwarten, bis uns der Himmel auf den Kopf fiel. Doch so schnell sie gekommen war, verschwand die fliegende Höllenmaschine auch wieder. Alle standen auf und tasteten sich panisch ab, um zu überprüfen, ob man getroffen worden war. Nachdem ich mich davon überzeugt hatte, dass ich noch heil war, schaute ich mich um, ob es einen meiner Freunde erwischt hatte. Verzweifelt entdeckte ich einen Kameraden, der unbeweglich auf der Erde lag. Ich ging zu ihm hinüber. Er sah eigentlich aus, als würde er schlafen. Andere kamen dazu und schlugen die Augen nieder. Es war der altkluge kleine Schlingel, der immer ein tröstendes Wort für uns parat gehabt hatte, er, der immer gesagt hatte, wir sollten stark sein und keine Angst haben.

Unser Sergeant kam uns holen und sagte, der Kleine sei tot. Für Tränen blieb keine Zeit. Zurück in die Gruppe. Vorwärts – Marsch! Die Tränen, die ich in mir hatte, mussten versteckt werden. Beim Gedanken an die getöteten Kameraden, die wir im Dorf zurückgelassen hatten, waren Hunger und Durst schnell vergessen. Immer wieder sah ich leblose Körper vor mir. Verwirrt und ängstlich erkannte ich, dass es eines Tages auch mich treffen konnte.

Lasset die Kindlein zu mir kommen

Wir kamen an eine Stelle, wo der Regen eine größere Pfütze gebildet hatte. Neben diesem winzigen Wasserreservoir hatte ein kleiner Busch Wurzeln geschlagen. Hier wollten wir eine Rast einlegen. Wir hatten uns kaum hingesetzt, da forderte der Commander einen von uns auf, eine Funkverbindung zu unserem Bataillon herzustellen und eine Mitteilung zu senden. Kurz darauf wurde ich von Lärm geweckt. Museveni war mit einem Zug Soldaten eingetroffen. Bekleidet mit einer ganz gewöhnlichen Militärjacke, baute er sich vor uns auf. Er hielt einen mit weißen und schwarzen Perlen dekorierten Stab in der Hand – das Symbol für die himmlische männliche Saat und die fruchtbare weibliche Erde, das bei einer Ackerbaukultur wie der der Hima besonders verbreitet war. Ohne dieses Symbol seiner Macht war Museveni nie unterwegs, und es hieß, der Stab besäße magische Kräfte, weil er ihn von einem Medizinmann bekommen habe. Jetzt bat er uns, näher zusammenzurücken, damit alle hören könnten, was er zu sagen habe.

»Die NRA kämpft für die Freiheit und gegen die Ukabira. Wir müssen alle an einem Strang ziehen, um die zu befreien, die von der Regierung für Verbrechen ins Gefängnis geworfen wurden, die sie nie begangen haben.«

Er konnte sich wirklich ausdrücken, dieser große Anführer. Museveni war der erste afrikanische Anführer, der Kindersoldaten einsetzte. Bald folgten andere seinem Beispiel und kopierten diese »progressive« Idee. Auf diese Weise wurde er zum »Vater aller Kindersoldaten«. Die meisten Kindersoldaten hatten keine Ahnung, was mit ihren Eltern passiert war. Uns gegenüber behauptete er, die Regierungstruppen hätten sie getötet. Aber er ging bei seinen Lügen sogar noch einen Schritt weiter. Wir sollten daran denken, dass einige von ihnen vielleicht noch im Gefängnis säßen und ihre einzige Hoffnung darin bestünde, von uns befreit zu werden.

Nach der Rede erhoben sich alle, hoben die Gewehre zum Himmel und riefen: »Yes, Afande! Wir geben nicht auf!« Und Museveni lächelte und reckte seinen magischen schwarzweißen Stab gen Himmel. Das motivierte die meisten, weiterzukämpfen – und ihr Leben zu opfern. Bei mir lagen die Dinge etwas anders. Ich wusste, wo meine Eltern waren. Meine einzige Hoffnung bestand darin, am Leben zu bleiben, um eines Tages zurückzukehren und meinen Vater und meine Stiefmutter zu töten. Das war mein Plan. Menschen zu töten war etwas völlig Alltägliches für mich geworden. Aber ich wusste auch, dass ich wohl kaum so geendet hätte, wenn ich in einem behüteten Elternhaus aufgewachsen wäre. So war es nur recht und billig, dass ich meine Eltern für das Leid, das sie mir tagtäglich angetan hatten, büßen lassen wollte. Was sie betraf, kannte ich kein Pardon!

Warum kam Museveni? Hatten die Offiziere in unsere Herzen geschaut, als wir unsere getöteten Kameraden entdeckt hatten? Fürchteten sie, selbst an die Front zu müssen? Wir Kinder waren die mutigeren – übermütigeren – Kämpfer! Als Museveni schließlich abfuhr, begannen wir, getrocknete Bohnen und Mais zu kochen. Und das dauerte Stunden.

Manche von uns lehnten sich an Bäume, andere lagen vor lauter Schlafmangel im Gras, doch alle hatten wir rote Augen. Seit Tagen hatten wir kaum ein Auge zugetan. Alle schwiegen. Nur ein paar leise Bemerkungen waren zu hören. Während wir darauf warteten, dass unser Essen gar wurde, ließen wir es nicht aus den

Augen. Plötzlich hörten wir einen Schrei und sahen, wie unser Kundschafter mit angstgeweitetem Blick auf uns zustürzte und dabei aus vollem Halse schrie, der Feind sei nur wenige Meter von uns entfernt. Einige von uns steckten die Hand ins kochende Wasser, um wenigstens ein bisschen von dem Essen zu retten. Es konnten Tage vergehen, bis wir wieder Zeit zum Essen haben würden. Dann flohen wir mit allem, was wir tragen konnten, in den Schutz der Bäume und warfen uns ins Gras. Als wir ein gutes Versteck gefunden hatten, entdeckten wir, dass sich nicht alle in Sicherheit gebracht hatten. Ich glaube, sie waren einfach zu ausgehungert, um dem Trupp zu folgen.

Vielen Soldaten fiel es schwer zu glauben, dass die NRA den Krieg gewinnen könne. Viele von ihnen gaben auf, weil sie die unerträglichen Verhältnisse, in denen wir leben mussten, nicht mehr aushielten. Sie glaubten nicht mehr an den Tag, an dem wir siegen und ein neues und besseres Leben führen würden. Sie sahen, wie ein Kamerad nach dem anderen starb. Es fiel ihnen nicht schwer, sich vorzustellen, dass sie morgen selbst an der Reihe sein könnten. So denken Erwachsene. Doch wir Kindersoldaten dachten anders. Unsere Erinnerung an ein anderes Leben, unsere Lebenserfahrung und unsere Vorstellung von der Gefahr, in der wir schwebten, war viel begrenzter als die der älteren Soldaten. Wir zogen wirklich alle an einem Strang. Für uns galt: Einer für alle und alle für einen. Unsere Loyalität war grenzenlos. Für uns ging es um alles oder nichts. Wir hatten nichts, wohin wir hätten zurückkehren können. Deshalb konnten wir auch nicht aufgeben. Die meisten Erwachsenen fanden Deckung, verstanden es, sich aus dem Kugelhagel herauszuhalten. Sie wussten, wie gefährlich Kugeln waren. Der Schaden, den sie anrichteten, war manchmal schlimmer als der Tod. Sie ließen zu, dass wir Kinder stehen blieben, um auf das Feuer des Feindes zu antworten.

Yes, Afande!

Wenige Tage später kamen ich und fünf meiner Freunde zum Fünften Bataillon. Als Stephen Kashaka, unser neuer Commander-in-Chief, auf uns aufmerksam wurde, verpflichtete er zwei meiner Freunde als seine persönlichen Leibwächter. Viele Offiziere zogen Kinder als Leibwächter vor, weil sie keine Fragen stellten und bedenkenlos gehorchten. Sie waren ihren Afandes gegenüber unglaublich loyal.

Die Kindersoldaten nahmen an allem teil. Für viele Kinder waren das Töten und Foltern ein spannender Job, ein Weg, ihre Vorgesetzten zufrieden zu stellen. Kinder konnten den Kriegsgefangenen gegenüber die größere Brutalität an den Tag legen, einfach nur, um einen höheren Rang zu erlangen. Wir waren zu jung, um zu begreifen, dass die Taten, die wir an unseren Gefangenen begingen, sich in einen Alptraum verwandelten, der uns nicht mehr losließe. Dass uns unsere Taten ein Leben lang verfolgen würden. Wir Kinder begingen im Namen unserer Anführer jede Menge Greueltaten – nur um ihnen eine Freude zu bereiten. Zum Dank verrieten uns die Anführer. Vielleicht konnten sie sich gar nicht vorstellen, dass auch wir älter wurden, dass wir überleben würden. Vielleicht dachten sie gar nicht daran, was einmal aus uns werden würde – dann, wenn der Krieg zu Ende, wenn die letzte Schlacht gewonnen war. Ich für meinen Teil bin davon überzeugt, dass sie wussten – ja in gewisser Weise mit einkalkulierten –, dass wir Kinder die Front niemals überleben würden. Die Front war der Feind Nummer eins der Kindersoldaten. Was wir durchstehen mussten, war weitaus schlimmer als alles, was einem Erwachsenen normalerweise zustößt. Und von Kindern wie uns konnte man wohl kaum erwarten, dass sie sich ganz normal entwickelten.

Äußerlich gesehen waren wir Kinder, doch in unserem Inneren sah es ganz anders aus. Wir waren Wesen, die sich unter der kopflosen Aufsicht unserer Anführer so schnell und unberechenbar verhielten wie ein Steppenbrand. Für uns drehte sich oft genug alles nur um so elementare Bedürfnisse wie Hunger und Durst, Kälte und Wärme. Viele wurden einfach zu Robotern und kamen den Wünschen ihres Vorgesetzten mechanisch nach. Wenn einer unserer Anführer zu bemerken glaubte, dass wir kurz vor dem Durchdrehen standen, wurden wir sofort an die Front geschickt, um zu sterben, denn ohne uns gab es auch keine Zeugen mehr.

Viele von uns verschwanden einfach so, und das, was erinnernswert gewesen wäre, hatten wir noch vor Ablauf einer Woche wieder vergessen. Oft blickte ich forschend in die Augen der Offiziere, um zu sehen, ob sie ein echtes Interesse an uns Kindern hatten oder ob wir ihnen total egal waren. Die meisten Offiziere interessierten sich nur für ihre eigenen Angelegenheiten, mehr nicht. Sie beseelte nur ein Gedanke, nämlich wie und wann sie die Macht in ihren Händen halten würden. In ihren Augen sah ich nichts als das Versprechen einer siegreichen Zukunft mit Macht und Reichtum – für sie selbst. In diesem Moment erkannte ich, dass wir Kinder niemals einen wirklichen Platz in ihren Herzen einnehmen würden. Auch nicht bei ihrem Anführer, bei Yoweri K. Museveni, der sich damals wohl kaum hätte vorstellen können, dass er einmal ein ebenso großer Diktator werden würde wie jener, gegen den er kämpfte.

Freundschaftsbande

Eines Nachmittags saßen meine Kameraden und ich im Schatten eines Baumes und sprachen über unsere Erlebnisse, als plötzlich ein Appell einberufen wurde. Ein Offizier aus einer anderen Einheit trat vor. Zwei Truppenabteilungen wurde befohlen, sich abmarschbereit zu halten. Wie es das Schicksal so wollte, gehörte ich zu der einen. Der Offizier erklärte, wir würden zu einer neuen Einheit überführt, die das Simba-Bataillon angreifen solle, das im Westen Ugandas stand, ganz in der Nähe meines Heimatdorfs. Als wir dort ankamen, erblickte ich meine alten Freundinnen Narongo und Mukombozi – unsere großen Vorbilder. Bei ihrem Lächeln waren meine Sorgen wie weggeblasen, und ich spürte neues Selbstvertrauen. Ausgelassen fielen wir uns in die Arme. Ich wüsste nicht, was ich ohne diese beiden Frauen gemacht hätte. In einer Umgebung, in der alles hässlich und böse war, da war Freundschaft die einzige Form von Geborgenheit, der einzige menschliche Kontakt, der den Kindersoldaten ein bisschen Wärme schenkte.

Die Lastwagen, die wir vom Arbeitsministerium gekapert hatten, standen aufgereiht vor uns. Unsere Anweisungen waren wie immer sehr kurz gehalten. Ich sehe mich noch dort stehen, mit der geschulterten Uzi, und der Hetzrede unseres Commanders Chihanda zuhören. Es war viel von der Größe und Ehre des Krieges die Rede. Gleich danach befahl man uns, einzusteigen. Das musste man ihnen lassen: Sie verstanden es, unseren Eifer zu wecken, uns anzustacheln. Wir waren völlig aufgekratzt und sangen und schrien, um die Kampfmoral aufrechtzuerhalten – oder aber, um die Angst zu betäuben und die Gedanken an das, was uns bald erwarten würde. Die beschwerliche Reise hatte begonnen, eine Reise, die, wie ich ahnte, viele von uns nicht überleben würden. Meine eigene Angst war unbeschreiblich groß. Verstohlen sah ich mich um. Vielleicht konnte ich ja mit jemandem Blickkontakt aufnehmen, dessen Augen keinerlei Furcht verrieten, aber ich fand niemanden. Stattdessen sah ich viele, die mühsam die Tränen zurückhielten.

Auf den Lastwagen war nicht gerade viel Platz, wie zusammengepferchtes Vieh standen wir nebeneinander. Die Luft im Wagen war genau so beklemmend wie unsere Gedanken. Den Oberbefehl hatte ein hoher Offizier namens Fred Rwigyema, zusammen mit Julius Chihanda. Rwigyema war groß und gut aussehend und ein begnadeter Anführer, der bei den meisten sehr beliebt war. Er feuerte uns nicht nur an, »für Größe und Ehre« zu sterben. Im Gegenteil, er vergaß nie, uns daran zu erinnern, wie wichtig es war, am Leben zu bleiben.

Wir fuhren immer weiter und hielten nur kurz, um einen Straßenposten zu entwaffnen. Der Polizist ergab sich, ohne dass ein einziger Schuss fiel. Eine kleine Unterbrechung der monotonen Fahrt, dann ging es weiter. Kurz nach Kamwenge fanden wir einen geeigneten Platz für ein Nachtlager. Von der örtlichen Bevölkerung kamen viele, um uns zu begrüßen, und gaben uns freundliche Worte mit auf den Weg. Doch damit nicht genug, viele Leute hatten uns Essen und Geschenke mitgebracht. Leider durften wir nichts davon annehmen. Wir schauten ihre Gaben nur an, während sie uns mit Gesängen und Zurufen feierten: »Wir lieben euch, ihr seid unsere Befreier!«

Höchste Zeit, wieder aufzubrechen. Warum die Pläne geändert worden waren, wussten wir nicht. Ursprünglich hätten wir einige Stunden früher aufbrechen sollen, um den Feind anzugreifen, während er noch schlief. Jetzt war es bereits helllichter Tag, die Sonne stand schon hoch am Himmel. Allmählich näherten wir uns den Kasernen des Simba-Lagers. Sie lagen auf einem Hügel, nicht weit von der Hauptstraße entfernt. Wir schnitten ein Loch in den Zaun. Sekunden später begann der Schusswechsel. Die meisten Feinde wurden getötet, das heißt, jene, die sich noch im Lager aufhielten. Der Sieg berauschte uns. Wir hatten gewonnen. Manche hatten bereits angefangen, sich Scheingefechte mit den toten Soldaten zu liefern. Das galt als eine gute Übung. Wir anderen begannen, unsere Verluste zu zählen.

Während einige noch über die toten Kameraden weinten, kam es mit einem Mal zu einem Überraschungsangriff von der anderen Seite des Hügels, und wir waren im Kreuzfeuer gefangen. Wir merkten, wie der Sieg unseren Händen entglitt. Jetzt ging es um Leben und Tod. Wir kämpften, um zu überleben, wohl wissend, wie schlecht es um uns stand. Alle rannten verzweifelt los, um Deckung zu suchen, ehe die nächste Salve abgefeuert wurde. Viele Kameraden wurden gleich beim ersten Mal in den Rücken getroffen, als sie um ihr Leben rannten. Unglaublich, dass unsere Kampfmoral ungebrochen blieb und wir weiterkämpften wie ein Mann.

Mukombozi hatte die Angewohnheit, aus der Hüfte heraus zu schießen. An jenem Tag sollte ihr diese Angewohnheit zum Verhängnis werden. Mukombozi wurde von einem Soldaten einer Panzerabwehr-Einheit getroffen. Als Narongo sah, was ihrer besten Freundin zugestoßen war, kletterte sie auf einen Baum und fing an, wie wild um sich zu schießen, Rwigyema bemühte sich vergeblich, sie nach unten zu befehlen. Sie weigerte sich, ihm zu gehorchen. Niemand sah sie fallen, aber nachdem wir uns zurückgezogen hatten, entdeckten wir, dass Narongo nicht mehr unter uns war.

Als uns klar wurde, dass die beiden Frauen getötet worden waren, wäre ich am liebsten weggelaufen, heim zum Haus meines Vaters, das nicht weit entfernt lag. Doch ich sollte meine Meinung schnell ändern. Wie würde er wohl reagieren, wenn er mich in Uniform und mit einem Gewehr über der Schulter sähe? Würde er schreien oder niederknien und um Gnade betteln? Diese Gedanken schossen mir durch den Kopf, ohne dass ich eine Antwort darauf wusste. Statt wegzulaufen, beschloss ich, bis zum bitteren Ende weiterzukämpfen. Ich hatte weniger zu verlieren, wenn ich hier weiterkämpfte, als wenn ich nach Hause zurückginge, glaubte ich.

Viele von uns waren vor Angst wie gelähmt, als wir den Hügel in Richtung Hauptstraße hinunterliefen. Wir sahen, wie das Blut unserer gefallenen Kameraden in Strömen floss und die Erde rot färbte. Doch wir konnten nichts weiter tun, als unsere Angst zusammen mit den Tränen und dem Schmerz hinunterzuschlucken. Einige Kameraden zogen weiter zu einem Ort, der Nyamitanga hieß, während wir anderen den Befehl erhielten, die Stellung zu halten und das Simba-Lager erneut einzunehmen.

Wir wussten da noch nicht, dass uns bei der Stadt Masaka eine weitere, wesentlich schrecklichere Front erwarten würde. In dem Dorf Biharwe stahlen wir ein paar Lastwagen. Ein Teil von uns sprang auf und fuhr auf die nächste unwirkliche Gefahr zu, bereit, den Tod ein weiteres Mal herauszufordern. Nur wenige waren in der Lage, zu singen und zu lachen. Die meisten hatten resigniert und dachten an den bevorstehenden Tod. Meine Gedanken wanderten zu meinem Heimatort, den ich ein weiteres Mal hinter mir gelassen hatte. Ich fragte mich, ob ich wohl jemals dorthin zurückkehren würde.

Als das Wort Tod in meinen Gedanken auftauchte, bekam ich es wirklich mit der Angst zu tun. Um sie zu ersticken, stand ich auf und versuchte, mich an irgendetwas festzuhalten, um in dem rumpelnden Lastwagen nicht umzufallen. Mir war schwindlig, und es wurde immer schlimmer. Aber dann begann ich, ein zehn Jahre altes kleines Mädchen, triumphierend draufloszusingen, so, als wäre ich ein stolzer Krieger. Bald sangen alle mit, und ich sah ringsum nur lächelnde Gesichter.

Wir fuhren immer weiter, bis wir ein kleines Handelsstädtchen erreichten, wo wir alle absteigen durften. Ein paar Minuten vergingen, ehe die Bevölkerung wagte, sich zu zeigen. Erst ganz langsam und vorsichtig. Dann in immer größerer Anzahl. Den Erwachsenen schenkten sie nicht viel Aufmerksamkeit. Aber uns Kinder wollten sie mit Essen und Geld regelrecht überhäufen.

Doch wie gesagt, wir durften nichts annehmen. Museveni verlangte, dass sich seine Soldaten nicht so aufführten wie die von Dr. Obote. Als mir eine Frau Geld anbot, konnte ich der Versuchung nicht widerstehen, hatte aber große Angst, es offen anzunehmen. Stattdessen bat ich sie, mir bis zu einer abgelegenen Ecke zu folgen. Die Versuchung war groß, weil ich da bereits eine unverbesserliche Kettenraucherin war. Und Zigaretten waren teuer. Das Geld versteckte ich und lief zu meinen Kameraden zurück.

Wenige Stunden später stießen wir auf dem Weg zum Simba-Lager mit einer Abteilung der Regierungstruppen zusammen. Sie wurden in die Knie gezwungen und mussten den Rückzug antreten, ohne dass wir irgendwelche Verluste zu beklagen gehabt hätten.

Die Schlacht bei Masaka

Ein oder zwei Tage später schlossen wir uns der mobilen Brigade an, die von Salim Salem angeführt wurde. Jetzt sollten wir Masaka angreifen. Auf uns wartete ein gefürchteter Feind, bis an die Zähne bewaffnet und bereit, die Stellung bis zum letzten Blutstropfen zu verteidigen. Schüsse fielen, und die Schlacht begann. Rasch gab es große Verluste auf beiden Seiten. Der Feind kämpfte, als würde er nicht weniger. Da ihre Kasernen oben auf einem Hügel lagen, hatten sie den besseren Überblick und eine bessere Schussposition. Sie brauchten nur einen nach dem anderen ins Visier zu nehmen. Ich war vom Pulverrauch wie benommen und konnte nicht sehen, ob ich getroffen hatte oder nicht. Das Einzige, was ich erkennen konnte, waren tote Körper – die von Feinden und von Freunden. Doch eines hatte ich mir geschworen: Niemals würde ich aufrecht kämpfen. Ich war inzwischen so erfahren, dass ich nicht länger glaubte, mich würde keine Kugel erreichen. Ich suchte Deckung. Schoss immer aus liegender Position. Und wenn ein Feind fiel, versuchte ich mich stets davon zu überzeugen, dass er durch meine Kugel gefallen war. Der Kampf zog sich hin und dauerte länger als erwartet, obwohl das gefürchtete Fünfte Bataillon an der Seite von uns Kindersoldaten kämpfte. Schließlich wurde der Kugelhagel so schlimm, dass wir den Rückzug antreten mussten.

Wenige Stunden später erhielten wir an der Sammelstelle einen neuen Befehl, diesmal von Salim Salem. Er sagte, es gäbe nur eine Möglichkeit: so lange weiterzumachen, bis wir die Stellung erobert hätten. Wir sollten erneut angreifen. Diesmal könnten wir uns nicht leisten zu verlieren. In nur wenigen Tagen würde der Feind die Vorherrschaft verlieren, versprach er uns. Zu Lande sei die NRA bereits die Streitkraft, die die meisten Kasernen, Stellungen und Schlüsselpositionen eingenommen habe.

In jener Zeit wollten sich uns immer öfter Regierungssoldaten anschließen. Doch jetzt befand sich nur eine kleine heldenhafte Gruppe auf unserer Seite.

Die NRA hatte sich vorgenommen, den Weg über die Katongabrücke abzuschneiden. Meine Gruppe sollte sich dem Fünften und dem Ersten Bataillon anschließen. Als ich das hörte, hob sich meine Laune, denn ich erwartete, einige meiner Freunde wiederzutreffen.

Wir kamen zum Fünften Bataillon, aber meine Erwartungen wurden enttäuscht. Ich konnte keinen meiner Freunde entdecken. Sie waren alle weg. Dennoch hoffte ich jene wiederzutreffen, die jetzt als Kashakas Leibwache dienten. Kashaka, so wurde uns berichtet, hatte sich entschlossen, die Einheit zu verlassen, um den Tod seines Vaters zu rächen. Das war seine persönliche Entscheidung, die von allen respektiert wurde. Das

Fünfte Bataillon bekam einen neuen Anführer, und der hieß Ahmad Kashillingi. Museveni hatte ihn ernannt. Kashillingi gehörte zum Munyankole-Stamm und hatte einst unter Idi Amin gedient. Er war ein durchtrainierter Kampfsoldat und außerdem ein erfahrener Verwaltungsmann. Er war so groß, dass er einer Giraffe in die Augen schauen konnte. Sein Bart hatte ihm den Spitznamen »Kalevu« eingetragen, was Ziegenbart bedeutet. Darüber hinaus war er für seine Gewitztheit bekannt. Jedermann kannte die Geschichte, wie es ihm geglückt war, aus Luzira, dem berüchtigsten Gefängnis Ugandas, auszubrechen. Er war dort eingesperrt gewesen, nachdem die Regierung Idi Amins durch Museveni und Dr. Obote gestürzt worden war. Kashillingi wurde von den meisten Offizieren gleichermaßen respektiert wie gefürchtet, sie hatten ihm den Titel »Commando« gegeben.

Das Fünfte Bataillon war deshalb so berühmt, weil dort die tüchtigsten und mutigsten Kampfsoldaten dienten. Die Namen, an die ich mich noch erinnere, lauten Moses Drago, M. Kanabi und Julius Bruce. Diese jungen Burschen gehörten zum Stamm der Baganda. Ihr Zusammenhalt war so stark, dass nur der Tod sie trennen konnte. Mich interessierte vor allem Moses Drago. Schon damals. Im Übrigen war er der jüngste Offizier der Streitkräfte. Kurz nachdem ich dem Fünften Bataillon zugeordnet worden war, marschierte ich an seiner Seite.

Das Fünfte Bataillon war auf den Kampf vorbereitet worden, denn wir sollten bald ausrücken und die Katongabrücke einnehmen, eine kleine, aber schwer bewachte Brücke. Sie lag nur ein paar Kilometer außerhalb der Hauptstadt Kampala. Beim Appell erfuhren wir, das Kriegsglück der mobilen Brigade sei so groß gewesen, dass wir erwarten könnten, bald die Hauptstadt einzunehmen. Nachdem ich zwei entscheidende Schlachten überlebt hatte, wusste ich, dass die Chance, diese Stadt kennen zu lernen, groß war. Davon hatten die meisten Kinder nur zu träumen gewagt – und für viele war es bereits zu spät.

Ehe wir nach Katonga aufbrachen, hatten wir Glück und bekamen eine ganze Menge nagelneuer Autos. Ich hatte schon früher erlebt, wie sich die Offiziere um Jeeps von Mercedes-Benz drängten, obwohl sie kaum wussten, wie man sie anließ. Mir war das alles ein Rätsel. Wenn die NRA überhaupt irgendeinen höheren Zweck erfüllte, standen wir dann auf der Seite der Guten oder der Bösen? War das, was ich hier sah, wirklich das, wofür wir kämpften? Diese Frage stellte ich mir ganz besonders dann, wenn ich beobachtete, wie hoch dekorierte Offiziere mit Frauen flirteten, die ganz wild waren auf diese neuen Freiheitskämpfer. Die Soldaten hatten sich seit Tagen nicht gewaschen, aber das schien die Damen nicht weiter abzuschrecken.

Fronturlaub

Bis jetzt habe ich viel von Krieg und Zerstörung erzählt, aber zwischendurch passierten auch verrückte Sachen – Soldatengeschichten eben. Kindersoldaten sind da keine Ausnahme. Die lustigen Episoden, von denen ich berichten will, trugen sich während unseres Aufenthalts in der kleinen Stadt Lukaya zu. Wir blieben nur kurz dort, genossen es aber, den Krieg für eine Weile vergessen zu dürfen. Wenn Soldaten Urlaub haben, geht es hart her. Auch in diesem Punkt waren wir keine Ausnahme.

Während wir im Schatten unter den Bäumen saßen, beobachteten meine Kameraden und ich das Treiben. Plötzlich kamen drei dicke erwachsene Frauen auf uns zu, um uns in eine Bar einzuladen. Mich hielten sie ebenfalls für einen Jungen. Ich genoss es, als männliches Wesen angesehen zu werden, und deshalb bat ich meine Kameraden, mich nicht zu verraten. Lachend willigten sie ein. In der Bar tranken wir alles, was man uns vorsetzte. Für uns war es das erste Mal, dass wir Alkohol probierten. Alle in der Bar genossen unsere Gesellschaft, und wir hatten viel zu lachen, weil sie sich gegenseitig darin überboten, uns etwas zu trinken anzubieten. Uns war es völlig gleichgültig, ob wir betrunken wurden oder nicht, denn unsere Anführer waren viel zu beschäftigt, als dass sie uns kontrolliert hätten.

Als wir ziemlich betrunken waren, fingen die Frauen an, uns zu betatschen. Sobald »meine Frau« der Wahrheit zu nahe zu kommen drohte, entfernte ich ihre Hand. Sie lachte über mich und verkündete lauthals, ich hätte wohl ein wenig Angst vor Frauen. Meine Kameraden brüllten vor Lachen, aber mir fiel auf, dass ihnen die Situation selbst auch immer unangenehmer wurde. Ich wollte wissen, was diese merkwürdigen Wesen vorhatten und wappnete mich mit Geduld.

Die Frauen waren inzwischen ziemlich heiß auf uns und wurden immer aufdringlicher. Sie wollten gar nicht aufhören, uns zwischen die Beine zu fassen. Als sie uns dann zu sehr auf die Pelle rückten, wurden wir wütend. Wir standen auf, richteten unsere Pistolen auf die schockierten Frauen und zwangen sie, die Hände zu heben. Im selben Moment betrat ein Soldat die Bar. Ich konnte gerade noch sehen, wie er den Mund aufriss und wieder schloss, ehe er auf dem Absatz kehrtmachte und aus der Bar stürzte. Einen Augenblick später kehrte er mit einem betrunkenen Offizier zurück. Wir konnten gar nicht aufhören zu lachen, als wir sahen, wie er hin und her schwankte und uns aufforderte, diese lächerlichen Zivilisten in Ruhe zu lassen. Auf dem Weg nach draußen fragte er, wie wir in diese Situation geraten seien. Wir sagten ihm, die Frauen hätten uns vergewaltigen wollen. Diese Erklärung nahm er für bare Münze. Er hatte Verständnis für unseren Griff zur Waffe, denn für ein Kind ist die Waffe der einzige Rückhalt, das Einzige, was ihm etwas Selbstvertrauen gibt.

Urplötzlich setzte er sich mitten auf die Straße und grölte vor Lachen, wobei er auf mich zeigte und fragte: »Wollten sie China auch vergewaltigen?«

Als er aufgehört hatte, sich vor Lachen im Staub zu wälzen, zogen wir in eine andere Bar. Das gleiche Bild. Jede Menge Frauen, die wie wild hinter uns her waren. Der Offizier hatte beinahe genauso viel Vergnügen daran wie wir. Er erzählte gern davon, wie sehr wir die Frauen erschreckt hätten.

In der nächsten Bar hatte meine neue Frau es sehr eilig, mir zu erzählen, wie lieb und süß ich wäre und dass sie mein Lächeln total verrückt mache. Der Offizier, der mitgekommen war und zuhörte, sagte ihr, ich sei nicht ganz das, was sie erwarte. Was daraufhin passierte, geschah in derselben Geschwindigkeit und mit derselben Intensität, wie wenn uns ein Feind angriff. Sie fuhr herum und musterte mich eindringlich. Mit ihren weißen Zähnen sah sie aus wie ein wütender Löwe. Als sie fauchte, hüpften ihre riesigen Brüste auf und ab. Wollte ich nicht von ihrem Gewicht erdrückt werden, dann musste ich das Weite suchen. Ich hörte nur, wie sie hinter meinem Rücken einen gellenden Schrei ausstieß, der beinahe die Gläser zerspringen ließ. Da rannte ich so schnell ich konnte davon. Als diese schreiende Furie einsah, dass ihre Beute schneller war als sie, änderte sie die Richtung und lief die Straße hinunter, eine ganz besonders ausgelassene Bar hinter sich lassend.

Wieder am Tisch, lachten alle und feierten mich, aber ich fand das plötzlich gar nicht mehr so komisch. Die Episode ließ mich an eine andere Frau denken, an meine Mutter. Ob sie wohl auch so etwas tat wie diese Frau? Wut wallte in mir auf. Plötzlich bekam ich eine unbändige Lust, meine Waffe zu ziehen und ihnen allen das Maul zu stopfen. Stattdessen verließ ich die Bar und setzte mich unter einen Baum, von wo aus ich das Nachtleben aus gehörigem Abstand betrachten konnte. Alle schienen einen Partner gefunden zu haben. Mich hatte die Einsamkeit erwählt.

Kanonenfutter

Der muntere Urlaub endete mit einem Morgenappell, bei dem wir daran erinnert wurden, dass wir in Kürze ausrücken würden. Anschließend schlenderte ich mit ein paar Kameraden ein bisschen umher. Wir erinnerten uns an die Kämpfe, an denen wir teilgenommen hatten. Auf diese Weise versuchten wir, die Angst zu verdrängen, und machten uns gegenseitig Mut. Wir versicherten einander, dass keine Schlacht so blutig sein könne wie die letzte. Wir erinnerten uns daran, dass wir überlebt hatten und diese letzten kleinen Kämpfe, die Schlacht am Katonga, sicher auch noch überleben würden.

Dann kam die Anordnung. Entweder es war Museveni, der den Befehl erteilte, oder Salim Salem. Der Senior Officer und Commander-in-Chief des Fünften Bataillons, Ahmad Kashillingi, hatte den Befehl erhalten, den Katonga zu überqueren und den internationalen Flughafen von Entebbe einzunehmen. Wir erhielten unsere Anweisungen und wurden aufgefordert, uns für die morgige Schlacht bereitzuhalten.

Als eine der Ersten stand ich parat, die Uzi über die Schulter gehängt. Mit einer Mischung aus Vorfreude und Angst betrachtete ich das Aufgehen der Sonne. Doch die Idylle wurde durch einen anderen Anblick gestört. Die meisten Kindersoldaten waren abmarschbereit. In der Zwischenzeit liefen die Fahrer hin und her, um sich auf die einzelnen Wagen zu verteilen. An ihren blutunterlaufenen Augen konnte ich sehen, dass sie alle heftig getrunken hatten. Kurz bevor es losging, wankte noch eine Schar heran – ein mehr als trauriger Anblick. Die Offiziere waren anscheinend gerade erst aufgestanden, auch unser Bataillonschef. Sie waren sternhagelvoll. Muslime und Nicht-Muslime. Alle miteinander. Wir zogen in Richtung Katonga, konnten aber nicht angreifen, sondern mussten warten, bis sich der Alkoholnebel wieder verzogen hatte. Wir erhielten den Befehl, uns einzugraben, und so legten wir los und hoben Schützengräben für uns aus. Pro Mensch ein Loch. Beim Graben dachte ich an die großen Töne, die wir vorher gespuckt hatten. Da schwor ich mir, mich nie wieder zu einer Situation zu äußern, ehe ich mittendrin steckte.

Der nur mühsam schiffbare Fluss und die Brücke bildeten eine unüberwindliche Barriere, die uns vom Feind trennte. Nur ein Narr würde versuchen, diese Barriere unter schwerem Beschuss zu überqueren. Doch genau das war der Plan. Wir sollten sie überwinden, wir Kindersoldaten an vorderster Front. Hinter der Brücke hatte man schwere Artillerie aufgefahren, bereit, uns über den Haufen zu schießen.

Im Laufe des Tages begann der Schusswechsel. Beide Seiten beschossen sich, aber keiner traute sich, die Initiative zu ergreifen und die schmale Brücke zu überqueren – das wäre der reinste Selbstmord gewesen. Vier Monate lang ging es weder vor noch zurück. Dann erhielt Kashillingi den Befehl, die Brücke zu nehmen, und zwar innerhalb kürzester Zeit.

Zunächst weigerte ich mich zu glauben, dass dieser Befehl wirklich erteilt worden war. Aber ich hatte mich nicht verhört. Nur Museveni oder sein Bruder waren befugt, solch einen Befehl zu erteilen. Und beide wussten ganz genau, in was für eine Hölle sie uns da schickten. Wir hatten dem massiven Waffenarsenal der anderen so gut wie nichts entgegenzusetzen. Anscheinend sollten wir als Kanonenfutter auf dem Schlachtfeld verheizt werden. Ich fragte mich, ob Museveni seine Versprechen wohl einhalten würde – das, was er uns ursprünglich einmal in Aussicht gestellt hatte, als er nichts weiter war als ein hoffnungsvoller Aufrührer mit einem großen Traum.

Die Schlacht um die Brücke begann. Wir versuchten, die feindlichen Linien zu durchbrechen. Die Menschen um mich her fielen wie die Fliegen. Dennoch brüllte unser Commander pausenlos: »Vorwärts!« Und vorwärts ging es – hinein in den Kugelhagel und die explodierenden Mörser-Granaten. Plötzlich sah ich einen meiner Freunde fallen; wir nannten ihn »Strike Commando«. Er schrie und flehte um Hilfe, aber keiner von uns konnte es sich leisten, stehen zu bleiben.

Es gelang uns tatsächlich, den Feind zurückzudrängen. Aber wie viele Leben hatte uns das gekostet? Anschließend ging ich zwischen den Verwundeten umher und suchte nach meinem Freund. Vergeblich. Als ich zu der Stelle ging, wo die Gefallenen lagen, wurde ich von wütenden Kameraden abgelenkt, die hasserfüllt bei den getöteten Feinden standen und ihre Leichen mit Fußtritten und Faustschlägen malträtierten.

Obwohl mir klar war, dass meine Kameraden ebenso tot waren wie die Feinde, konnte ich nicht weinen. Die Angst vor dem völligen Zusammenbruch hielt mich davon ab zu weinen. So weit war es schon mit mir. Aber vollkommen verhärtet wurde ich nie. Zu sehen, wie die meisten Kinder Freude am Töten und Foltern entwickelten, hatte etwas Unwirkliches. Das konnte ich nie nachvollziehen. Nachdem sie eine besonders brutale Exekution vollzogen hatten, standen sie anschließend zusammen und schwatzten, als sei nichts gewesen. Untereinander wetteiferten sie um coole Spitznamen wie Chuck Norris, Rambo oder Suicide. Das machte mir lange Zeit zu schaffen. Ich ärgerte mich, dass ich stets noch Mitleid mit den anderen hatte. Sogar mit dem Feind. Aber auch das hörte eines Tages auf, und zwar, als ich beide Hände brauchte, um meine gefallenen Freunde zu zählen. Bei der Brücke von

Katonga musste ich mich entscheiden, ob ich ein gebrochener, aber zur Empfindung fähiger Mensch sein wollte oder ein Vollblutkrieger. Ist es einem Kind überhaupt möglich, eine solche Wahl zu treffen?

Bald trug jedes Kind mehr als drei Magazine, die an der AK-47 befestigt waren, viele hatten sogar bis zu sechs Magazine dabei. Wahrscheinlich dachten wir, die vielen Magazine würden unsere Anführer beeindrucken. Dass wir damit unsere Schultern ruinierten, störte uns nicht. Und unsere Anführer sahen einfach nur tatenlos zu. Die schweren Gewehre waren eine Art Mutterersatz für uns geworden. Eher würden wir unser Leben verlieren als unser Gewehr. Mein Gewehr und ich waren unzertrennlich, ohne fühlte ich mich völlig wehrlos. Man mag sich fragen, ob die Anführer denn nicht merkten, was mit uns los war. Wahrscheinlich merkten sie es sehr wohl. Doch sie überließen es lieber Museveni, dem einen Riegel vorzuschieben.

Immerhin waren die Kindersoldaten seine Erfindung. Aber Museveni reckte nur seinen magischen Stab gen Himmel und rief: »Kämpft!« Und die Kindersoldaten machten weiter. Weiter, immer weiter, auf zur nächsten Schlacht. »Zeig uns, was du kannst!«

Kampala fällt

Kaum war die blutige Schlacht vorbei, wurden wir wieder die Hauptstraße entlanggetrieben, hin zu weiterem Blutvergießen. Überall floss Blut. Überall lagen die Leichen unserer Feinde. Wir sahen Hunde, die dabei waren, sie zu fressen. Ich konnte hinsehen, ohne auch nur das Geringste zu empfinden. Ich dachte an meinen Freund, den sie gerade getötet hatten. Als wir beschlossen, eine Abkürzung nach Entebbe zu nehmen, wurden wir von einem »Kanonenboot« beschossen. Unsere Ausrüstung war jetzt besser, und wir antworteten mit 37-Kaliber-Artillerie. Rasch wurde der Feind zum Rückzug gezwungen und floh in Richtung Viktoriasee und Weißer Nil.

Die Kämpfe nahmen kein Ende. Als sie uns erzählten, Kampala läge nur noch wenige Meilen entfernt, schöpften wir neue Hoffnung. Die Zukunft, die man uns versprochen hatte, schien zum Greifen nah. Wir hielten uns in der Nähe der Straße Entebbe-Kampala auf und schnitten den Regierungstruppen so den Weg nach Entebbe ab. Es dauerte nicht lange, da standen wir dem Feind wieder von Angesicht zu Angesicht gegenüber, einem verzweifelten Feind, der bis an die Zähne bewaffnet und somit hochgefährlich war. Alle Soldaten waren bereit, ihr Leben zu geben. Kashillingi bat um Verstärkung, aber niemand kam uns zu Hilfe. Trotz unserer späteren Meinungsverschiedenheiten bin ich Afande Kashillingi sehr dankbar für seine damaligen Worte: »Ich will hier keinen von euch sterben sehen. Kämpft und verteidigt euch selbst.« Dass einige von uns überhaupt so lange überlebt hatten, grenzte an ein kleines Wunder. Die NRA hatte viele hervorragende hohe Offiziere verloren und würde in der Zukunft noch weit mehr verlieren.

Einige Wochen später durchbrachen wir die letzten Verteidigungslinien des Feindes. In unseren Gesichtern spiegelten sich Stolz und Ehrfurcht. Die Straße nach Kampala war mit den Hinterlassenschaften des Feindes übersät. Ich war verblüfft, dass alle daran vorbeizogen, ohne etwas aufzuheben. Vielleicht, weil alle fühlten, dass Kampala jetzt uns gehörte und ein Leben, eine Zukunft ohne Waffen vor uns lag. Ich weiß noch, dass ich beim Marschieren vor mich hin lächelte, als ich mir ein »Zuhause« und »ein Leben mit Aussicht auf eine Ausbildung« vorstellte, alles Versprechen, die Y. K. Museveni uns Kindern gegeben hatte.

Heute denke ich an das schreckliche Schicksal, das die Regierungssoldaten ereilte. Die Bürger der Stadt müssen so lange auf sie eingeprügelt haben, bis jeder Einzelne mindestens dreimal getötet worden war. Anschließend warf man sie den Hunden zum Fraß vor. Es herrschte absolutes Chaos. Straßen wurden in Brand gesteckt und hallten von den Schreien der Feinde wider, die mit einem angezündeten Autoreifen um den Hals bei lebendigem Leib verbrannten. Selbst wenn wir gewollt hätten, wir hätten nichts dagegen tun können. Deshalb schlossen wir die Augen und taten so, als sei alles in Ordnung.

Als wir das Zentrum erreichten, war es nicht wiederzuerkennen. Kampala war uns als das Paradies auf Erden geschildert worden. Wo waren all die Herrlichkeiten, die man mir beschrieben hatte? Doch für Enttäuschung blieb keine Zeit, denn Tausende von Menschen hießen uns willkommen. Manche weinten, gingen auf die Knie, um uns Kindern zu danken. Doch auch andere hatten ihren Anteil an der Freude und dem Ruhm: Zum ersten Mal sah man auf ugandischem Boden bewaffnete Frauen, und sie trugen ihre Waffen ebenso stolz wie die Männer. Viele Soldaten, insbesondere die Kindersoldaten, sahen aus, als hätten sie den Krieg vollständig vergessen. In ihren Gesichtern spiegelte sich die Hoffnung auf ein neues Leben.

Ich war außerstande, mich zu entspannen, weil ich schon ahnte, dass etwas ganz anderes folgen würde. Ich hatte meine Lektion gelernt und fühlte mich nie sicher, ehe ich nicht das nächste Tal sehen konnte oder das, was hinter der nächsten Ecke lag.

Kriegsmüde

Als es hieß, das Fünfte Bataillon solle den Feind weiter nach Norden drängen, waren viele zutiefst enttäuscht. War ich enttäuscht oder erleichtert, als Kashillingi das Kommando an den mittlerweile verstorbenen Julius Ayine übergab? Ich weiß es nicht. Ayine gehörte wie Museveni zum Hima-Stamm und war ein guter Anführer. Er war dafür bekannt, dass er seinen Leuten bei den Offensiven Deckung gab. Der Hima-Stamm hatte seine Wurzeln in Ruanda und war in Uganda weniger verbreitet.

Kashillingi war Muslim, einer der Mitbegründer der NRA und als stolzer und ehrliebender Mann bekannt. Ein knallharter Typ mit dem Herz eines Löwen. Aus irgendeinem Grund vergötterten die Baganda Kashillingi, und alle seine Leibwächter gehörten zu diesem Stamm. Nachdem Kampala eingenommen war, hatte sich die Front ziemlich weit nach Norden verschoben. Dr. Obote, der dem Lango-Stamm angehörte, kam aus dem Norden und genoss dort große Unterstützung. Die Straßen nach Norden waren in so schlechtem Zustand, dass wir uns kaum vorstellen konnten, dass der ehemalige Präsident seine Familie jemals besucht hatte. Doch egal, in welchem Zustand die Straße war, sie war diejenige, die uns zu einem weiteren Schlachtfeld brachte.

An der Kafu-Brücke stießen wir auf unerwartet heftigen Widerstand. Ich war vollkommen fertig mit den Nerven. Ich zitterte am ganzen Körper, weil ich befürchtete, aus einer weiteren Offensive nicht mehr lebend herauszukommen. Die schrecklichen Bilder der Schlacht von Katonga verfolgten mich bis in den Schlaf. Doch innerhalb weniger Tage gelang es uns, den Widerstand an der Kafu-Brücke zu brechen. Wir fuhren weiter bis zur Brücke bei Karuma. Uns Kindern war ein neues Leben versprochen worden, hätten wir die Regierung in Kampala erst einmal gestürzt. Doch bislang hatte ich noch nicht erlebt, dass irgendjemand zur Erholung geschickt worden war, zur Schule ging oder einfach nur abgelöst wurde. Stattdessen wurden wir von einem Camp zum anderen transportiert.

Bei Karuma bot sich mir zum ersten Mal seit langem ein schöner Anblick. Ich sah eine malerische Brücke, die der Krieg noch nicht zerstört hatte. Alles war von dichtem idyllischem Grün umgeben, das über die Ufer hing und die schäumenden Wassermassen, die an die Brückenpfeiler schlugen, beinahe zu überwuchern schien. Ich hatte genug vom Krieg, von all dem Blutvergießen. Wenn ich tatsächlich ein anderes Leben führen wollte, dann musste ich selbst dafür sorgen. In diesem Moment beschloss ich zu fliehen. Und entschied mich ein weiteres Mal für das Leben.

Um nicht ins Feld geschickt zu werden, musste ich irgendwie krank werden. Ich schnorrte eine Zigarette, aß sie, rannte zu meinem Sergeant und übergab mich direkt vor seinen Füßen. Da musste er ebenfalls brechen. Ich konnte ein Lächeln kaum unterdrücken. Als wir beide fertig waren, sagte ich ihm, meine Malaria sei wieder ausgebrochen. Leider maß er meine Temperatur – und danach seine. Als er keinen Unterschied feststellen konnte, beschuldigte er mich zu lügen. »Hast du etwa damit gerechnet, ins Hauptquartier zurückgeschickt zu werden? Das kannst du vergessen!« Aber ich hatte nicht vor, so leicht aufzugeben. Bald darauf suchte ich einen meiner Freunde auf, der sehr gut schummeln konnte, und nahm ihn beiseite. Er redete mir ein, dass man das Fieber dadurch heraufbeschwören könne, dass man seinen eigenen Urin trank. Eine todsichere Methode! Der macht sich bloß lustig über mich, dachte ich und versuchte, in seinem Gesicht zu lesen. Doch er verzog keine Miene. Inzwischen war ich so verzweifelt, dass ich es auf einen Versuch ankommen lassen wollte. Ich ging mit einer Tasse in den Busch. Sie zu füllen war nicht das Problem. Jetzt kam der schwierigere Teil. Gleich bei den ersten Tropfen übergab ich mich. Betrug! Er hatte mich zum Narren gehalten! Wütend ging ich auf den elenden Schwindler los, bereit, ihn in Stücke zu reißen. Beißend und kratzend warf ich mich auf ihn, zum großen Vergnügen des johlenden Publikums. Schließlich griff ein älterer Kamerad ein und trennte uns. Nun beging ich meinen zweiten Fehler und erzählte laut heulend, wozu er mich überredet hatte. Alle brüllten vor Lachen. Ich wurde rot und lief weg, um mich allein zu schämen. In diesem Moment kam der Schwindler auf mich zu und fragte, ob wir nicht wieder Freunde sein könnten. Ich sah zu Boden und überlegte, ob ich ihm vergeben sollte oder nicht. Aber er entschuldigte sich vielmals und umarmte mich, während er beteuerte, er habe es doch nicht böse gemeint. Wer konnte da widerstehen?

Am nächsten Morgen hörte ich, dass einer der Lastwagen nach Kampala fahren sollte. Ich ergriff die Gelegenheit beim Schopf und vertraute mich dem Fahrer an. Zum Glück willigte der Mann ein, mir zu helfen. Am nächsten Morgen wartete ich auf ihn, ein gutes Stück vom Basiscamp entfernt. Als ich auf den Laster sprang, fühlte ich mich wie im Himmel. Zum ersten Mal, seit ich der NRA angehörte, fühlte ich mich geborgen. Doch auch im Himmel bleibt man von Alpträumen nicht verschont. Ich muss im Schlaf geschrien haben, daraufhin hatte jemand sanft meinen Kopf berührt. Mit dem Gepäck auf dem Rücken sprang ich vom Lastwagen und fand mich allein auf der Straße wieder, ohne zu wissen, wer mich angefasst hatte.

Der Liebling aller Frauen

Als ich in die Nähe von Kampala kam, wanderte ich aufs Geratewohl drauflos. Mutterseelenallein ging ich durch die Straßen und schwitzte. Im Schatten einer Mauer ruhte ich mich etwas aus. Die hohen Mauern sollten unerwünschte Eindringlinge abhalten.

In mir weckten sie nur die Sehnsucht nach einem Zuhause. Während ich so auf dem Bürgersteig saß, hupte ein Auto und hielt direkt vor mir. Etwas verwundert stand ich auf und ging langsam weiter. Hinter dem Steuer saß eine Muganda-Frau mittleren Alters und schaute mich an. Fragend deutete ich auf mich, und als sie nickte, lief ich rasch zum Auto. Im Auto saß ich hinter den schützenden Scheiben und sah auf die ausgebombten Straßen, die vorbeizogen, erst dann schaute ich mir die Frau näher an. Sie bot keinen schönen Anblick, hatte ein verschwitztes Gesicht und einen dicken Bauch. Die Hitze machte ihr ziemlich zu schaffen.

Ohne weitere Vorwarnung rief sie, sie liebe mich, und ich zuckte zusammen. Ich könne gern in ihrem Haus wohnen, sagte sie nach der Liebeserklärung. »Die Frau muss verrückt sein«, fuhr es mir durch den Kopf. Aber ich brauchte ja tatsächlich eine Bleibe. Warum nicht, dachte ich, und nahm ihr Angebot dankend an, ohne weiter darüber nachzudenken.

Bei ihr zu Hause musste ich auf einem Sofa Platz nehmen, von dem aus ich alle ihre Möbel und ihren Nippes bewunderte. In meinen Augen hätte das alles einem Präsidenten gehören können. Nachdem sie sich umgezogen hatte, kam sie zurück und fragte, ob ich sie zum Einkaufen in die Stadt begleiten wolle. Das ließ ich mir nicht zweimal sagen und schnappte mir mein Gepäck. Darin befand sich auch meine geladene Uzi, aber das brauchte sie ja nicht zu wissen. Wie sich herausstellte, war sie eine Geschäftsfrau und besaß ein mittelgroßes Bekleidungsgeschäft, in dem zwei bildschöne Mädchen als Verkäuferinnen arbeiteten. In kürzester Zeit legten sie mir einen Berg Sachen vor die Umkleidekabine. Dort stand ich und betrachtete mein Spiegelbild. Meine neuen Sachen. Jedes Mal, wenn ich herauskam, um die neuen Ensembles vorzuführen, nickten die Verkäuferinnen beim Anblick des hübschen jungen Burschen anerkennend.

Nun muss ich einschieben, dass ich mich nach all dem Kriegführen wie ein richtiger Junge fühlte. Mein Leben lang hatte man mir eingebleut, dass Jungens besser sind als Mädchen. Deshalb schmeichelte es mir, dass sie mich alle für einen Jungen hielten.

Wieder zu Hause bei der Frau, meinte sie, wir sollten uns bei ein paar Bieren und schöner Musik etwas entspannen. Ihre beiden Dienstmädchen würden inzwischen das Essen zubereiten. Ich ahnte schon, worauf sie hinauswollte, und musste mir dringend eine Ausrede einfallen lassen, mit der ich sie auf Abstand halten konnte. Meine Erfahrung mit den schreienden Frauen in Lukaya und das ewige Geprahle meiner Kameraden halfen mir dabei. Aber ich musste den richtigen Moment abpassen, um ihr meine Lüge aufzutischen. Als sie schon beinahe auf mir lag, war es höchste Zeit für ein Ausweichmanöver.

»Vor ein paar Tagen hat man mich in die Stadt geschickt, direkt von der Front, weißt du, damit ich mich behandeln lasse. Ich habe da so Probleme mit meiner Banane. Die Ärzte im Krankenhaus sagen, ich müsste beschnitten werden, um das Problem zu lösen.«

Wir hatten schon ziemlich viel Bier getrunken, bis das Essen aufgetragen wurde, und mir war ein bisschen schwindlig. Wir redeten nicht viel beim Essen, aber als ich fertig war, konnte ich sehen, dass sie auf mich sauer war. Sie wollte partout mit mir schlafen, auch als ich sie daran erinnerte, dass ich dazu gar nicht in der Lage wäre. Sie ließ nicht locker. Während wir hin und her diskutierten, gelang es mir, mich meinem Gepäck zu nähern und die Waffe zu ziehen.

Die Hausmädchen schrien laut auf.

»Haltet die Klappe«, brüllte ich. Die Dicke gaffte, setzte sich aber in Bewegung, als ich ihr befahl, Geld herauszurücken.

Panisch rannte sie zu einem Möbelstück und zog eine Schublade auf, der sie einige Geldscheine entnahm. Jetzt hielt ich das Geld in der Hand und wusste nicht mehr weiter. Ich richtete weiterhin die Waffe auf sie, bis mir einfiel, dass ich doch einfach zur Tür hinausspazieren konnte.

»Ich halte hier bis morgen früh Wache, und wenn ihr Ärger macht, dann bekommt ihr es mit der hier zu tun!«, schrie ich und drohte demonstrativ mit der Waffe. Zitternd vor Angst öffnete ich die Tür und ging hinaus. Hier blieb ich eine Weile stehen und hustete ein paar Mal, um ihnen zu zeigen, dass ich immer noch da war. Dann kletterte ich über das Tor und ging in die Stadt, bereit, mir den Weg freizuschießen, falls mich jemand bedrohen sollte. Die Umstellung vom Soldatsein zum Leben als Zivilist war alles andere als leicht.

Kurze Zeit später begegnete ich ein paar Leuten, die ich nach der Bushaltestelle fragte. Doch ich verstand ihre Erklärungen nicht. Und so bat ich sie, mich zu begleiten. Um meinen Wunsch zu unterstreichen, warf ich das Gewehr nonchalant über die Schulter. Artig begleiteten sie mich zur Haltestelle, wo ich in einen alten ramponierten Hi Ace einstieg, der bis zum Bersten mit Passagieren gefüllt war.

Mordgelüste

Direkt vor Mbarara musste das Taxi an einer Straßensperre halten. Julius Bruce hatte das Kommando. Er erkannte mich und wollte wissen, wo ich denn hin wolle. Ich tat so, als wüsste ich es nicht. Daraufhin forderte er mich auf auszusteigen, und das Taxi fuhr ohne mich weiter. Bruce lud mich auf einen Drink in eine Bar ein, die ganz in der Nähe lag, und ich nahm die Einladung lächelnd an. Draußen auf der Toilette zählte ich das Geld und merkte, dass es reichen würde, um zu der Frau zu fahren, die ich einst als Mutter verleugnet hatte. Bruce und ich blieben den ganzen Abend in der Bar sitzen, wir aßen und tranken und sprachen vom Krieg und den gefallenen Kameraden. Später gingen wir zur Kaserne, wo mir ein Schlafplatz zugeteilt wurde.

Aber ich konnte nicht einschlafen. Wieder einmal war ich ganz in der Nähe meines Vaters. Meine Gedanken kreisten um ihn und um meinen Plan, mich für das Unrecht, das er mir angetan hatte, zu rächen. Im Krieg hatte ich mehr als genug Zeit gehabt, Rachepläne zu schmieden. Ich konnte es kaum erwarten, etwas zu tun. Morgen war es so weit.

Mit geschultertem Gewehr ging ich zu meiner alten Schule und schaute zum Haus meines Vaters hinüber, das noch immer dort oben auf dem Hügel lag. Von hier aus betrachtet, sah es klein und unbedeutend aus. Ich hatte Bauchschmerzen und knirschte vor Frust mit den Zähnen. Ich war völlig hin und her gerissen. Immer wenn ich an meine Stiefmutter oder meinen Vater dachte, zuckte mein Finger am Abzug. Die Stunde der Wahrheit war gekommen. Jetzt wollte ich ein letztes Mal den Hügel hinaufgehen und sie beide erschießen. Doch als ich loslaufen wollte, wollten mir meine Beine nicht gehorchen. Stocksteif blieb ich stehen und weinte. So verging mehr als eine Stunde, ehe ich mich wieder so weit gefasst hatte, dass ich in die Kaserne zurückgehen konnte.

Bruce kam mir bereits entgegen, er hatte nach mir gesucht. Kochend vor Wut erzählte ich ihm, was ich vorgehabt hatte und wie nahe ich daran gewesen war, meinen Plan auszuführen. Jedes Wort, das aus meinem Mund kam, traf mein Herz wie ein gewaltiger Fausthieb. Bruce blieb neben mir ruhig stehen und hörte mir zu. Als ich endlich schwieg, legte er mir den Arm um die Schultern. Gemeinsam gingen wir zu einem Felsen und setzten uns. Jetzt war er an der Reihe.

»Ich habe auch einen bösen Vater, aber das heißt nicht, dass ich ihn töten will.«

»Warum nicht?«, unterbrach ich ihn.

»Dann wäre ich doch keinen Deut besser als er. Und wenn es etwas gibt, was ich absolut nicht will, dann so zu sein wie mein Vater.«

Ich hing an seinen Lippen, lauschte jedem seiner Worte, und endlich begriff ich. Ich war nicht mein Vater. Und wollte auch nie so werden. Ich versuchte Bruce davon zu überzeugen, dass ich sämtliche Rachepläne begraben hätte. Er reagierte nur mit einem traurigen kleinen Lächeln.

Ich erzählte ihm, dass ich am nächsten Tag aufbrechen und meine Mutter besuchen wolle, und er wünschte mir für mein Vorhaben alles Gute und viel Glück. Aber was er wirklich dachte, konnte ich nicht sehen, da er die ganze Zeit über zu Boden starrte.

Auf wiedergefundenen Pfaden

Ich hatte Glück gehabt, von meiner Truppe weglaufen zu können. In den Augen vieler war das fast schon ein Desertieren. Aber wir waren viele »unnummerierte« Kinder, die zwischen den einzelnen Abteilungen hin und her geschoben wurden, ohne jemals registriert zu werden. Was hätten sie also tun sollen? Nach einem »Kindersoldaten mit braunen Augen und kurz geschnittenen Haaren« suchen? Es gab keine Dokumente mit unseren Namen, wir erhielten keinen Lohn, kurz gesagt, wir kamen gar nicht vor.

Aber der Krieg war noch nicht zu Ende, und deshalb beschloss ich sicherheitshalber, Zivilkleidung zu tragen. Ich nahm meine Waffe und brach zu einer weiteren außergewöhnlichen Reise auf. Enttäuscht begriff ich, dass ich nun selbst zusehen musste, wie ich mein Leben in den Griff bekam, genau wie meine Gefühle und Gedanken. Erst dann konnte ich etwas Neues anfangen.

Nach all den Jahren fand ich das Haus meiner Mutter problemlos wieder, aber es stand leer, als ob seine Bewohner in aller Eile daraus geflohen waren. Als ich so auf der Treppe saß und nachdachte, fiel mir auf, dass ich mein Gepäck im Bus vergessen hatte. In so einer Verfassung war ich. Aber vielleicht war das auch ein Zeichen. Ich fühlte mich verlorener denn je und sehnte mich wie nie zuvor nach einer Mutter – meiner Mutter. Rasch lief ich zurück zum Bus.

Von Wert war für mich nur die Waffe, die mich den ganzen Krieg über begleitet hatte und nahezu ein Teil von mir geworden war. Alle, an die ich mich wandte, waren sehr hilfsbereit, aber meine Sachen waren verschwunden.

Was ich am dringendsten brauchte, war ein bisschen Zeit zum Nachdenken – darüber, was aus meinem Leben geworden war, seit ich vor so vielen Jahren geflohen war, sogar vor meiner Mutter. Wie mein Leben wohl ausgesehen hätte, wenn ich bei ihr geblieben wäre? Ich stand auf. Eine Frau kam auf mich zu, und als ich sie nach meiner Mutter fragte, lächelte sie breit und nahm meine Hand. Sie versicherte mir, es würde nicht lange dauern, bis ich sie wiedersähe.

Wir betraten ein Haus. Auf einem Stuhl saß ein Mädchen, das meiner Schwester – Nasch-Margie – bis aufs Haar glich. Das Mädchen sah mich nachdenklich an. Als ich näher kam, sprang sie auf, warf sich vor meine Füße und rief meinen Namen. Verlegen und etwas reserviert blieb ich stehen, ihr um den Hals zu fallen wagte ich nicht. Aber sie stand auf, ergriff meine Hand und zog mich durchs ganze Haus. Und dann standen wir mit einem Mal wieder auf der Straße. Ich war so verwirrt, dass ich ihr einfach hinterherlief. Es dauerte nicht lange, da sah ich meine Mutter, die uns in aller Seelenruhe entgegenkam. Sie blieb stehen und schaute uns lange eingehend an. Dann sagte sie einfach: »Lasst uns nach Hause gehen.«

Der Heimweg war kurz. Wir setzten uns vors Haus und redeten eine Weile, das heißt, meine Mutter und Margie fragten mich aus, was ich denn die ganze Zeit getrieben hätte. Margie war ganz außer sich vor Freude und aufgeregt, als sie hörte, dass ich zwangsrekrutiert worden war. Dass ich jahrelang verschollen gewesen war, fand sie natürlich weit weniger toll.

Daraufhin erzählte meine Mutter ihre Geschichte. Sie war nur deshalb in diesem Dorf geblieben, weil sie hoffte, dass ich eines Tages zu ihr zurückfinden würde. In all den Jahren hatte sie sich immer wieder gefragt, warum ich damals weggelaufen war. Zum ersten Mal sah ich meiner Mutter in die Augen und erzählte ihr dann die Wahrheit. Es fiel mir nicht leicht, ihr von den törichten Gedanken zu berichten, die ich mir während des Essens gemacht hatte, von meiner Angst in jener Nacht, als ich ganz allein in meinem neuen Schlafzimmer lag, dass sie vielleicht kommen und mich fressen würden. Meine Mutter hörte gar nicht wieder auf zu lachen. Meine Schwester hingegen betrachtete mich aus zusammengekniffenen Augen, ehe sie mir lächelnd erzählte, dass ich damit gar nicht so falsch gelegen hätte, denn bei Mutter wüsste man nie! Einen Moment lang saßen wir still beieinander. Plötzlich sah ich ein Huhn, das in der Nähe friedlich pickte. Noch ehe ich den Mund aufmachen und fragen konnte, wem es gehörte, forderte uns Mutter auf, es zu fangen. Während wir das Huhn kochten, flüsterte sie mir eine liebe kleine Lüge ins Ohr: Sie hätte das Huhn extra für meine Heimkehr versteckt gehabt. Ich lächelte, als ich daran denken musste, wie alt es in diesem Fall gewesen wäre.

Trotz all ihrer Güte und Freundlichkeit blieb meine Mutter immer eine Fremde für mich. Im Grunde kannte ich sie gar nicht, und bei meiner Vergangenheit tat ich mich stets schwer, mich jemandem anzuschließen; andererseits fasste ich zu ihr viel rascher Vertrauen als zu jedem anderen, den ich kannte. Immer hatte sie eine lustige Geschichte auf Lager, deren Wahrheitsgehalt jedoch mehr als fraglich war. Aber diese Geschichten waren sehr unterhaltsam. Bei einer Geschichte wollten sich meine Schwester und ich beinahe ausschütten vor Lachen. Damals hatte sie uns allen Ernstes erzählt, die Mutter des Papstes sei eine Tutsi. Was andere dachten, war ihr vollständig egal. Es gibt gewisse Dinge, die eine afrikanische Frau ihres Alters nicht essen sollte. Aber sie aß alles. »Ich esse alles, was mir vorgesetzt wird!«, rief sie, auch wenn sich andere lautstark über ihre Essgewohnheiten wunderten. Ob alt, ob jung – alle mochten sie! Obwohl sie mir viel Liebe schenkte, konnte ich ihre Liebe nicht erwidern. Ich hatte einfach zu lange ohne Liebe leben müssen.

Auch meine Mutter hatte es sehr schwer gehabt. Sie war verwitwet, und alles, was sie und ihr verstorbener Mann besessen hatten, hatte sie bei den Unruhen verloren. Inzwischen wohnte sie in einem heruntergekommenen kleinen Zimmer zur Miete. Was mich anging, so fühlte ich mich dort auch nicht wirklich zu Hause. Die Leute aus dem Dorf fand ich faul und träge. Sie schienen einfach nur so herumzuwursteln, ohne wirklich etwas auf die Beine zu stellen. Trotzdem wollte ich gern dort wohnen bleiben. Aber die anderen respektierten mich nicht so, wie ich das wollte. Während all der Jahre beim Militär war uns eingeimpft worden, wir Soldaten stünden über jedem Zivilisten. Davon war ich überzeugt und wollte bei allem das letzte Wort haben. Das sahen die anderen natürlich anders. Und ich konnte nicht einfach auf meinem Recht beharren. Zum Heer zurückkehren konnte ich auch nicht. Ich hatte meine Waffe verloren, und dafür wurde man hart bestraft – manchmal sogar mit dem Tod. Deshalb musste ich untertauchen und diesen Teil meines Lebens vor den anderen verbergen.

Margie bestand darauf, dass ich als Dreizehnjährige zurück auf die Schule ginge. Die Idee gefiel mir nicht sonderlich, aber ich hatte keine andere Wahl. Schließlich war ich von meiner Mutter und meiner Schwester vollkommen abhängig. Ehe Margie wieder nach Kampala fuhr, sorgte sie dafür, dass ich angemeldet wurde – und damit begann der Unterricht.

Jeden Tag nach der Schule prügelte ich mich mit irgendjemandem. Meist waren es die ältesten Schüler, über die ich mich ärgerte. Auch wenn ich die meisten Kämpfe verlor – ich konnte es einfach nicht sein lassen. Meine Mutter fragte, warum ich blutend nach Hause kam, aber ich gab ihr keine Antwort. In meinen Augen war sie viel zu schwach, um etwas von meinen täglichen Qualen und persönlichen Niederlagen zu erfahren.

In der Schule fanden sie, ich sei bescheuert. Ich wurde gebrandmarkt. Das gab für mich den Ausschlag. Niemand schien mir die Hilfe geben zu können, die ich brauchte. Andererseits bat ich niemals um Hilfe. Das, was mir zustieß, war meine Sache, mein Problem, für das ich selbst eine Lösung finden musste. Allmählich wusste sich meine Mutter keinen Rat mehr und schickte mich deshalb zu Bekannten, zu einem Paar, das sie und ihr verstorbener Mann gekannt hatten. Ich war dort dem denkbar schlimmsten Missbrauch ausgesetzt. Auch das behielt ich für mich, genau wie damals, als ich im Alter von sieben Jahren vergewaltigt wurde. Als ich zu meiner Mutter zurückkehrte, beschloss ich, von der Schule zu gehen. Zu Hause fühlte ich mich eingesperrt wie ein Tier im Käfig. Ich lief ruhelos herum, und es kribbelte mir bis in die Fingerspitzen. Ich wollte nur weg und etwas tun. Ich sah, wie verzweifelt meine Mutter war, und beschloss, sie nicht länger zu quälen und wegzugehen. Ich kam bei einem Captain und seiner Frau unter, musste aber bald wieder zu meiner Mutter ziehen. Mit meiner Rolle als Hausmädchen konnte ich mich gar nicht anfreunden, im Gegenteil, ich empfand sie als demütigend.

Wenn ich vor mir selbst bestehen wollte, musste ich ein neues Leben beginnen. Nicht, dass ich glaubte, die Zeit ließe sich zurückschrauben. Mit meiner Kindheit hatte ich abgeschlossen. Aber ein kleines Mädchen mit einem solch brutalen militärischen Hintergrund ließ sich nicht so einfach in diese Gesellschaft einfügen. Was kannte ich denn außer dem Soldatenleben schon? Der Gedanke, als Rekrut noch einmal von vorn zu beginnen, nahm langsam Gestalt an. Das war ein Gebiet, auf dem ich meine Fähigkeiten bewiesen hatte. Und ich hatte überlebt!

Meiner Mutter konnte ich mich nicht anvertrauen. Doch um den Plan in die Tat umzusetzen, brauchte ich Geld. Und wie schon das letzte Mal, als ich meine Mutter verließ, stahl ich auch diesmal Geld. Ich ging ohne ein Wort des Abschieds. Das war brutal, ja. Aber ich glaubte keine andere Wahl zu haben. Eines Tages würde ich alles wieder gutmachen, das schwor ich mir.

Wieder Soldatin

Um Freiwillige für die NRA zu rekrutieren, fuhren jede Menge Fahrzeuge durchs Land. Es dauerte nicht lange, da saß ich in einem dieser vierrädrigen »Militärbüros« in Richtung Nyachishara.

Nach gerade mal einem Monat wurden die meisten Rekruten an die Front verlegt. Mir kam meine Erfahrung zugute: Ich kannte das System und wusste, wie man sich drücken und die Situation zum eigenen Vorteil ausnutzen konnte. Es gelang mir, nicht gleich an die Front zu müssen. Die Corporals, die uns zu Rekruten ausbildeten, fanden mich unglaublich. Kein Wunder – schließlich kannte ich schon alles, worin wir unterwiesen wurden. Noch ehe die Trainingsphase hinter mir lag, wurde ich zum Lance Corporal befördert und dem 45. Bataillon zugeteilt.

Erst da ließ ich meine Mutter wissen, wo ich war. Meine überstürzte Flucht – und das schon zum zweiten Mal – hatte mir ein furchtbar schlechtes Gewissen beschert, das immer mehr an mir nagte. Wenn ich an ihre schwierige finanzielle Lage dachte und dass sie für ihr weniges Geld Milch kaufen musste, ärgerte ich mich. Schließlich besaß mein Vater eine Farm mit Milchkühen. Nachdem ich einige Tage lang hin und her überlegt hatte, beschloss ich, meinem Vater einen kurzen Besuch abzustatten.

Meine Stiefgeschwister schienen mich vermisst zu haben, denn sie freuten sich, begrüßten mich liebevoll und begleiteten mich bis zum Haus. Mein Vater saß in einem weichen, gemütlichen Sessel auf der Veranda und ruhte sich aus. Als er mich entdeckte, erstarrte er für einen kurzen Moment. Nur seine nervös blinzelnden Augen bewegten sich. Als wir uns zum letzten Mal gesehen hatten, war ich noch ein kleines Kind gewesen.

Wir sahen uns lange einfach nur an, während mir der Kopf schwirrte. »Baby!«, stieß er dann schrill, ja beinahe verzweifelt hervor und stand auf. Mit unsicheren Schritten kam er auf mich zu. Ich ließ mich von ihm umarmen, blieb aber stocksteif. Mit einem verzweifelten Gesichtsausdruck machte er auf dem Absatz kehrt und ging ins Haus, ohne mich noch einmal anzuschauen. Sein Gang war unsicher, wackelig. Kurz darauf kam er mit einem Stuhl für mich zurück. Wie wenn man einen Ehrengast willkommen heißt, wurde der Stuhl direkt neben dem Gastgeber, also meinem Vater, platziert. Da saßen wir nun und musterten uns wortlos. Ich wartete, bis mein nervöser Vater das Wort ergreifen, meine böse Stiefmutter herauskommen und mich begrüßen würde. Schließlich kam sie aus der Tür gerauscht. Nur mit Mühe und Not konnte ich die Wut unterdrücken, die in mir brodelte, und ein Lächeln hervorpressen.

Erst jetzt entspannte sich mein Vater etwas, er schlug einen freundschaftlichen Ton an und fragte, wann ich mich denn zum Heer gemeldet hätte. Ich starrte ihn wütend an. Sofort setzte er ein begütigendes heuchlerisches Lächeln auf, und ich wies ihn kühl darauf hin, dass es Zivilisten verboten sei, einen Soldaten so auszufragen. Wieder saßen wir eine Weile stumm nebeneinander. Meine Stiefmutter bot mir ein Glas Milch an, das ich mit der Bemerkung zurückwies, ich hätte gegessen. Um ehrlich zu sein, ich traute ihr nicht und weigerte mich, irgendetwas von ihr entgegenzunehmen.

Rachepläne

Noch am selben Tag ging ich zurück in die Kaserne. Die Wut hatte noch nicht nachgelassen. Ich konnte die sadistische Behandlung durch meinen Vater einfach nicht vergessen, auch nicht den Tag meiner Taufe, als er meine Spielkameraden, die unschuldigen Ziegenkitze, hatte schlachten lassen. Vielleicht glaubte er, er könne mir so eine Lehre erteilen. Was weiß denn ich. Jetzt war er an der Reihe, eine Lehre erteilt zu bekommen, die, wie ich hoffte, gleichzeitig meiner Mutter helfen würde.

Eines Morgens saß ich vor meiner Baracke auf der Wiese. Meinem Bataillon drohte keinerlei Gefahr. Wir mussten uns einfach nur bereithalten und vertrieben uns die Zeit, indem wir in der Nähe der Kaserne herumgingen. Doch auch hier gab es Ärger. Ein solches Ärgernis kreuzte ausgerechnet an diesem Morgen meinen Weg, als ich mit meiner Uzi gemütlich im Gras saß.

Mein Erzfeind aus dem Bataillon schlenderte arrogant und mit emporgerecktem Kinn auf mich zu, als sei er der Präsident höchstpersönlich. Er wollte genau dort sitzen, wo ich saß, und forderte mich auf wegzurücken. Verärgert fragte ich ihn, warum er sich nicht einen anderen Platz suchte. Möglichkeiten gab es ja genug. Am liebsten hätte ich ihm eine blutige Nase verpasst, aber er war viel älter und stärker als ich. Als Antwort zog er mich einfach am Arm hoch, drängte mich zur Seite und setzte sich auf meinen Platz. Wie ich hatte er den Rang eines Lance Corporal. Dennoch verlangte er, ich solle ihm Respekt erweisen. Jetzt begann mein Blut wirklich zu kochen, was ihm nicht verborgen blieb, ebenso wenig wie das geladene Gewehr in meinen Händen. Doch das schien ihn nicht weiter zu beeindrucken.

»Der Ältere sollte etwas mehr Respekt erwarten dürfen«, tönte es provozierend.

Wer glaubte er eigentlich, wer er war? Der Dorfälteste? Verbissen forderte ich ihn auf, sich zu verziehen, es sei denn, er wolle Blei schmecken. Er ignorierte mich einfach. Jetzt hatte ich die Nase voll und ließ meinen Worten Taten folgen. Ich sah, wie er sich anstrengte, um auf die Beine zu kommen. Er schrie vor Schmerz und Blut floss aus seiner Wunde. Wenige Sekunden später war ich von Militärpolizei umringt, die meine Uzi einforderte. Meinen Erzfeind brachten sie ins Lazarett, während mein Weg in das Büro des stellvertretenden Kompaniechefs führte. Dort erklärte ich, der arrogante Grünschnabel habe mich ständig provoziert, und zwar seit dem Tag meines Dienstantritts im 45. Bataillon. Nachdem er mich angehört hatte, gab der Stellvertreter zwei Militärpolizisten den Befehl, mich hinauszuschleifen und in einem Pfuhl zu wälzen, bis ich wie ein richtiges kleines Wildschwein aussähe. Als sie mich zurück in mein Quartier schleppten, suchten sie sich die am meisten befahrene Straße aus. Mein Gewehr wurde konfisziert, und ich sollte es erst nach einem Monat zurückbekommen. Der Offizier ließ Gnade vor Recht ergehen und ich musste nicht in den Knast. Doch jetzt hatte ich genug Zeit zum Grübeln. Ohne Waffe gibt es für einen Soldaten nicht viel zu tun, also beschloss ich, meinen Vater ein zweites Mal zu besuchen.

Vorher nahm ich Kontakt zu einem Metzger auf, der Zeit hatte, zwei oder drei Kühe zu schlachten, sowie zu einem Fuhrunternehmer, dem ich die Adresse der Farm gab. Er sollte am nächsten Morgen dort erscheinen. Als ich zur Bushaltestelle kam, stieß ich unerwartet auf meinen Vater, der in ungewöhnlich redseliger Verfassung war, während ich mehr als einsilbig antwortete. Ich war ganz damit beschäftigt, den nächsten Tag zu planen. Plötzlich fiel mir beinahe die Kinnlade herunter, als er fragte, wann ich denn gedächte, Großmutter draußen auf der Farm zu besuchen. Konnte er vielleicht Gedanken lesen? Ein Blick in sein argloses Gesicht beruhigte mich. Wenn du wüsstest, dachte ich. Ohne seine Frage zu beantworten, ließ ich ihn stehen.

Auf dem Weg zur Farm ging ich noch einmal jedes Detail meines Planes durch, um sicher zu sein, dass ich nichts übersehen hatte. Gegen Mittag war ich dort. Nach der Landstraße folgte ich dem alten Schotterweg, der zur Farm führte. Als sie bereits am Horizont auftauchte, begegnete ich dem Pächter der Nachbarfarm. Obwohl er mich nicht mehr gesehen hatte, seit ich ein kleines Mädchen war, erkannte er mich sofort und umarmte mich. Dann berührte er meine Uniform und sagte, ich sei wahrhaftig gewachsen und jetzt ein großes Mädchen – und das, obwohl mir die Gummistiefel bis zur Mitte der Schenkel reichten. »Ein richtiger Soldat bist du obendrein geworden!«, fügte er hinzu. Er hatte noch das gleiche zerzauste Haar, das sicher nicht gekämmt worden war, seit ich ihn zuletzt gesehen hatte, und er war noch genau so groß, wie ich ihn in Erinnerung hatte. Weshalb ich mich schon fragte, ob ich überhaupt gewachsen war. Ihm würde ich auf jeden Fall nicht über den Kopf wachsen.

Die Frage, ob mein Vater wüsste, dass ich hier sei, verneinte ich. Es gab keinen Grund zu lügen. Als wir uns trennten, drehte er sich zu mir um und sagte, er würde uns am Abend besuchen. Ich hatte den Kopf immer noch voller Pläne und dachte nicht weiter über seine Bemerkung nach. Als ich wenig später meinen Fuß auf den väterlichen Grund und Boden setzte, war ich überzeugt, dass nichts schief gehen könnte.

Vor dem Haus stand mein Bruder mit einer Hundemeute und starrte mich an. Er hatte längst gesehen, dass ich es war, lange ehe ich ihn entdeckt hatte. Mein Herz schlug schneller, und erst da wurde mir bewusst, wie sehr ich ihn vermisst hatte. Er empfing mich in seiner üblichen zurückhaltenden Art.

Jedes Mal, wenn ich ihn sah, war ich aufs Neue überrascht, wie wenig er sich veränderte – er war und blieb der gute alte Richard. Er sah aus, als sei er soeben von einem Jagdausflug aus dem Busch zurückgekehrt. Ich umarmte ihn und drückte ihn an mich. Schließlich erwiderte er meine Gefühle, indem er den Kopf an meine Schulter legte. Es vergingen nur wenige Minuten, bis Großmutter erschien. Auch sie hieß mich willkommen und bat mich sofort hereinzukommen. Ihr Gesicht zeigte immer noch die gleiche alte Fratze, aber irgendwie lächelte sie eigenartig. Ich hätte schwören können, dass sich echte Tränen in ihr ewig schwimmendes Auge mischten.

Ich hatte die Mahlzeit, die Großmutter uns aufgetischt hatte, kaum aufgegessen, da stand mein Bruder schon an der Tür und wartete. Zusammen mit seinen Hunden gingen wir auf die Jagd, wie wir es früher so oft getan hatten. Wieder an der Seite meines großen Bruders zu sein fühlte sich gut an. Als wir ein gutes Stück gegangen waren, spürte ich, wie er darauf brannte, etwas zu sagen. Er wollte wissen, warum ich zurückgekehrt sei, und da sagte ich ihm, unsere richtige Mutter wolle, dass ich ein paar Kühe für sie mitgehen lasse.

»Willst du damit sagen, du bist gekommen, um zu stehlen?«, fragte er ohne Umschweife.

»Ja«, antwortete ich ebenso ungezwungen.

»Dann bist du aber schön dumm, dass du keine Schusswaffe mitgebracht hast.«

Dann schlug er vor, zu dem überzugehen, weshalb wir gekommen seien: zum Jagen. Glücklich über seine Reaktion auf meinen kleinen Racheakt, genoss ich jeden Augenblick.

Der halbe Tag war schon vergangen. Die Jagd hatte uns erschöpft, und wir waren den Busch leid, der uns die Beute direkt vor unserer Nase entwischen ließ. Auch die Hunde wirkten müde und enttäuscht. Auf dem Heimweg balgten sie sich und blickten hin und wieder schuldbewusst zu ihrem Herrn auf. Mein Bruder und ich schwatzten über die Jagd, als handele es sich um ein Spiel oder ein Fußballmatch. Zu Hause auf der Farm wartete reichlich Fleisch auf uns, so viel wussten wir.

Kaum angekommen, ging ich direkt auf meine Großmutter zu, um ihr mein Anliegen mitzuteilen. Mein neugieriger Bruder blieb mir dicht auf den Fersen und setzte sich in eine Ecke des Zimmers. Großmutter blickte von ihren Schüsseln auf, und ich erklärte ihr, mein Vater habe mich geschickt, um einen Lastwagen zu begleiten, der ihm acht Kühe und sieben Ziegen bringen solle. Da lachte meine Bruder laut auf, was Großmutter wie mich gleichermaßen verärgerte. Warum kümmert er sich nicht selbst darum wie sonst, wollte sie wissen. Das Leben – und das Leben als Soldatin ganz besonders – hatte mich gelehrt, immer eine Antwort parat zu haben, und so erklärte ich, mit einem Soldaten im Wagen spare er sich das Bestechungsgeld für die Polizei. Außerdem, fügte ich hinzu, habe er sich die besten Tiere ausgebeten. Gereizt nickte sie und sah meinen immer noch lachenden Bruder scharf an. Hatte sie mir meine Erklärung abgenommen? Schwer zu sagen. Ich wusste, warum mein Bruder lachte, hoffte aber, dass sie sein Lachen so interpretierte, dass er sich wie so oft über sie lustig machte.

Beim Abendessen schaute wie versprochen der Verwalter vorbei. Als er sich mit Großmutter unterhielt, folgte ich aufmerksam

China Keitetsi, 2002

Chinas Schwester Margie. Das Foto wurde 1999 aufgenommen, ein Jahr vor Margies Tod in Ruanda. China konnte nicht zu ihrer Beerdigung kommen, da sie gerade auf dem Weg nach Dänemark war.

Lieutenant Colonel Moses Drago, der Vater von Chinas Sohn, in Kampala 1993

Lieutenant Colonel Moses Drago (links) und Lieutenant Colonel Bruce (rechts). Das Bild entstand bei der jährlichen Parade zur Unabhängigkeitsfeier.

China mit 18 Jahren im Tarnanzug in Kampala

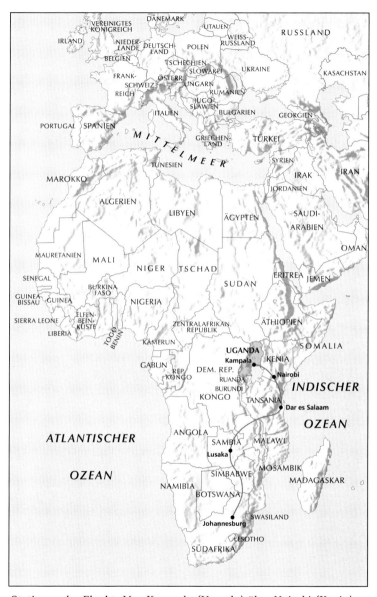

Stationen der Flucht: Von Kampala (Uganda) über Nairobi (Kenia), Dar es Salaam (Tansania), Lusaka (Sambia) durch Simbabwe nach Johannesburg (Südafrika)

China mit Ruben Høi und Nanna. Ruben ist ein Fan des FC Kopenhagen, während China den AB Gladsaxe unterstützt. Das Foto wurde 2001 in Chinas Wohnung in Dänemark aufgenommen.

Im Mai 2002 spricht China in New York bei der UN-Konferenz zum Thema Kindersoldaten. Die anschließende Begegnung mit Nelson Mandela war ein bewegender Moment für China. Links im Bild Harrison Ford

China mit Bill Clinton und Whoopi Goldberg.

In Freiheit! China am Hauptbahnhof von Kopenhagen

jedem ihrer Sätze. Plötzlich wäre mir fast das Herz stehen geblieben. Mein kauender Mund erstarrte in einer Grimasse, als ich ihn sagen hörte, er habe meinen Vater in der Stadt getroffen und ihm erzählt, ich sei auf der Farm zu Besuch.

Anscheinend hörte Großmutter nur mit halbem Ohr hin. Ich zwang mich, weiterzuessen, als ob nichts geschehen sei, als ob alles nach Plan verliefe. Doch innerlich war ich völlig aufgewühlt, und vor lauter Verzweiflung fiel mir keine weitere Ausrede mehr ein. Zuletzt erhob sich der Verwalter. Die Hand schon am Türgriff, drehte er sich zu mir um und sagte: »Übrigens kommt dein Vater morgen früh, um dich zu besuchen.« Dann ging er.

Meine letzte verzweifelte Hoffnung erstarb, als sich meine Großmutter umdrehte und mich ansah. Die Liebe, die sie mir tagsüber erwiesen hatte, war verflogen. Mein Herz klopfte wie wild und blieb fast stehen, als mir die alte Frau versicherte, mein Vater würde mich töten wie einen gemeinen Viehdieb. Ich keuchte vor Angst. Wenn ich jetzt nicht flüchtete, würde ich nie mehr hier wegkommen. Großmutter hörte gar nicht mehr auf mit ihren Drohungen und Einschüchterungen, bis mein Bruder sie plötzlich anschrie, sie solle mich in Ruhe lassen. Dann stand er auf, als sei nichts weiter geschehen, beugte sich zu meinem Ohr und flüsterte, ich dürfe die konfiszierte Waffe nicht vergessen. Daraufhin ging er zu Bett.

Wieder auf der Flucht

Nach einer unruhigen und fast schlaflosen Nacht machte ich mich aus dem Staub. Es war fünf Uhr morgens, als ich mich anzog. Mein Bruder schlief in seinem Bett am anderen Ende des Raumes, bald würde er aufstehen. Ich dankte ihm im Stillen für seine Unterstützung. Sekunden später stand ich unter freiem Himmel.

Die Sonne war noch nicht aufgegangen. Rasch ging ich zur Landstraße. Um niemandem zu begegnen, folgte ich nicht dem Schotterweg, sondern bog in den Busch ab. In dem dichten Gestrüpp ergriff Panik von mir Besitz. Wegen des Adrenalinstoßes musste ich mich zwingen, nicht wie ein kopfloses Kaninchen draufloszurennen.

An der Landstraße trampte ich. Ein Wagen mit somalischen Lastwagenfahrern nahm mich mit, die ganz begeistert waren, so eine Beifahrerin zu bekommen. Offenbar glaubten sie, ich wäre ebenfalls Somalierin, und meine Soldatenuniform würde sie vor Ärger mit Polizeipatrouillen bewahren.

Sie schienen erschöpft zu sein, und ich glaube, sie hielten das Gespräch mit mir vor allem deshalb aufrecht, um nicht während der Fahrt einzuschlafen.

Die menschenleere Buschlandschaft zog an uns vorbei, während das Auto einen Kilometer nach dem anderen zurücklegte. Bald stand die Sonne so hoch am Himmel, dass der Asphalt ganz weich wurde. Vor mir lag das Hauptquartier des 45. Bataillons, was mich vor ein neues Problem stellte. Mein Vater würde nichts unversucht lassen, um mich beim Bataillonschef als Diebin in Misskredit zu bringen. Statt auszusteigen, fuhr ich mit den Somalis bis nach Kabale. Dort kannte ich den Commander eines Grenzpostens, dessen Aufgabe es war, dem Schmuggel an der Grenze zwischen Uganda und Ruanda Einhalt zu gebieten.

Im Straflager

Zum Glück erinnerte sich der Commander noch an mich. Er freute sich, mich zu sehen, und nahm mich gleich in seinen Zug auf. Die Arbeit bestand darin, alle Gütertransporte, die verzollt werden sollten, anzuhalten und zu kontrollieren. Rasch wurde mir klar, dass die Soldaten die Sache selbst in die Hand genommen hatten und den Lohn erhoben, den ihnen der Staat nie ausbezahlte. Es dauerte nicht lange, und ich hatte ebenfalls begonnen, Geld »zu verdienen«. Dafür, dass ich in die andere Richtung sah, wenn Schmuggler die Grenze überquerten, bekam ich viel Geld – so viel, dass ich gar nicht wusste, wofür ich es verwenden sollte. Wofür gibt eine Dreizehnjährige Geld aus? Für Hähnchen! Ich liebte Hähnchen. In Uganda ist das ein Luxusessen, und so gönnte ich mir morgens, mittags und abends Hähnchen und gab mein ganzes Geld für diese Köstlichkeit aus. Daran, Geld für schlechte Zeiten auf die Seite zu legen, dachte ich nicht. Warum auch? Es ging mir blendend, und das würde sich so bald nicht ändern. Glaubte ich zumindest.

Als ich mich gerade an das süße Leben zu gewöhnen begann, wurden wir alle ins Hauptquartier des Bataillons zurückverlegt. Dort wurden wir von einem Senior Officer namens David Tinyenfuza befehligt, einem Abgesandten des Commander-in-Chief Elly Tumwine. Der erteilte uns einen gehörigen Rüffel und bezichtigte uns der Korruption. Zur Strafe würde er uns an einen Ort namens Nakasongora schicken – weit draußen im Busch.

Nach dem Krieg zwischen Tansania und Idi Amin lag dieser Teil des Landes in Schutt und Asche. In dieser Einöde, die einem ausgebombten Krater glich, konnte kein menschliches Wesen existieren. David ließ seinen Worten Taten folgen, und kurz nach dieser Standpauke befanden wir uns bereits in diesem Niemandsland.

Die Abteilung war vor David Tinyenfuza höchstpersönlich und dessen Offizieren aufmarschiert. Uns würdigte er keines Blickes. Er wandte sich an die Offiziere und gab ihnen den Befehl, uns von morgens sechs bis abends sechs mit knochenhartem Exerzieren ranzunehmen. Ehe er zum Hauptquartier zurückkehrte, würde er das Training eine Weile beobachten. Erst nach sechs Monaten würde man uns zurückschicken. Als er dort stand und über unsere gesenkten Köpfe hinwegschaute, fügte er hinzu, diese Maßnahme dürfte uns kaum überraschen. So würde man eben behandelt, wenn man sich nicht wie ein anständiger Soldat benähme. Wir erhielten nur den Lohn, den wir verdient hätten.

Seine Worte trafen uns wie Steine, und sie waren ebenso hart und unbarmherzig wie die neue Umgebung. Hier ging es nicht nur um das Training, so viel stand fest. Eine falsche Bewegung, ein falsches Wort, und es könnte das letzte gewesen sein. Diese Offiziere hatten uneingeschränkte Gewalt über unser Leben. Wir waren nichts weiter als ein Gegenstand, den man mit Haut und Haaren besaß. Wer seine Seele für sich selbst beanspruchte, musste einen hohen Preis bezahlen.

Die Offiziere wussten, wie man Leute quälte. Doch am schlimmsten traf es die weiblichen Soldaten. Für sie hatten sie sich ganz besonders raffinierte Strafen ausgedacht. Ältere Mädchen hatten immer Probleme mit den Soldaten, weil von ihnen erwartet wurde, dass sie über den reinen Militärdienst hinaus auch noch ihren Körper zur Verfügung stellten. Die Offiziere hatten die Macht, und da sie sich einfach nahmen, was sie wollten, taten es ihnen die Untergebenen nach. Auf diese Weise gab es niemanden, der dem Missbrauch Einhalt gebot. Die männlichen Kameraden wussten von dem Missbrauch, dem wir Soldatinnen ausgesetzt waren. Sie nannten uns zum Beispiel: »Chakula cha wakubwa and guduria«. Das heißt übersetzt, die weiblichen Soldaten wären das Essen der Afandes und der Topf, aus dem alle Offiziere äßen. Eines Abends saßen wir ums Feuer und ruhten uns am Ende eines langen Tages von den harten Strapazen aus. Da trat einer der Offiziere, Godfrey, zu uns und forderte mich auf, ihm zu folgen. Wir nannten ihn God. God war Anfang dreißig, ein kräftiger Mann, der allerdings wegen einer lange zurückliegenden Schussverletzung am Bein humpelte. Ich hatte keine andere Wahl, als seinem Befehl zu gehorchen, und überlegte verzweifelt, was ich wohl verkehrt gemacht hatte. Seine Leibwache bildete die Nachhut und blieb mir den ganzen Weg über dicht auf den Fersen. Vor seinem Quartier wurde ich zurückgeschickt, um meine Habseligkeiten zu holen. Als ich mit meinen Sachen zurückkam, zeigte mir sein Bursche, wo ich schlafen sollte. Am Abend des darauf folgenden Tages saß ich müde und erschöpft in meinem Zimmer, als er hereinkam und mich aufforderte, mitzukommen. Erschrocken stand ich auf, ging aber nicht mit. Er wartete. Schließlich ging er und ließ mich allein.

Am nächsten Morgen erhielt ich den Befehl, mich jeden Abend in seinem Zimmer einzufinden. In seinen Augen las ich, dass es kein Entkommen gab.

»Yes, Sir!«, stammelte ich.

»Hast du den Befehl verstanden?«, schmetterte er, als exerziere er ein ganzes Regiment. Mir fiel das Herz in die Hose, aber ich nickte nur und ging hinaus zum Morgenappell.

Am gleichen Abend traf ich God direkt vor seinem Zimmer. Er befahl mir einzutreten. In dem Durcheinander auf dem Fußboden lag ein Bajonett. Das nahm ich im Vorübergehen an mich und versteckte es unter der Matratze. In der Nacht berührte ich das Bajonett immer wieder. Ich war wütend, fühlte mich beschmutzt, und als er sich schließlich auf mich warf, flüsterte ich vor mich hin: »Du wirst im Schlaf sterben, du Hund!« Aber selbst in den Momenten, in denen es überhaupt nicht auszuhalten war, hatte ich so große Angst vor dem Mann, dass ich mich nicht traute, nach der Waffe zu greifen. Das Bajonett hätte ihn auf der Stelle getötet, das weiß ich. Aber was, wenn es mir nicht gleich beim ersten Zustoßen geglückt wäre? Der Morgen kam, ohne dass ich ernst gemacht hatte.

Drei Wochen später erhielt das Bataillon einen neuen Anführer, Captain Sam Waswa Balikarege, und ich unternahm große Anstrengungen, mich mit einem seiner Leibwächter anzufreunden. Eines Tages berichtete er mir, Waswa fahre nach Kampala. Ich bat und bettelte, mich aus Nakasongora mitzunehmen, und er versprach, alles zu tun, was in seiner Macht stand. Nach einer besonders schlimmen Nacht mit God lief ich zu Waswas Quartier und sah, dass seine Leibwache am Packen war. Zu meiner großen Erleichterung sagte er, ich solle ins Auto springen, und kurz darauf führte er den Konvoi aus Nakasongora nach Kampala.

Vom Regen in die Traufe

Kaum, dass wir in Kampala angekommen waren, fuhr ich zu meiner Mutter. Nach dem Alptraum, dem ich gerade entronnen war, herrschte in meinem Inneren nichts als Chaos und Schmerz. Als sie dann beim Wiedersehen in Tränen ausbrach, stieg eine Wut in mir auf, so unbändig wie die eines angreifenden Flusspferds. Ich schrie und tobte. Ich wollte nicht, dass sie weinte und schon gar nicht wegen mir. Ihr bleiches, schockiertes Gesicht brachte mich zum Schweigen, und beschämt wandte ich mich ab. Der Schmerz, den ich fühlte, wollte einfach nicht weichen.

Ich war deprimiert und fühlte mich besudelt. Es dauerte einen Monat, bis ich spürte, wie meine Kräfte zurückkehrten. Meine Gedanken drehten sich nicht mehr ausschließlich um Godfrey und darum, was er mit mir gemacht hatte. Meine Schuldgefühle und die bösen Träume nagten nicht mehr so schlimm an mir. Die Zeit heilt alle Wunden, sagt man. Langsam sah ich Licht am Ende des Tunnels.

Meine Mutter kannte einen Offizier, Ronald. Sie meinte, er könne mich vielleicht wieder ins Heer einschmuggeln. Eines

Abends besuchten wir ihn. Dort begegnete ich Kusain, seinem Leibwächter, einem etwa neun Jahre alten Jungen. Kusain ging mit kleinen Schritten, aber mit hoch erhobenem Haupt vor uns her, und er marschierte so selbstsicher, als sei er ein erwachsener Mann im besten Alter. Ronald sagte, dass er bald zu seiner Einheit zurückkehren werde, die zum »Kabamba Training Wing« gehörte, und dass ich seine Einheit verstärken könne. Er versprach, mich mitzunehmen, wenn er aufbräche.

Am darauf folgenden Donnerstag kamen Kusain, Ronald und seine Frau Justine zu meiner Mutter, um mich abzuholen. Am nächsten Morgen erreichten wir Kabamba, nachdem wir erst mit dem Bus und dann mit dem Zug durch halb Uganda gefahren waren.

In der ersten Woche ging alles glatt, auch wenn nicht alles paradiesisch war. Jeden Morgen wurde Kusain, Ronalds kleiner Leibwächter, von Justine geschlagen, weil er ins Bett gemacht hatte. Mindestens einmal sah ich, wie sich Ronald an der Züchtigung beteiligte. Mitzuerleben, wie der kleine Kusain, ein tapferer Kindersoldat, von einem weiblichen Zivilisten verprügelt wurde, tat mir weh. In Kusain erkannte ich mich selbst wieder und erinnerte mich, wie ich verprügelt worden war, weil ich mein Bett eingenässt hatte. Ich erinnerte mich an all die anderen Kindersoldaten, die wie Erwachsene kämpfen sollten, aber wie normale verängstigte Kinder reagierten und sich einnässten. Ich hatte Mitleid mit ihm. Aber die unwillkommenen Erinnerungen, die seine Bestrafungen in mir wachriefen, entfachten auch eine Wut in mir, die ich unterdrücken musste. Die Erinnerungen an den Missbrauch der Kindersoldaten, die ich erlebt hatte, waren stark. Mindestens genauso stark aber waren die Erinnerungen an den Missbrauch, der meine eigene Kindheit geprägt hatte. Das waren Gedanken, die ich mit aller Macht zu unterdrücken versuchte, auch weil ich mich sonst so verwundbar und machtlos fühlte. Das Gefühl von Ohnmacht ist nicht angenehm, weder in der Situation noch im Rückblick. Deshalb war ich ihm keine große Hilfe, wie ich beschämt bekennen muss.

Zwei Wochen waren vergangen, und so langsam wunderte ich mich, dass mich Ronald noch nicht eingeschrieben hatte. Aber jedes Mal, wenn ich ihn danach fragte, beteuerte er, dass ich bleiben und Teil seiner persönlichen Leibwache werden solle. Vier Wochen später war noch immer nichts passiert, und Justine, seine Frau, bürdete Kusain und mir immer mehr Pflichten auf, die ich nur schwer mit der Tätigkeit eines Soldaten in Verbindung bringen konnte. Justine dagegen hatte nichts Besseres zu tun, als den lieben langen Tag im Bett zu liegen. Wenn sie das leid war, stellte sie einen Stuhl nach draußen und setzte sich vors Haus. Stundenlang konnte sie so dasitzen und sich im Spiegel betrachten, wobei sie ihr hübsches kleines Gesicht in die sonderbarsten Falten legte und ihren Mund zu einem lautlosen Schrei verzog. Mit der Zeit verabscheute ich sie so sehr, dass ich mir schon ausmalte, jemand habe sie erschossen. Das war ja so, als wäre ich wieder im Haus meiner Stiefmutter.

Unter normalen Umständen hätte ich einfach weglaufen und mich einem anderen Bataillon anschließen können. Das wäre die einfachste Sache der Welt gewesen, denn wie bereits erwähnt, wurden die Armeeangehörigen nicht registriert. Aber in diesem Fall lagen die Dinge komplizierter. Wegen der überschaubaren Größe der Einheit würde man sofort bemerken, wenn jemand verschwand. Während ich als Justines private Hausangestellte Sklavendienste leistete, suchte ich verzweifelt nach einem Ausweg. Dabei stand mir die Hölle als Ronalds »Sondereskorte« noch bevor.

Justine hatte beschlossen, ihre Eltern zu besuchen. Zu Anfang war ich froh, weder sie noch ihre Grimassen sehen zu müssen. Nie hätte ich gedacht, dass ich sie eines Tages noch einmal herbeisehnen würde.

Eines Tages kam Ronald nach Hause, setzte sich und starrte mich an. Nachdem das eine Weile so gegangen war, rief er Kusain zu sich und bat ihn, vom Nachbarn Zucker zu holen. Kaum war Kusain aus der Tür, witterte ich Unheil, denn jetzt wollte er wissen, ob ich schon einmal mit einem Mann geschlafen hätte. Vor Angst schlug mein Herz wie verrückt. Noch ehe ich mir eine Antwort überlegen konnte, packte er mich und warf mich aufs Bett. Ich rief um Hilfe, aber er brachte mich zum Schweigen, indem er mir seine schmutzige Hand auf den Mund presste. Ich glaubte, ich würde langsam ersticken.

Als er fertig war, ging er, ohne mich eines Blicks zu würdigen. Ich sah auf die Uhr und stellte fest, dass das, was für mich eine Ewigkeit gewesen war, nur wenige Minuten gedauert hatte.

Als Kusain wiederkam, fand er mich weinend in einer Ecke des Bettes sitzen. Da war es wieder, dieses lautlose Weinen, wie nach den Züchtigungen der Kindheit, lautlos, um den Peiniger ja nicht zu reizen. Stumm und starr blieb ich sitzen, so als ob seine dreckige Hand immer noch meinen Mund bedeckte und jedes Geräusch erstickte. Kusain legte tröstend eine Hand auf meine Schulter. Das löste einen geradezu explosionsartigen Weinkrampf in mir aus. Erst konnte ich mich nicht dazu bringen, ihm zu verraten, was passiert war. Mein Kopf, mein Körper, alles schmerzte, und die Erinnerung an sämtliche Erniedrigungen kehrte zurück. Doch irgendwann hielt ich es nicht mehr aus.

Kusain hörte mir auf eine Weise zu, aus der ich schloss, dass er weitaus mehr verstand, als ein Junge seines Alters eigentlich wissen durfte. Der kleine Mugandaner sagte, ich müsse stark sein. Jemandem etwas davon zu erzählen, würde auch nichts bringen. Die meisten Offiziere benahmen sich genauso. Doch ich konnte nicht mehr und machte ihm klar, dass ich vorhatte, diesen Ort am nächsten Tag zu verlassen. Es tat mir weh, Kusain mit seinen Peinigern allein zurückzulassen, aber ich riet ihm, sich einen Offizier mit einem höheren Rang zu suchen und sich ihm als sein Leibwächter anzubieten. Ronald würde es niemals wagen, ihn von einem Vorgesetzten zurückzufordern.

Am nächsten Morgen wartete ich, bis Ronald zur Arbeit gegangen war, und ging dann zu einem Offizier, einem vierzigjährigen Sergeant, den ich für einen guten Menschen hielt. Je mehr ich ihm erzählte, desto bekümmerter sah er aus. Ich wusste, warum – er hatte selbst Angst vor Ronald. Trotzdem nahm er mich mit zu seiner Frau und erzählte ihr, was passiert war. Nach einigem Hin und Her entschlossen sie sich, mich zu verstecken.

Drei Tage lang lebte ich eingeschlossen in einem winzigen Zimmer, nur durch ein ganz kleines Fenster bekam ich etwas frische Luft. Am zweiten Tag ermahnte mich die Frau, die Tür unter keinen Umständen zu öffnen, Ronald habe eine Suche gestartet, um mich zu finden.

Noch am selben Tag klopfte er und fragte nach mir. Dem Gespräch konnte ich entnehmen, dass er mit ihrer Erklärung nicht zufrieden war, denn er bestand darauf, alle Zimmer zu inspizieren. Von meinem Versteck unter dem Bett aus hörte ich, wie er durch alle Räume wanderte. Direkt vor mir blieben seine Stiefel stehen. Panik ergriff von mir Besitz, aber das war zum Glück das Letzte, was ich von ihm sah. Am dritten Tag gaben mir der Sergeant und seine Frau Geld für eine Fahrkarte, sodass ich nach Hause zu meiner Mutter fahren konnte. Sie sorgten sogar für einen Rekruten, der mich bis zum Bahnhof eskortierte.

Nichts ist umsonst

Um eine Begegnung mit Ronald zu vermeiden, mussten wir durch dichten Wald gehen. Wir waren noch nicht weit gekommen, da fing der Rekrut an, sich merkwürdig zu verhalten. Erschrocken beschleunigte ich meine Schritte. Er redete mit einem Mal so komisch, dass ich schon überlegte, ob er womöglich nicht recht bei Trost sei. Auf halbem Wege packte er mich am Arm und forderte mich auf, stehen zu bleiben. Wenn ich nicht auf der Stelle Sex mit ihm hätte, würde er mich vergewaltigen. Er war frech genug, sein Verhalten damit zu rechtfertigen, dass er immerhin sein Leben für mich aufs Spiel setze, und deshalb sei es nur recht und billig, wenn ich dafür »bezahle«. Verzweifelt sah ich mich nach einer Fluchtmöglichkeit um, aber der dunkle Wald behielt sein Geheimnis für sich. Nur hin und wieder blitzte ein Sonnenstrahl durch das Laub, und ein Schrei würde kaum weiter dringen als bis zum nächsten Baum. Niemand würde meine Hilferufe hören. Niemand würde kommen, um mich zu retten.

Ich hatte mich fast schon aufgegeben und meine bevorstehende Erniedrigung akzeptiert. Aber dann beschloss ich zu kämpfen. Ich wollte um mein Leben kämpfen und um meine Würde als Frau, als Soldatin. Wir standen uns von Angesicht zu Angesicht gegenüber. Plötzlich war mir klar, was ich sagen musste. Rekruten durften vor Ende der Rekrutenzeit keinen Beischlaf haben, das wusste ich. Und so erzählte ich ihm, dass ich ihm ja gern geben würde, was er verlangte, aber dann müsse er sich auf die Konsequenzen gefasst machen. Ich sei an Syphilis erkrankt und würde ihn mit Sicherheit anstecken. Schon spuckte er ganz andere Töne, ja bedankte sich sogar für meine Ehrlichkeit. Mit Mühe und Not verbarg ich meine Erleichterung. Aber noch lange nachdem er mich am Bahnhof stehen gelassen hatte, zitterte ich.

Den ganzen Heimweg über lachte und weinte ich, weil ich ein zweites Mal solches Glück gehabt hatte. In dieser Nacht schlief ich in den Armen meiner Mutter wie ein kleines Kind an ihrer Brust, und ein wunderbares Gefühl durchströmte mich. Ich habe ihr nie erzählt, warum ich heimgekehrt bin. Zum einen hatte sie selbst genug Probleme. Und zum anderen haben wir aufgrund der traurigen Umstände und der vielen Trennungen nie so ein inniges Verhältnis aufgebaut.

Familienbande

Nach ein paar Tagen nahm mich meine Mutter mit nach Kampala, zu einem ihrer Brüder, einem Mann in den Zwanzigern namens Caravell. Er war Offizier im 21. Bataillon, dem Bataillon, das den internationalen Flughafen von Entebbe bewachte. Es dauerte nicht lange, da hatten wir uns angefreundet, und ich fühlte mich bei ihm rasch wie zu Hause. Er schien sich auch zu freuen, mich kennen zu lernen. Jedenfalls behandelte er mich gut.

Mein Onkel war ein tüchtiger Anführer – er war sehr intelligent und sah wahnsinnig gut aus. Die Mädchen schwärmten für ihn. Es ging ihm wirklich glänzend, und nun hatte er obendrein eine Nichte, mit der er freigiebig alles teilte. Aber wie alle in unserer Familie war er ziemlich heißblütig.

Eines Tages saßen wir vor dem Haus und sprachen über dies und das, wobei ich mit seinem Haar spielte. Plötzlich stürmte ein Mädchen auf uns zu und schrie ihn hysterisch an, ob diese Hündin jetzt auch seine Freundin sei. Ohne Zögern zog er seine Pistole und schoss ihr in die Brust, dabei rief er, de facto sei ich seine Tochter. Der Krankenwagen kam und fuhr mit dem blutenden Mädchen davon, das die ernste Schussverletzung glücklicherweise überlebte. Caravell wurde niemals angezeigt. Allein daran kann man sehen, wie unantastbar man beim Militär war. Wer die Macht hatte, bestimmte über das Leben der anderen.

Bald darauf begann sich Caravell mir gegenüber anders zu verhalten. Zum Beispiel sagte er immer häufiger, es gefiele ihm nicht, mich in Uniform zu sehen. Das erschreckte mich. Was erwartete er von mir? Was sollte ich sonst anziehen? In meinem jugendlichen Übermut kam ich gar nicht auf die Idee, dass er wusste, wie gefährdet man als weiblicher Soldat war. Vielleicht mochte er mich auch einfach? In meinen Augen stellte er unangemessene Forderungen. Als Protest trug ich überhaupt kein Zivil mehr. Dabei blieb es eine Weile, bis er eines Tages von der Arbeit nach Hause kam und mich bat, ich möge etwas anderes anziehen – gewöhnliche Sachen. Nasch-Margie würde mich abholen. Ich solle zu ihr ziehen. Außerdem sei es höchste Zeit, dass ich wie andere Kinder zur Schule ginge. Das gefiel mir ganz und gar nicht. Ehrlich gesagt, war ich zutiefst unglücklich. Meine Schwester hatte selbst genug Probleme und ich bezweifelte sehr, dass sie es schaffen würde, für uns beide zu sorgen. Doch sie kam noch am gleichen Abend, und Caravell bat mich zu packen. Zum Glück gelang es mir, eine Uniform zwischen die Wäsche zu schmuggeln.

Mein Gefühl hatte mich nicht getrogen. In Margies Wohnung gab es kein Bad und die Toilette war draußen auf dem Hof. Nachts musste ich auf dem Sofa im Wohnzimmer schlafen. Zu allem Überfluss machte mir auch noch die Hauswirtin das Leben zur Hölle. Nicht genug, dass sie vom Aussehen und Alter her meiner Großmutter ähnelte, sie sprach auch nie in normalem Tonfall, sondern schrie die ganze Zeit herum. Am schlimmsten aber war, dass sie erwartete, wie eine Königin behandelt zu werden. Mir hatte sie die Rolle der demütigen Untertanin zugedacht. »Hast du daran gedacht, mich mit dem Respekt zu grüßen, der mir zusteht?«, beklagte sie sich jedes Mal, wenn sich unsere Wege kreuzten. Mit der Zeit begann ich, sie regelrecht zu hassen.

Ich saß den ganzen Tag allein zu Hause, ohne etwas zu tun zu haben. Das konnte so nicht weitergehen. In die Schule kam ich auch nicht. Meine Schwester hatte sich an jede öffentliche Schule in ganz Kampala gewandt, aber überall nur erreicht, dass ich auf die Warteliste gesetzt wurde. So verging ein Monat, der mir vorkam wie ein Jahr. Die Zeit zog sich hin wie Kaugummi. Heimlich besorgte ich mir die Adressen aller Kasernen in der Nähe von Kampala. Nicht, weil ich etwas gegen meine Schwester hatte, die wirklich alles tat, was in ihrer Macht stand, sondern weil ich eine Fluchtmöglichkeit brauchte, falls alles andere nicht klappte – oder wenn ich es nicht mehr länger aushielt, und das konnte sehr schnell der Fall sein.

Eines Morgens, Margie war gerade zur Arbeit gegangen, machte ich eine unheimliche Entdeckung: Als ich mich wusch, sah ich, dass ich blutete, mir tat aber nichts weh. Verwundert zerbrach ich mir den Kopf, was am Tag vorher passiert war, konnte mich aber nicht erinnern, mich auf etwas Scharfes gesetzt zu haben. Ich grübelte und grübelte, hatte aber keine Erklärung dafür. Irgendwann bekam ich solche Angst, dass ich ins Krankenhaus gehen wollte, fand das dann aber doch zu peinlich. Außerdem tat mir ja nichts weh. Schuldbewusst vergrub ich die verräterischen Beweise im Garten, dann legte ich mich wieder schlafen. Als ich aufwachte und sah, wie das ganze Sofa im Blut schwamm, bekam ich einen Riesenschreck. Meine Schwester konnte nämlich reichlich streng sein. Und so lief ich weg, wie schon so oft, wenn mir die Probleme über den Kopf wuchsen.

Im Haus der Republik

Nachdem ich meine »geheime« Uniform angezogen hatte, ging ich zum Haus der Republik. Mir wurde erlaubt, mit dem Commander einer bestimmten Einheit zu sprechen, mit Warakira. Ich flehte ihn an, er möge mich nehmen. Warakira gehörte zum Muganda-Stamm, und da wir schnell gut miteinander auskamen, erzählte ich ihm von meinem Gesundheitsproblem. Noch während ich sprach, begann es verräterisch um seinen Mund zu zucken. Schließlich lachte er laut los und machte sich sofort mit mir auf den Weg, um die nötigen Utensilien zu kaufen. Was für eine Erleichterung! Im Geschäft begriff ich nicht recht, was er der Verkäuferin sagte, aber an seiner Stimme merkte ich, dass ihm das Ganze sehr peinlich war. Jetzt nahm die Verkäuferin die Dinge in die Hand und zeigte mir, wie ich mit meinem »kleinen Malheur« umgehen sollte.

Im Haus der Republik war die Heeresverwaltung untergebracht. Ich hatte Glück und wurde als Wachmann angestellt. Mit mir arbeitete ein mugandanischer Junge meines Alters, der zur selben Einheit gehörte. Er hatte den Spitznamen »Manager«, weil er hier alle und jeden kannte. Sobald er auftauchte, zog er alle Aufmerksamkeit auf sich, vor allem die der Mädchen. Nicht, weil er prahlte oder das Maul aufriss wie viele andere. Wo er aufkreuzte, war es interessant. Gleich in den ersten Tagen nahm er mich mit auf einen großen Rundgang und zeigte mir jeden Winkel und jeden Trick. Er kannte das Haus der Republik wie seine Westentasche.

Wachmann zu sein erwies sich als gar kein so schlechter Job. Im Gegenteil, er war ziemlich einträglich. Viele Zivilisten hatten etwas im Haus der Republik zu regeln, ohne vorher einen Termin vereinbart zu haben. Mein Commander war ein höchst unkonventioneller Offizier mit einer sehr entspannten Sicht der Dinge. Manchmal trug er auch im Dienst Zivilkleidung, wenn er denn überhaupt erschien. Genauso wenig brüllte oder schrie er, wenn er Befehle gab. Er hörte sich eher an wie ein Lehrer, der einem einen freundlichen Rat gibt. Wenn hier jemand herumbrüllte, dann wir. Ich muss zugeben, dass es mir eine Freude war, den dicken, wohlhabenden Männern den Eintritt zu verwehren.

Bald hatte ich genug Geld, um mir neue Sachen kaufen zu können, genau die gleichen wie Manager. Meist bekamen wir so gegen vier Uhr frei. Dann zählten Manager und ich das Geld, das wir im Lauf des Tages zusammengerafft hatten. Fast jeden Abend gingen wir in die Stadt. Wir trugen dieselben Anzüge und hatten reichlich Geld in der Tasche, genug, um uns in den verschiedenen Bars interessant zu machen. Dieser Job gefiel mir von Tag zu Tag besser. Ich war zwar erst dreizehn, fühlte mich aber fast wie ein Mann von Welt.

Eines Tages standen Manager und ich wie üblich an der Pforte, als aus heiterem Himmel ein Lastwagen voller Kindersoldaten auftauchte. Plötzlich wimmelte es überall nur so vor Militärpolizei. Ohne ein Wort der Erklärung packten sie uns und zwängten uns zu den anderen Kindern und Jugendlichen. Auf der Ladefläche kamen wir den anderen Mitreisenden ziemlich nahe. Sie sahen alle sehr mitgenommen aus, die Augen lagen tief in den Augenhöhlen, und ihre Haut sah aus, als habe sie seit Ewigkeiten keine Sonne mehr gesehen. Die meisten kamen direkt von der Front im Norden. Sie sagten, man würde uns zum Simba-Lager fahren, um uns dort zu unterrichten. Waren das Lügen? Manager und ich dachten nicht weiter darüber nach. Keine zehn Elefanten würden uns dazu bringen, mitzufahren. Sollten wir jetzt nach all den Kriegserlebnissen wie brave kleine Kinder die Schulbank drücken? Wenn das denn überhaupt stimmte. Manager und ich sahen uns an und wussten, dass wir hier auf diesem Wagen unter all den kleinen grauen Schattenmenschen nichts zu suchen hatten. Als wir von der Ladefläche sprangen, passierte nichts. Niemand folgte uns, und alles ging wieder seinen gewohnten Gang, so als habe das Ganze niemals stattgefunden.

Damals geschahen die sonderbarsten Sachen. Bald nach der eben geschilderten Episode konnte ich ein interessantes Gespräch zwischen zwei Stabsoffizieren belauschen. Mein früherer Commander-in-Chief der NRA, unser Präsident, hatte beschlossen, eine neue Währung einzuführen und jedem Soldaten 50 000 Schillinge zu geben, zum Dank für unseren Einsatz im Kampf. Gerüchten zufolge hatte ihm der libysche Staatschef, Colonel M. Gaddafi, ein guter Freund von Yoweri K. Museveni, das Geld dafür zur Verfügung gestellt. Bald darauf standen Manager und ich in der Kantine neben dem Haus der Republik und füllten direkt vor den Augen der Kassierer irgendwelche Formulare aus. In meinem ganzen Leben hatte ich noch nicht so viel Geld auf einmal gesehen. Schwindelerregende Beträge! Bei diesem Anblick wurde uns beiden ganz mulmig. Manager und ich trennten uns am Tor, und ich lief zu meinem Unterstand, wo ich ein Loch grub, um das Geld dort zu verstecken. Vierhundert Schillinge steckte ich sofort in die Tasche, und bald darauf liefen wir in ausgelassener Stimmung in die Stadt, außerstande, die Fassade aufrechtzuerhalten und cool zu tun. Dabei hatten wir hart daran gearbeitet, um uns so ein Image zuzulegen. Als wir in das Viertel mit den vielen Geschäften kamen, wurde ich von der enormen Auswahl schier überwältigt: Ich wusste überhaupt nicht, was ich kaufen sollte! Das Problem hatte Manager nicht, also begleitete ich ihn einfach. Er kaufte ein Fahrrad, ein Dutzend BHs und Slips für seine Freundin sowie eine Menge anderer Sachen, von denen er nicht einmal wusste, wozu sie eigentlich gut waren. Ich brachte nichts weiter als ein Paar Herrenschuhe mit nach Hause. Aber die waren sehr schick.

Noch am selben Abend gingen wir in die teuerste Bar der Stadt, die nur wenige Straßen vom Haus der Republik entfernt lag. Was sich dort traf, sei die Elite Ugandas, glaubten wir. Jedenfalls kamen wir uns neben den anderen ziemlich klein und unbedeutend vor, völlig fehl am Platze. Aber wir wollten nicht zurückstehen und griffen zu einer kleinen Lüge. Allen, die es hören wollten, erzählten wir, Manager sei der Sohn des Vizepräsidenten Kiseka und ich der Sohn von Salim Salem. Daraufhin kauften wir Bier, Drinks und gebratene Hähnchen für alle. Jetzt sollte gefeiert werden. Alles lief wunderbar nach Plan, bis drei ziemlich betrunkene Kerle die Bar betraten, die uns einfach nicht glauben wollten. Nach und nach zogen sie immer mehr Aufmerksamkeit auf sich, und als die Beleidigungen zu demütigend wurden, verlangten wir eine Entschuldigung. Da lachten sie nur noch lauter. Wir verließen die Bar, aber wir versprachen, zurückzukehren. Und das taten wir, allerdings mit der Waffe in der Hand. Jetzt hatten wieder wir das Sagen und waren Herr der Lage. Wir zwangen sie, sich hinzuknien und um Gnade zu betteln. Dabei richteten wir abwechselnd das Gewehr auf ihre Köpfe. Jetzt hatten wir Oberwasser, und wie!

Weil vielleicht jemand die Polizei gerufen hatte, rannten wir laut lachend zu unserer Unterkunft. Außerdem war es höchste Zeit für uns, ins Bett zu kommen, sonst wären wir am nächsten Tag nicht zu gebrauchen. Doch allein beim Gedanken an den vor uns liegenden Arbeitstag bekam ich schlechte Laune. Wir beschlossen, den angefangenen Abend in einer Diskothek fortzusetzen. Der Rausschmeißer vergaß, dass wir zu jung waren, als wir seinen Monatslohn verdreifachten.

Die Diskothek war rammelvoll und die Musik ohrenbetäubend.

Allmählich waren wir ziemlich betrunken, und Manager wurde langsam sauer, weil ich ihm, ohne mein Zutun, schon das vierte Mädchen weggeschnappt hatte. »Du kannst sie ja nicht mal zu was brauchen!« Er flennte beinahe. Bald würde ihm die Lust vergehen, mit mir in eine Diskothek zu gehen. Doch da hatte ich eine Idee. Ich bat ihn, sich ein Mädchen auszusuchen. Sofort deutete er auf eine, die mit dem Rücken zu uns an der Bar saß. Ich ging zu ihr und tat so, als sei ich ein starker und cooler junger Mann.

Als wir nach Hause kamen, waren wir alle ordentlich beschwipst. Manager sagte gute Nacht, und die Frau und ich gingen in mein Zimmer. Ich bat sie, ins Bett zu gehen und das Licht auszumachen, ich müsste noch mal raus. Manager wartete schon vor der Tür, geifernd wie eine Hyäne. Nach etwa zehn Minuten tauschten wir die Schlüssel, und ich legte mich in Managers Zimmer schlafen.

Am nächsten Morgen veranstaltete Manager ein lautes Geschrei und Gezeter direkt vor meiner Tür. Als ich öffnete, erzählte er, die Frau sei so alt wie Methusalem und habe keine Zähne. Er brach fast in Tränen aus, während ich lachte wie noch nie in meinem Leben.

Ein Zuhause für meine Mutter

In den nächsten Wochen dachte ich ständig darüber nach, was ich mit meinem Geld machen sollte. Es reichte, um sich davon ein Haus und ein Auto zu kaufen. Ich dachte an meine Mutter, die kein eigenes Haus hatte. Der Sergeant meiner Einheit stellte mir einen Passierschein aus, der mir gestattete, sie zu besuchen.

Auf dem Weg zur Bushaltestelle kaufte ich zehn Brote. Diesmal konnte ich nicht mit leeren Händen nach Hause kommen. Der Bus setzte mich fünfhundert Meter vor meinem Ziel ab, und als ich auf das Haus zuging, sah ich meine Mutter mit einer Nachbarin vor der Tür sitzen und schwatzen. Ohne zu grüßen, nahm ich sie am Arm, und wir gingen hinein. Erst an jenem Tag fiel mir auf, wie armselig sie hauste. Als ich ihr die Tüte mit dem Brot reichte, lächelte sie nur, während ihr die Tränen über die Wangen liefen. Wie würde sie reagieren, wenn sie das Geld bekam? Ich steckte es ihr ohne Umschweife in die Hand und ging hinaus, weil ich ihre Reaktion nicht mit ansehen wollte. Als ich zurückkam, hielt sie es immer noch in der Hand. Sie presste es an ihre Brust, als habe sie Angst, der Wind könnte es wegblasen. Sie hatte den Kopf in den Nacken gelegt, die Augen geschlossen und schien zu träumen. Ein Lächeln spielte um ihre Lippen, und sie sah aus, als würde sie jeden Moment zum Himmel fliegen. Ich weckte sie aus ihren Träumen und fragte sie, ob irgendjemand ein Haus oder ein Stück Land zu verkaufen habe. Ausgelassen nahm sie meine Hand und küsste sie, ehe sie mir vorflunkerte, ich sei ihr Liebling.

Am nächsten Morgen war Mutter als Erste aus dem Bett. Beim Frühstück ergriff sie meine Hand und spuckte darauf. Als ich fragte, was das solle, sagte sie leichthin, das würde mich beschützen. Anschließend nahm sie mich mit zu einem jungen Mann, der ein Stück Land zu verkaufen hatte. Dazu gehörten eine kleine Hütte sowie eine Bananenplantage und zwei riesige Avocadobäume. Das Angebot war gut, und wir schlugen ein. In den nächsten Tagen war meine Mutter völlig aus dem Häuschen und überschüttete mich mit Fürsorglichkeit und Aufmerksamkeit. Sie schleppte mich überallhin mit und stellte mich vor und lobte mich in den höchsten Tönen, was mir ziemlich unangenehm war. Um dem Einhalt zu gebieten, beschloss ich, eine Einweihungsparty zu feiern. Alle Nachbarn wurden eingeladen, und ich saß die meiste Zeit gegen die Wand gelehnt da und sah meiner überglücklichen Mutter zu, die sich bemühte, überall Freude zu verbreiten. Bei der

Gelegenheit begriff ich, dass Gott denjenigen ein gutes Herz gibt, die sonst nichts zu verschenken haben.

Eine neue Herausforderung

An einem Freitag saß ich allein vor dem Haus der Regierung, als mein alter Commander-in-Chief Senior Officer Ahmad Kashillingi in seinem Mercedes vorfuhr. Ich salutierte, aber er lächelte nur und gab mir dann ein Zeichen, mich zu ihm ins Auto zu setzen. Gemeinsam fuhren wir zu seinem Haus nach Kololo, ein Reicheleuteviertel der Stadt, wo er eine herrschaftliche Villa – fast schon ein Schloss – besaß, das von einem hohen Zaun umgeben war. Als wir auf das Tor zufuhren, hupte er. Ein bewaffneter Soldat salutierte und öffnete es. Beim Mittagessen fragte er, ob ich sein persönlicher Leibwächter sein wolle. Ich hätte mich beinahe verschluckt. Das Wort Leibwächter rief lauter schreckliche Erinnerungen in mir wach, und mit Abscheu und Ekel musste ich feststellen, dass ich weder Godfreys noch Ronalds Vergewaltigung – oder das Schicksal des kleinen Kusain – vergessen hatte. Aber Kashillingi war schließlich nicht Godfrey oder Ronald, und so stand ich stramm und sagte: »Yes, Sir!«

Nach dem Mittagessen schickte mich Kashillingi in Begleitung seines Chauffeurs zurück zum Haus der Republik, damit ich meine Sachen holen konnte. Mein Herz klopfte wie wild und der Schweiß brach mir aus, aber glücklicherweise erhielt ich ohne weiteres die Erlaubnis zu packen. Zurück bei Kashillingi zeigte er mir das Zimmer, in dem ich schlafen sollte. Eine Sorge weniger.

Kashillingi wartete, bis ich ausgepackt hatte. Dann lud er mich ins Hauptgebäude ein, wo er und seine Familie wohnten. Als wir so durchs Haus gingen, sah ich viele weinende Kinder. Die meisten davon waren seine eigenen, allerdings von verschiedenen Frauen. Wir setzten uns und tranken Mineralwasser. Bald war ich über meine neuen Pflichten informiert. Ich aß mit der Familie zu Abend und erfuhr, dass das auch in Zukunft so sein würde. Ich sollte alle Mahlzeiten mit der Familie einnehmen. Als persönliche Leibwache konnte ich mir leicht ausrechnen, warum. Ich salutierte und freute mich im Übrigen auf die vielen guten Mahlzeiten.

Auf dem Weg zum Wachhaus blieb ich stehen und musterte den Zaun, der Kashillingis Haus von dem von Colonel Julius Chihanda und Brigadier David Tinyenfuza trennte. Hinter Kashillingis Haus befand sich das der anderen Leibwachen – alles Jungen –, das aus vier Zimmern bestand. Davor lag ein Parkplatz mit Platz für fünf Autos. Nachdem ich mir so einen ersten Überblick verschafft hatte, ging ich auf mein Zimmer und legte mich ruhig schlafen. Mein neues Leben würde mir gefallen, davon war ich überzeugt.

Am nächsten Morgen stand ich früh auf und erschien in meiner Uniform zum Morgenappell. Ich war das einzige Mädchen. Lieutenant Patrick Kiberu kam und unterrichtete uns über die anstehenden Aktivitäten. Daraufhin überreichte er mir eine AK-47 und stellte mich den anderen Soldaten vor. Mein erster Arbeitstag hatte begonnen. Corporal Katumba und ich sollten Kashillingi zum Haus der Republik eskortieren. Stolz hielt ich bei seinem Mercedes Wache, das Gewehr im linken Arm. Bald erschien Kashillingi. Es kam mir so vor, als wäre er kurz auf der Veranda stehen geblieben und hätte zu mir herübergeschaut, ehe er die Treppe hinunterging.

Katumba und ich warteten mit dem Einsteigen, bis der Chef Platz genommen hatte. Schweigend fuhren wir zum Haus der Republik. Als wir Kashillingi durch den Haupteingang und die Treppe hinauf in sein Büro eskortierten, wäre ich fast geplatzt vor

Stolz. Ich freute mich wie verrückt, die Reaktion der anderen Soldaten auf dem Flur zu sehen, als erst der Senior Officer und Direktor für Archiv und Protokoll, Ahmad Kashillingi, auftauchte – und dann meine Wenigkeit.

Im Vorzimmer von Kashillingis Büro saß Chris, der Verwaltungsoffizier seiner Abteilung, an seinem Schreibtisch. Trotz seines hohen Ranges fühlte ich mich ihm so überlegen, dass ich mich weigerte, zu salutieren. Die Reaktion ließ sich deutlich an seinen Augen ablesen, die nun alles andere als freundlich blickten.

Katumba war zum Glück sehr routiniert und wusste über alles Bescheid. Er forderte mich auf, einen Stuhl zu holen, sodass wir vor der Tür auf dem Korridor gemeinsam Wache halten konnten. Dort saßen wir wie gewöhnliche Wachleute, bis sich um ein Uhr unser Chief zeigte. Da hieß es, blitzschnell auf die Beine zu kommen und ihn nach draußen zum Auto zu begleiten. Ich hatte keine Ahnung, wohin wir fuhren. Aber weil ich Angst hatte, Fragen zu stellen, begnügte ich mich damit, die Augen offen zu halten. Das Rätsel löste sich von selbst, als wir vor einem Restaurant hielten.

Drinnen erfuhr ich, dass ich mich nicht zurückhalten müsse, sondern das aussuchen durfte, worauf ich Lust hatte. Da kein anderer Leibwächter je mit solchen Extras geprahlt hatte – und ich hatte mit fast allen geredet –, fühlte ich mich wie der bedeutendste Leibwächter der ganzen Welt.

An diesem Tag war Kashillingi um vier Uhr im Büro fertig und wir fuhren nach Hause. Als ich abends in meinem Zimmer saß, ließ ich die Ereignisse des Tages Revue passieren. Die einzige ungewöhnliche Unterbrechung war die Mittagspause gewesen. Die übrige Zeit war reinste Routine – Geduld aufbringen, vor einer Tür sitzen, ab und zu ein paar Toilettengänge.

Obwohl ich mir selten gestattete, einen Menschen zu vermissen, musste ich immer wieder an Manager denken und an all den

Spaß, den wir zusammen gehabt hatten. Ich gab mich den vielen schönen Erinnerungen hin und versuchte, mir einen Reim darauf zu machen. Plötzlich hörte ich, dass mein Name gerufen wurde. Am Fuß der Treppe stand Kashillingi in Zivil. Er bat mich, meine Waffe zu holen und mit ihm nach Kabaragara zu fahren, wo er mit Freunden einen Drink nehmen würde. Dort wurde ich gebeten, im Auto zu warten und ihn nicht aus den Augen zu lassen. Er nahm auf der Veranda Platz, vor der Bar, wo seine Freunde, alles Zivilisten, saßen. Sie flüsterten, aber ringsum war es so still, dass ich jedes Wort verstehen konnte.

Kashillingi stand im Zentrum der Aufmerksamkeit. Er erzählte eine Geschichte, und die handelte von mir. Kashillingi berichtete, wie gefährlich ich werden könne, und dass ich auf jeden hier schießen würde, wenn ihn nur einer von ihnen beleidige. Ohne zu zögern! Nachdem er geendet hatte, dachte ich eine Weile über seine Worte nach. Ich versuchte, mir die Situation vorzustellen, kam aber zu dem Schluss, dass ich nur auf den Schuldigen schießen würde. Allerdings hatten ihn seine Worte als militärischen Führer entlarvt, der sich der »Gefährlichkeit« der Kinder bewusst bediente. Und wie sie es verstanden, die unglaubliche Loyalität der Kindersoldaten auszunutzen! Sie wussten haargenau, dass sie mit uns tun konnten, was sie wollten. Nie würden wir aufbegehren, nie protestieren. Ahnte ich schon damals, wie stark die Bindung zwischen uns werden, wie eng mein Schicksal mit seinem verknüpft sein würde?

Am nächsten Tag fand Katumba, meine Lehrzeit sei vorüber, und ließ mich allein Wache stehen. Unterdessen ging er durchs Haus und begrüßte seine vielen Freunde. Ich fühlte mich ein bisschen einsam. Außerdem machte mir die Langeweile zu schaffen. Ich sollte hier mutterseelenallein sitzen, während Manager und die anderen unten am Tor ihren Spaß hatten. Ein paar Minuten später sauste ich nach unten, um ihn zu begrüßen. Als wir so zusammenstanden und schwatzten, fiel mir mein Gewehr ein: Ich hatte es vor der Tür gelassen! Wie unverzeihlich! Als ich zurückrannte, schlug mir das Herz bis zum Hals – das Gewehr war weg. Jetzt geriet ich fast in Panik. Im Krieg hätte ich wegen dieses Vergehens erschossen werden können. Ich versuchte, jeden Gedanken an eine Hinrichtung zu verdrängen. Diskret fragte ich Katumba, ob er die Waffe gesehen habe, aber der verwies mich nur an Chris. Der hob mit einem teuflischen Lächeln den Hörer ab und rief die Militärpolizei. Da fiel es mir ein: Ich hatte nicht vor ihm salutieren wollen. Jetzt war die Stunde der Rache gekommen! Eine Minute nach seinem Anruf stand die Militärpolizei bereit und führte mich zum Lagerplatz, der zum Haus der Republik gehörte. Hier wurde mir befohlen, mich so lange im Matsch zu wälzen, bis meine Uniform völlig durchweicht war.

Als ich mich nach dem Umziehen wieder zum Dienst meldete, reichte mir Chris triumphierend meine Waffe. Jetzt schworen meine Augen Rache. Als ich das Büro verließ, zog ich die AK-47 lässig hinter mir her. Draußen setzte ich mich auf den Stuhl und war völlig darin versunken, Rachepläne zu schmieden und mir allerlei Qualen für Chris auszudenken.

Später kam noch Taban, einer von Kashillingis Chauffeuren. Er gehörte zum Kakwa-Stamm und war nicht weit von Idi Amins Dorf auf die Welt gekommen. Eines von Kashillingis Kindern war krank, und Taban brachte es in die Praxis des Militärarztes, die im ersten Stock lag. Während der Wartezeit erzählte mir Taban, er sei sich sicher, dass ich bald zum Corporal befördert werden würde. In meinen Augen spielte Taban nur den Helden, der mir aus einer Laune heraus ein kleines Kompliment machen wollte. Deshalb glaubte ich ihm nicht so recht. Vor allem seine Art zu gehen beeindruckte mich. Er war zwar sehr klein, bewegte sich aber auf eine Weise, dass er den Raum füllte wie ein großer Stier. Er schmückte sich mit Waffen aller Art. Am Gürtel trug er zwei Bajonette, auf jeder Seite eines. Eine Pistole steckte hinten im Hosenbund, und aus irgendeinem rätselhaften Grund hatte er stets ein Seil dabei.

Sobald ich nach der Arbeit frei hatte, besuchte ich Taban auf seinem Zimmer und fragte ihn danach aus, wie er Sergeant geworden sei. Er hatte seinerzeit in Idi Amins Heer gedient, wo er zum »Commando« ausgebildet worden war. Das konnte schon sein, und ich hoffte sehr, eines Tages ebenso cool und zäh zu werden wie er.

Liebesbriefe

Katumba und ich waren allmählich recht gute Freunde geworden. Eines Tages vertraute er mir einen Brief an Kashillingis Tochter Kobusingye an. Während ich noch überlegte, was passieren würde, wenn Kashillingi diese Geheimniskrämerei entdeckte, fing Kiberu mit Aisha, der anderen Tochter, etwas an und brauchte ebenfalls einen Postillon d'Amour. Das ist eine sehr vornehme Bezeichnung für die mühsamen Botendienste, die ich für die beiden Burschen bald jeden zweiten Tag erledigte. Beinahe einen Monat lang ging alles gut. Dann gebot Kashillingi der Sache Einhalt. Ich rauchte gerade mit Regina eine Zigarette, als ich zu ihm gerufen wurde. Nichts ahnend ging ich pfeifend nach oben. Das Pfeifen nahm ein jähes Ende, als ich sah, wie Kashillingi Kobusingye festhielt. Ruhig und überlegt packte er auch mich und schleppte uns beide in ihr Zimmer. Dort warf er das Kissen zur Seite, unter dem alle Briefe versteckt lagen. Dann stieß er unser beide Köpfe zusammen, was ehrlich gesagt ziemlich wehtat. Um ihn auf andere Gedanken zu bringen, sagte ich schnell, ich hätte keine Ahnung, was in den Briefen stünde. In gedämpftem Ton entschuldigte er sich, ehe er losbrüllte: »In dieses Haus werden keine Briefe mehr gebracht! Verstanden!?« Diese Botschaft gab ich auch an Katumba und Kiberu weiter. Doch die hatten leider nicht die Absicht, ihr Vorhaben aufzugeben.

Die Verlockungen der Macht

An einem Samstagmorgen schickte Kashillingi Jennifer, ein Mädchen, das in einem seiner Geschäfte arbeitete, zum Einkaufen in die Stadt. Das Ende des Ramadan – »idi« genannt – sollte gefeiert werden. Zu diesem Anlass, fand er, sollten wir alle neue Sachen erhalten. Ich fand nichts, was mir gefiel, und bekam schließlich das idiotischste Kleid, das ich je besessen habe, und ein Paar vollkommen verrückte Schuhe. Ich schämte mich. Was für ein Abstieg für eine Soldatin! Nie im Leben würde ich so etwas anziehen – so viel stand fest.

Zwei Tage vor dem Fest schickte Kashillingi die gesamte Familie in seinem Minivan nach Rukungiri, wo seine Eltern wohnten. Kashillingi, Katumba und ich blieben noch ein paar Tage. Als Kashillingi endlich im Büro fertig war, folgten wir in seinem Mercedes. Der hatte private Nummernschilder, weswegen wir an einer militärischen Straßensperre anhalten mussten. Ein Sergeant der Militärpolizei in rotweißer Uniform – und einem unglaublich schicken Barett – forderte Kashillingi auf, sich auszuweisen. Gespannt beobachtete ich seine Reaktion.

»Ich heiße Ahmad Kashillingi, bin Senior Officer und Direktor für Archiv und Protokoll«, entgegnete mein Chef ruhig.

Sofort erblasste der Sergeant, während sein Gehirn rotierte, um das zu verarbeiten, was er gerade gehört hatte. Dann beeilte er sich, den Schlagbaum so schnell wie möglich zu öffnen.

Das war die Süße der Macht! Die Situation wiederholte sich, als wir anhielten, um zu essen. Sobald Kashillingi erschien, herrschte im Restaurant hektische Betriebsamkeit, um den besten Tisch für ihn zu decken. Der Besitzer kam extra aus seinem Büro, und die Kellnerinnen ließen ihre Gäste Gäste sein und kamen eilends herbei, um ihn ehrerbietig zu grüßen. Wie immer, wenn er gute Laune hatte, gab er ein paar von ihnen einen Klaps auf den Po. Wie immer brachte mich das zum Lachen, aber da wurde mir schon der Teller mit dem verlockenden Hähnchen vorgesetzt.

Nachdem die kurzen Ferien und die Ramadan-Festlichkeiten vorüber waren, wurde ich von den Kashillingis ins Wohnzimmer eingeladen, um mit den anderen Kindern gemeinsam einen Film anzuschauen. Kashillingi schien strahlender Laune zu sein, so wie er da in seinem großen bequemen Sofa saß, ein Glas Bier vor sich auf dem Tisch. Er bat Kobusingye, mir ebenfalls eines zu holen. Ich hatte noch nie mit ihm zusammen getrunken und lehnte zunächst mit der Bemerkung ab, ich hätte noch nie getrunken. Aber er bestand darauf.

Am nächsten Morgen frühstückten Kashillingi und ich zusammen und schwatzten über dies und das. Als er nach meinen Eltern fragte, erstarrte mein Arm mitten in der Bewegung. Mühsam fing ich an, ihm von meinem Vater zu erzählen, aber ich kam mit meiner Geschichte nicht zu Ende, weil ich die Tränen kaum zurückhalten konnte. Kashillingi atmete tief durch und erzählte mir dann, wie er sich unter Idi Amin wegen der Misshandlungen durch den Vater zum Heer gemeldet hatte. Ich sah ihn prüfend an und fragte nach seiner Mutter, aber sie war gestorben, als er noch ein Baby war, und er wusste nichts von ihr. Als wir uns vom Frühstückstisch erhoben – wir hatten kaum etwas angerührt – und hinaus zum Auto gingen, war es, als habe uns das Schicksal zusammengeführt.

Chief Escort

Ich hatte erst eine Stunde im Haus der Republik Wache geschoben, als Kashillingi aus seinem Büro trat und eine Pistole in die Tasche steckte. Katumba und ich begleiteten ihn zur Lubiri-Kaserne, wo mehrere hundert Rekruten angetreten waren, um inspiziert zu werden. Kashillingi und Senior Officer Peter Karim sollten das durchführen. Ich lief direkt hinter ihnen – leicht seitlich versetzt und mit gezogener Pistole. Ein trauriger Haufen stand da vor uns, in verschlissenen Uniformen, die meisten waren ganz junge Burschen. Fast alle folgten mir mit den Augen. Kashillingi forderte mich auf, drei Rekruten auszuwählen. Ich war so überrascht, dass mir der Atem stockte. Ich war erst vierzehn Jahre alt und schon so bedeutend.

Dann wurde ich nervös. Ich musste ganz dicht an diese Jungen mit den hungrigen Blicken herantreten, und ich hatte keine Ahnung, wen ich nach welchen Kriterien auswählen sollte. Einige von ihnen hatten Kashillingis Befehl gehört. Ich hatte das Gefühl, in diesem Meer armseliger Hundeköpfe zu ertrinken, sodass ich die Augen schloss, um sie nicht sehen zu müssen. Als ich sie wieder aufschlug, fiel mein Blick auf einen Jungen, der zufällig in der ersten Reihe stand. »Der Name ist Benoni, Sir!« antwortete er auf meine Frage, und geschmeichelt von seinem Gruß, bat ich ihn, einen Schritt vorzutreten.

»Ach wähl mich aus, Afande. Nimm mich!«, kam es jetzt von dem Jungen neben ihm. Mit »Afande« angesprochen zu werden ... da konnte ich nicht widerstehen und gab nach. Später hörte ich, er habe sich selbst den Spitznamen »Witzbold« gegeben. Noch ehe ich den Dritten benennen konnte, rief mich Katumba und zeigte auf einen Jungen, der Jamiru hieß. Jamiru war Muslim, erfuhr ich, und dass er von großem Nutzen sein würde, wenn Kashillingis Geflügel geschlachtet werden musste. Ich hätte beinahe laut losgelacht, aber da sah ich, wie jung er war, und zögerte nicht länger. Jamiru wurde ebenfalls ausgewählt.

Zurück im Haus der Republik forderte mich Kashillingi auf, Taban kommen zu lassen. Dann sollte ich mit den drei Jungen nach Mbuya fahren und Uniformen für sie kaufen. Von den Rekruten, die ich selbst ausgewählt hatte, mochte ich »Witzbold« besonders gern, er war schlagfertig und hatte es faustdick hinter den Ohren. Obwohl er älter war als ich, sprach er mich auch weiterhin mit »Afande China« an. Ganz anders Benoni. Der war Mitte zwanzig, sehr draufgängerisch, um nicht zu sagen aggressiv, ein junger Mann, der meinte, Frauen gehörten in die Küche. Deshalb weigerte er sich rundweg, meinen Rang anzuerkennen, obwohl sich seine militärische Erfahrung als Rekrut auf keinen Fall mit meiner messen konnte. Es ärgerte mich, dass ich ihn zwingen musste, mir Respekt zu erweisen und »das Zauberwort« zu sagen – Afande. Von Jamiru gibt es nicht viel zu berichten, einmal ganz davon abgesehen, dass er fand, er hätte es hier bestens getroffen.

Jamiru und Katumba verstanden sich prächtig. Sie hingen zusammen wie die Kletten, auch wenn Katumba hin und wieder recht gequält wirkte, weil er ein Mann war, der wie ich im Heer aufgewachsen war. Jamiru bemühte sich, Katumba alles nachzutun. Innerhalb kürzester Zeit wuchs der zwölfjährige kleine Junge zu einem mutigen Soldaten heran. Es gab kein Gebiet, auf dem er nicht ausgezeichnet worden wäre.

Endlich war es mir geglückt, zum Sergeant befördert zu werden, und ich traute meinen Ohren kaum, als mich Kashillingi zum Chief Escort ernannte. Vergeblich versuchte ich, meine Freude und meinen Stolz zu verbergen. Sogar mein Gang veränderte sich. Trotzdem bekam ich es mit der Angst, wenn ich die erwachsenen Männer sah, die jetzt meinen Befehlen zu gehorchen hatten.

Eines Abends teilte mir Kashillingi mit, er wolle am Morgenappell teilnehmen, um zu sehen, wie ich damit fertig würde. Frühmorgens erschien er in voller Uniform und hielt eine Rede, in der er alle Anwesenden aufforderte, mich als Chief Escort zu respektieren. Wer Fragen hätte, solle sich zuerst an mich wenden. Noch während er sprach, zitterte ich am ganzen Körper vor Eifer, und vor lauter Begeisterung hätte ich tausend Luftsprünge machen mögen. Aber dann hörte ich, wie er Katumba aufforderte, seine Sachen zu packen und ihm ins Büro zu folgen. Katumba sollte an die gefährliche Nordfront versetzt werden, wo es mit den Aufrührern Probleme gab. Die Nachricht von Katumbas Versetzung schlug ein wie eine Bombe. Ich hatte nicht das Geringste bemerkt, vielleicht auch deswegen, weil ich nur noch meine Beförderung im Kopf gehabt hatte.

Viel Zeit, um über Katumbas Versetzung nachzudenken, blieb mir nicht, denn noch am selben Tag überschlugen sich die Ereignisse. Ich stand gerade in der Küche, wo die Haushaltshilfe Namaganda mit dem Abwasch beschäftigt war. Die Hände in die Hüften gestemmt, Pistole und Bajonett deutlich sichtbar, erwartete ich, bedient zu werden. Nach einer Weile wurde mir klar, dass sie mich absichtlich ignorierte. Ich unterdrückte meine Wut und nahm mir das Essen einfach selbst vom Herd.

Genau in dem Moment, als ich mir etwas auftun wollte, riss mir Namaganda den Teller aus der Hand wie ein Adler, der nach einem Küken stößt. Lächelnd drehte ich mich um und fragte, was sie wolle. Sie erklärte, mehr sei nicht übrig geblieben, und das sei für Julius, Kashillingis Neffen.

»Soll das heißen, dass du für mich nichts aufgehoben hast?«, explodierte ich und hätte sie geohrfeigt, wäre sie nicht um so vieles größer gewesen. Wie ich es hasste, die Kleine zu bleiben! Ich packte den Teller und ein Tauziehen begann. Der fettige Teller rutschte uns aus den Händen und fiel zu Boden. Da drehte ich völlig durch und trat ihr in den Bauch, mit dem Ergebnis, dass sie zusammenbrach. Ich machte auf dem Absatz kehrt und war schon auf dem Weg nach draußen, als ich schnelle Schritte hinter mir hörte. Als ich mich umdrehte, sah ich, wie Namaganda, in der erhobenen Hand ein Messer, schnell näher kam.

»Willst du mich töten?«, rief ich und zog die Pistole, überlegte es mir dann doch anders und griff stattdessen nach dem Bajonett. Sie fuchtelte vor meinen Augen mit dem Messer herum. Es gelang mir, nach ihrer Hand zu treten, und ehe das Messer auf dem Fußboden lag, hatte ich sie in den Arm geschnitten. Ich ließ sie schreien und ging in mein Zimmer.

Kurz darauf klopfte es. Es war Jamiru, immer noch in Uniform.

»Kashillingi hat mich gebeten, dich zu holen«, erklärte er kurz. Ich zog mich wieder an und folgte ihm. Alle außer dem Jüngsten saßen im Wohnzimmer und warteten auf mich. Neben Kashillingi saß Namaganda mit dem verbundenen Arm. Ich hielt mich so weit von ihr entfernt wie möglich.

»Glaubst du, du kannst meine Familie terrorisieren, nur weil ich nicht da bin?«, brüllte er.

»Nein, Afande!«, antwortete ich und gab meine Version der Geschichte zum Besten.

»Hab ich's euch nicht immer wieder gesagt, dass das ›Ding‹ hier gefährlich ist? Aber ihr wollt ja nicht hören! Eines Tages werde ich hier noch alle tot vorfinden!«, wandte er sich jetzt den anderen zu.

»Das Ding«, das war ich. Nach dieser kurzen Zurechtweisung ließ er mich gehen, und ich schlief ein, hochzufrieden über sein Urteil. Solange Kashillingi mich für gefährlich hielt, war er mit mir zufrieden.

Weil Samstag war, konnte ich mir erlauben, spät aufzustehen. Draußen begegnete ich Aisha, die vor dem Haus saß und ziemlich traurig aussah. Als ich nach dem Grund fragte, sagte sie, Kiberu, ihr Freund, würde in eine andere Einheit versetzt. Mag sein, dass sie unglücklich war, aber ich war es nicht, denn ich hatte mir noch nie etwas aus ihm gemacht. Als Lieutenant hatte er stets alles getan, um mir ein Bein zu stellen. Aus Höflichkeit tat ich so, als wenn es mir ein bisschen Leid täte. Wir unterhielten uns weiter, und bald wurde der Ton vertraulicher. Ich spürte, dass ich sie auf ein kleines Problem ansprechen konnte. Denn, ehrlich gesagt, immer wenn ich sah, wie Aishas Brüste beim Laufen hüpften, wurde ich neidisch. Mein größter Wunsch war, schneller erwachsen zu werden, damit auch ich einen größeren Busen bekäme. Sie riet mir, ich solle jeden Morgen ein paar Minuten in meine Brustwarzen kneifen, dann würden meine Brüste in einigen Wochen ebenso groß wie ihre. Wie sehr ich diesen Tag herbeisehne! Allein die Vorstellung, sie so auf und ab hüpfen zu lassen! Aisha ließ mich gedankenverloren stehen und ging zum Frühstück.

Als ich mich an den Tisch setzte, sprachen Julius und sein Vetter Emanuel von einem Fest, das auf ihrem College gefeiert werde. Keiner von uns hatte die Erlaubnis, abends auszugehen. Auch ich durfte mich nach sechs Uhr nicht mehr in der Nähe des Tors zeigen. Wie Verschwörer einigten wir uns darauf, das Verbot zu umgehen und uns hinauszuschleichen. Kashillingi würde an jenem Abend erst spät nach Hause kommen.

Am Abend gingen Julius und Emanuel nach oben, um sich umzuziehen. Ich dagegen wollte die Uniform anbehalten. Ich hoffte, dass sich die Jungen dann auf dem Fest vor mir fürchten würden – wenigstens ein bisschen. Ehe wir loszogen, bat ich »Witzbold«, der Nachtwache hatte, Kashillingi nichts zu sagen, falls er vor uns nach Hause käme.

Als wir auf dem Fest erschienen, ließen uns die Männer am Eingang hinein, ohne dass wir Eintritt bezahlen mussten. Die meisten waren ganz wild darauf, mit mir zu reden. Ich brauchte die

Geldbörse kein einziges Mal zu zücken, alles wurde mir spendiert. Ehrlich gesagt, ermüdete mich das auf Dauer, aber Julius und sein Vetter stellten mich immer neuen Menschen vor. Als wir nach Hause kamen, war es fünf Uhr. Ich war gerade am Einschlafen, da klopfte Taban an meine Tür und sagte, Kashillingi wolle mich sprechen. Als ich ins Wohnzimmer kam, stand er im Morgenmantel da und schrie Emanuel und Julius an.

»Afande hat gerufen«, sagte ich und salutierte.

»Habe ich dir nicht verboten, abends auszugehen?«, fragte er, und da ich nicht wusste, was ich sagen sollte, sah ich nur schuldbewusst zu Boden. Daraufhin gab er Taban den Befehl, uns zum Militärgefängnis in der Mbuya-Kaserne zu fahren. »Das Ding« hatte sich wie ein Kind benommen und sollte bestraft werden.

Dort im Gefängnis hatte die Grenzpolizei von Anfang an etwas gegen mich. Vielleicht wegen meines Stolzes. Vielleicht war ich ihnen nicht demütig genug. Ich trug den Kopf sehr hoch. Deshalb verhöhnten sie mich und kündigten mir an, dass ich am nächsten Morgen wischen und das Gefängnis putzen müsse. Aber das war mir völlig egal. Ich hatte genug Geld in der Tasche, um sie zu kaufen. Bestechung war hier die Regel, und sie setzte alle Gesetze außer Kraft. Kashillingi kam am nächsten Morgen um acht Uhr. Dem Gefängnisinspektor, einem Sergeant, wurde mitgeteilt, er möge mir eine harte Arbeit geben. Danach nahm er Julius und Emanuel mit nach Hause. Das verletzte mich, denn ich fand es nicht fair, die Jungen hier herauszuholen und mich im Gefängnis zurückzulassen. Vielleicht hatte ich mir nur eingebildet, dass Kashillingi mich mochte. Wie konnte er einfach gehen und mich hier mit nur einer Uniform sitzen lassen? Ich war ein Mädchen. Mädchen müssen sich umziehen. Sobald Kashillingi außer Sichtweite war, beschloss ich, in meiner Zelle zu bleiben. Dort saß ich und schaute aus dem Fenster, als der Gefängnisdirektor hereinkam und erklärte:

»Da hast du es. Sogar Kashillingi will, dass du bestraft wirst. Ich werde dir eine Arbeit geben, nach der du wie ein Schwein aussehen wirst.«

Als er seine kleine Rede beendet hatte, steckte ich die Hand in die Tasche und zeigte ihm ein paar Scheine. Er bekam große Augen, weil ich ihn bezahlen wollte, um in Ruhe gelassen zu werden. Abends schickte er einen Polizisten zum Bierholen. Da es von meinem Geld gekauft worden war, bekam ich auch einen Schluck ab. Wir setzten uns draußen ins Gras und betrachteten die Sterne. Der Sergeant war jetzt mein Freund. Als ich in meine Zelle zurückkehrte, sagte er:

»Ich hoffe, Afande Kashillingi holt dich morgen ab, denn dann habe ich frei.«

Ich legte mich zum Schlafen auf den harten Zementfußboden. Mir schwirrte der Kopf. Ich war fest davon überzeugt, am nächsten Morgen bei Tagesanbruch freigelassen zu werden. Aber Kashillingi ließ sich nicht blicken. Erst am Abend des dritten Tages kam er mit Jennifer und Jamiru. Nachdem mich der Gefängnisdirektor zu ihm gebracht hatte, wurde er wütend, als er sah, dass meine Uniform immer noch sauber war. Ein Polizist wurde gerufen und ihm wurde befohlen, mich mit einem Stock zu schlagen. Als ich mich auf den Fußboden legen sollte, hörte ich, wie Jennifer zu ihm sagte, ich sei schon genug bestraft worden. Kashillingi änderte seine Meinung und scheuchte mich stattdessen ins Auto. Zu Hause stürzte ich direkt in mein Zimmer, wo ich bis zum nächsten Morgen blieb.

Nach dem Frühstück fuhren wir ins Büro. Alles war jetzt wieder beim Alten, und als es Zeit fürs Mittagessen war, kam Kashillingi heraus und bat mich, zu seiner Geliebten hinüberzugehen, einer Frau, die als Sekretärin für Rwigyema arbeitete, der zum obersten General und Verteidigungsminister befördert worden war. Dort traf ich Rwigyemas Leibwächter. Einer von ihnen war ein Junge namens »Happy«, ein guter Freund aus der Rekrutenzeit. Wir fingen an zu reden, und ich vergaß Zeit und Ort. Plötzlich kam Rwigyema aus seinem Büro und nahm meine Hand.

»Bei dem Lärm kann ich nicht arbeiten!«, sagte er ruhig.

Gelähmt vor Schreck, standen wir vor seinem Schreibtisch, und dann forderte er mich auf, mich auf seinen Stuhl zu setzen.

»Jetzt kannst du Minister sein. Bitte sehr! Nimm Platz!«, befahl er.

Nervös schaute ich zu seiner Sekretärin, die nur lächelte. Kurz darauf sagte er, ich könne nun gehen, aber er müsse Kashillingi Meldung machen. Die Worte des Ministers hingen wie ein Damoklesschwert über meinem Kopf, als ich eilig sein Büro verließ und wieder auf meinem Stuhl vor Kashillingis Büro Platz nahm. Den ganzen Tag wartete ich darauf, dass der General käme. Aber glücklicherweise tauchte er nie auf, und ich entging noch einmal einer Bestrafung. Tatsächlich endete die Sache so, dass Rwigyema und ich gute Freunde wurden. Wenn er mich dabei ertappte, wie ich laut mit seinen Leibwächtern schwatzte, zog er mich am Ohr, bis ich hoch und heilig versprach, nie wieder Krach zu machen. Im Busch hatte ich schon zu ihm als Senior Officer aufgeschaut und ihn bewundert. Jetzt liebte ich ihn für seine Freundlichkeit. Er vergaß nie, wem er es zu verdanken hatte, den Gipfel der Macht erklommen zu haben, und blieb stets der gleiche verlässliche und schlichte Mann, der er immer gewesen war. Ich hoffe, dass sich alle, die seine Liebe und Freundlichkeit zu spüren bekommen haben, immer daran erinnern werden.

Die Tragödie

»Und töte niemanden, hörst du? Du sollst sie beschützen, nicht erschießen!«

Es war Kashillingi, der mir diese kurze Rede hielt, bevor er wegfuhr. Mein Chef liebte das Theater, ganz besonders die Truppe von Jimmy Katumba. Die Gruppe spielte fast jedes Wochenende, und Kashillingi besuchte die Vorstellungen mit Jennifer, wenn seine Frau in seinem Geburtsort weilte. An einem solchen Wochenende überließ er mir die Verantwortung für Haus und Kinder. Selbst in meinen wildesten Fantasien hätte ich mir nicht vorgestellt, wie groß diese Verantwortung werden würde.

Ich stand mit Regina und Alex, einem Leibwächter, der erst seit einigen Monaten Dienst tat, auf der Veranda. Da fuhr der Chauffeur, ein Zivilist, der angestellt war, um die Kinder zur Schule zu bringen und sie dort wieder abzuholen, auf das Haus zu. Als Tumwine, der Chauffeur, ausgestiegen war und die Veranda betrat, begannen die beiden Jungen, sich böse Blicke zuzuwerfen. Beide waren in Regina verliebt. Kurz darauf gerieten sie in Streit darüber, wohin das 35. Bataillon verlegt worden war. Tumwine verhöhnte Alex, indem er sagte, wie er sich einer Sache nur so sicher sein könne, wo er doch nicht einmal wisse, wie man seinen eigenen Namen buchstabiere. Alex antwortete, indem er Tumwine als wiederkäuenden Hinterwäldler bezeichnete. Noch ehe ich wusste, was geschah, hörte ich einen Knall, und als ich mich umdrehte, sah ich Tränen in Alex' Augen.

»Jetzt reicht's. Ein gewöhnlicher Zivilist hat mich geschlagen«, murmelte er vor sich hin und ging zu seinem Quartier. Während ich mich noch mit Jennifer unterhielt, sah ich plötzlich Alex, der durch die Hintertür ins Haus gekommen war. Er hielt eine AK-47 in der Hand plus drei volle Magazine. Da er sich in Schussposition begab, hatte ich keine andere Wahl. Ich forderte ihn auf, das Haus zu verlassen, aber er wich meinem Blick aus. Anstelle einer Antwort richtete er das Gewehr auf mich und sagte: »Willst du sterben?« Er stand jetzt ganz dicht vor mir. Als Chief Escort musste ich eine Entscheidung treffen. Ich war verantwortlich, und wenn nötig, musste ich mein Leben opfern. Schwitzend starrte ich in den Gewehrlauf, forderte Alex jedoch auf, zur Vernunft zu kommen. Je mehr ich ihn anflehte, desto mehr regte er sich auf. Einen Moment überlegte ich, ob Schreien helfen würde, aber ich hatte Angst vor seiner Reaktion. Mit einem Mal sah ich Tumwine, der sich langsam von hinten anschlich. Er packte Alex von hinten, woraufhin die erste Kugel in die Wand direkt vor dem Schlafzimmer der Kinder einschlug.

Regina kam aus ihrem Zimmer, zog sich aber klugerweise sofort wieder zurück. Verwirrt blieb ich einen Moment stehen. Jetzt musste ich mir Alex schnappen. Meine größte Sorge waren die drei Magazine, deshalb versuchte ich, sie zu ergreifen. Es gelang. Nun musste ich mir nur noch Sorgen um die Kugel in der Wand machen. Da rannte plötzlich Regina aus ihrem Zimmer und zerrte an Alex' Gewehr. Außer mir vor Schreck, rief ich, sie solle verschwinden. Zu spät. Schuss Nummer zwei dröhnte in meinen Ohren und ich sah Regina zusammenbrechen. Noch ehe ich bei ihr war, sprudelte das Blut und bedeckte den Boden unter ihrem Körper. Als ich mich Alex zuwandte, sah ich, dass ihn die Kugel ebenfalls getroffen hatte.

Reginas Bein blutete stark, denn die Schlagader war getroffen. Die Kugel hatte ihren Schenkel durchschlagen und den Muskel zerfetzt. Alle im Haus waren voller Panik. Die Kinder weinten, und ich merkte, dass sich jetzt alle auf mich verließen. Nachdem ihr Bein verbunden worden war, entschied ich, dass Regina ins Krankenhaus gebracht würde, Alex jedoch nicht. Ehrlich gesagt, war es mir zu diesem Zeitpunkt egal, ob er sterben würde oder nicht, so aufgeregt war ich.

Tumwine und ich trugen Regina nach draußen. Als wir sie ins Auto legten, trat Colonel Chihanda aus dem Haus, lehnte sich über den Zaun und sagte: »Na, ihr könnt es wohl kaum erwarten, euch gegenseitig umzubringen?« Dann machte er kehrt und verschwand im Haus. Keine Ahnung, wieso er überhaupt herausgekommen war. Seine Reaktion überraschte mich keineswegs. Sie war ganz typisch für die Mehrzahl der Senior Officers. Ihnen war es doch egal, wenn sich die »Dinger« gegenseitig umbrachten. Je mehr, desto besser.

Als Regina gut lag, fiel mir Alex ein. Vielleicht hätte ich genauso reagiert wie er. Wer weiß, was im Gehirn eines Menschen vor sich geht, wenn er so ausrastet. Er konnte nicht einfach dort liegen bleiben. Nachdem auch Alex im Auto untergebracht war, befahl ich Tumwine, so schnell wie möglich zu fahren. Bald darauf waren wir im Nsambya-Krankenhaus. Regina hatte inzwischen das Bewusstsein verloren. Alex war in der Leiste getroffen worden, dicht bei seiner Männlichkeit, schwebte aber außer Lebensgefahr.

Als die Ärzte übernommen hatten, saßen Tumwine und ich wieder im Auto. Wenn ich daran dachte, wie Kashillingi reagieren würde, zitterte ich vor Angst. Ich malte mir schon das Schlimmste aus, nämlich an die Front geschickt zu werden. Diese Drohung hing permanent über den Köpfen der Kindersoldaten, die keinen unbedingten Gehorsam zeigten. Im besten Fall würde ich ins Gefängnis müssen. Der Arzt kam heraus und berichtete, Regina habe so viel Blut verloren, dass sie umgehend eine Bluttransfusion brauche. Ein Spender mit der gleichen Blutgruppe müsse gefunden werden, sonst würde sie sterben. Ich konnte nur gaffen, von Blutgruppen hatte ich keine Ahnung. Aber der Arzt war vernünftig und erklärte mir alles. Noch einmal wurde das Gaspedal durchgetreten, dieses Mal befahl ich, mit Blaulicht zu fahren. Zu Hause sammelte ich blitzschnell alle Erwachsenen ein, verstaute sie im Auto, und im Nu waren wir wieder im Krankenhaus. Nachdem die Ärzte von allen die Blutgruppen getestet hatten, zeigte sich, dass ich als Einzige Reginas Blutgruppe hatte.

Ich wurde in einen Raum geführt und gebeten, mich auf eine Pritsche zu legen. Die Krankenschwester hielt meine Hand, weil ich laut jammerte, als mir erklärt wurde, die Flasche neben mir müsse bis zum Rand gefüllt werden. Anschließend sollte ich liegen bleiben, doch ich weigerte mich. Kein Wunder, dass ich auf dem Weg zum Auto ohnmächtig wurde!

Auf dem Heimweg sahen wir Kashillingis Auto, das uns mit hoher Geschwindigkeit entgegenkam. Sobald wir angehalten hatten, begann er, mich anzuschreien, aber ich war noch zu schwach, um zu reagieren. Dann hörte ich, wie er Tumwine fragte, ob ich ebenfalls angeschossen sei. Als das verneint wurde, raste er weiter zur Klinik. Aber ich wusste, in der Sache war das letzte Wort zwischen Kashillingi und mir noch nicht gesprochen. Als er zurückkam, setzte er sich an mein Bett. Ich konnte so weit klar denken, dass ich darum bat, ein Arzt möge nach mir schauen. Als der kam, unterrichtete ich ihn über die Situation, und freundlicherweise stellte er meinen Zustand schlimmer dar, als er war. Zu Kashillingi sagte er, ich bräuchte Ruhe. Auf diese Weise konnte ich einige Tage im Bett bleiben und mich ausruhen. So entging ich der Bestrafung. Als ich wieder auf war, besuchte ich Regina im Krankenhaus. Sie erzählte mir, ihr Bein sei ganz dunkel. Es war nicht nur dunkel, sondern fast schon blauschwarz, ich habe es mit eigenen Augen gesehen.

Die ganze Nacht wachte ich an ihrer Seite, während sie um ihr Bein weinte. Am nächsten Tag kam der Arzt ins Haus und teilte uns mit, Reginas Bein sei nicht zu retten. Kashillingi wurde Bescheid gegeben, er möge vom Büro ins Krankenhaus kommen.

Abends versammelten wir uns alle im Wohnzimmer. Kashillingi berichtete von der bevorstehenden Amputation. Obwohl wir so niedergeschlagen waren, mussten alle lachen, als Kashillingis kleine Nichte darum bat, Reginas Bein zu bekommen. Als Kashillingi sie verwundert fragte, warum, antwortete sie: »Weil die Nägel lackiert sind.«

Regina blieb mehrere Monate im Krankenhaus, und als sie schließlich nach Hause zurückkehrte, versteckte sie sich vor ihrer Umwelt und verließ nur selten ihr Zimmer. Das lange Krankenlager hatte sie zur Kettenraucherin gemacht. Sie hatte schon immer heimlich geraucht, aber jetzt tat sie es offen vor Kashillingis Augen.

Alex landete im Gefängnis.

Regina hoffte, zur Nachbehandlung zu Spezialisten nach Deutschland geschickt zu werden. Mir vertraute sie sich an, und so wurde ich jeden Tag zu ihr gerufen, sobald ich von der Arbeit kam. Das Gespräch drehte sich so gut wie ausschließlich um ihre Zukunftsaussichten. Ihre Worte und Tränen berührten mich tief und ließen mich über meine eigene Zukunft nachdenken. Der alltägliche Trott ging mir langsam, aber sicher auf die Nerven. Alle Tage waren gleich. Irgendwann war ich so weit, dass ich den Anblick des Hauses der Republik fast hasste. Zu Hause lief es auch nicht gut, und dass Kashillingi auch noch befahl, meine Tür solle nur noch angelehnt bleiben, machte es auch nicht besser. Alles war grau in grau, und ich sah kein Licht am Ende des Tunnels. Eines Tages wagte ich mich in Kashillingis Büro und bat um Versetzung. Wie erwartet, fuhr er aus der Haut. Wenn ich tatsächlich woandershin wolle, würde er höchstpersönlich dafür sorgen, dass ich an die Front käme, rief er drohend. Allmählich fing ich an, mich vor ihm zu fürchten, obwohl es keinen konkreten Anlass gab. Die Dinge schienen außer Kontrolle zu geraten, und ich musste der Realität ins

Auge sehen. Seit dem Tag, als ich sein Leibwächter geworden war, hatte es Annäherungsversuche von seiner Seite gegeben. Aber er war viel zu mächtig, als dass ich mich dagegen hätte wehren können. Ich fürchtete mich sogar, schlecht von ihm zu denken, da ich glaubte, er könne Gedanken lesen. Ich wusste mir keinen anderen Ausweg, als mich auf seine guten Seiten zu konzentrieren. Doch jetzt wurde die Realität übermächtig, und ich hielt es nicht mehr aus. Es wurde noch schlimmer, als Kashillingi mich zu einem Krankenhaus in der Nähe brachte und einen Arzt aufforderte, etwas in mich einzupflanzen. Ich hörte, wie der Arzt sagte, dieses Ding könne mir wegen meines jugendlichen Alters Probleme bereiten, aber Kashillingi ließ nicht mit sich reden. Das Ding sah aus wie aus Plastik und war sehr klein. Als ich ihn danach fragte, erklärte er mir, es sorge dafür, dass ich nicht schwanger würde.

Ich war nichts weiter als ein Schaf, das sagen musste: »Yes, Sir, allzeit bereit«. Meine Seele schien im Besitz unseres Afande zu sein, und ich fragte mich, ob sich das wohl jemals ändern würde! Die ganze Zeit musste ich sagen: »Yes, Sir« oder »Yes, Afande«. Ich habe nie gelernt, nein zu sagen. Jedes Mal, wenn ich NEIN sagen will, bekomme ich Angst, man könnte mich bestrafen oder hassen!

Nach ein paar Tagen bekam ich Bauchweh, aber er missbrauchte mich nach wie vor. Immer, wenn ich weinte oder sagte, das täte mir weh, antwortete er nur: »Ich mache es langsam.« Er kam jede Nacht und klopfte an meine Tür. Einmal gab ich vor, tief und fest zu schlafen, aber am nächsten Morgen fragte er mich: »Warum hast du nicht aufgemacht?« Bald durchschaute er mich, und da befahl er mir, die Tür immer angelehnt zu lassen! Ich war ihm völlig ausgeliefert und hatte niemanden, dem ich mich hätte anvertrauen können. Ich musste ganz allein damit fertig werden.

Ich konnte Kashillingi nicht verstehen. Nachts missbrauchte er mich, und am nächsten Tag schickte er mich los, um seine Freundinnen zu holen. Und an wieder anderen Tagen steckte er mich einfach ins Gefängnis.

Eines Tages war ich besonders unruhig und nervös, deshalb meldete ich mich krank und blieb im Bett. Etwas musste geschehen. Aber was? Als ich in die Küche ging, um mir ein Bier zu holen, sah ich Regina vor dem Fernseher sitzen. Plötzlich stand sie in der Küche und starrte mich so sonderbar an, während ich etwas trank. Ich sehe mich noch zurück in mein Zimmer gehen. Dann ist Schluss. Das Nächste, woran ich mich erinnere, ist, dass ich draußen vor dem Klo stehe und mit meiner AK-47 wild drauflosschieße. Ich bin völlig außer mir. Reginas Schreien holt mich in die Wirklichkeit zurück. Rasch werfe ich das Gewehr weg und eile zu ihr.

Sie liegt auf der Erde und hält ihr Bein. Als ich sie frage, was passiert ist, antwortet sie, ein fürchterlicher Lärm habe sie so erschreckt, dass sie vom Sofa gefallen sei. So traurig mich das auch machte, ich traute mich nicht, ihr zu sagen, wer da geschossen hatte. Wegen des Sturzes musste Regina wieder ins Krankenhaus und sich einer weiteren Operation unterziehen. Wieder saß ich bei ihr, bis sie entlassen wurde.

Frauengespräche

Regina kam niemals nach Deutschland. Ein Arzt vor Ort stattete sie mit einer Prothese aus, die sie nie mochte. Sie zog es vor, eine Krücke zu benutzen. Regina war ziemlich dick geworden, was bei Nachbarn und Freunden Anlass zu Gerede gab. Auf der Arbeit fragte mich Colonel Chihanda eines Tages, ob Regina schwanger sei. Ich antwortete lediglich, sie sei mit keinem Jungen zusammen gewesen, seit sie aus dem Krankenhaus zurück wäre, und dass ich mir darüber keine Gedanken gemacht hätte. Er schien bekümmert zu sein und forderte mich auf, der Sache nachzugehen.

Sobald ich frei hatte, beeilte ich mich, zu Regina zu kommen, und fragte sie, ob an dem Gerede etwas dran sei. »Das ist alles nur Kashillingis Schuld«, weinte sie nur, und ich verstand erst gar nicht, was sie meinte. Unverrichteter Dinge fuhr ich zurück in die Stadt, um ein paar Kleinigkeiten zu kaufen.

Auf dem Rückweg traf ich zufällig Lieutenant Colonel Drago, der in der Nähe wohnte. Er saß mit einem seiner Freunde, Lieutenant Colonel Peter Karamagi, auf der Veranda und trank Bier. Als er mich sah, rief er meinen Namen. Mein Körper begann zu zittern wie bei einem Malariaanfall, und meine Einkäufe kamen mir so schwer vor wie Kanonenkugeln. Ich keuchte wie eine müde Kuh und musste einen Moment stehen bleiben, ehe ich zu ihm ging.

Drago stellte viele Fragen, und ich konnte kaum antworten, weil mir meine Zunge nicht gehorchen wollte. Ehe er mich gehen ließ, versuchte er mich davon zu überzeugen, er meine es nur gut mit mir und sei gar nicht so schlimm wie sein Ruf. Stolz und mit hoch erhobenem Haupt verließ ich ihn, immerhin hatte ich gerade mit einem der meistbewunderten Kriegshelden gesprochen. Und damit nicht genug: Er fuhr nur die tollsten Autos in irren Farben und mit Hupen, die wie Stiere brüllten. In so einem Auto zu fahren war mein größter Wunsch. Wie der aller Teenager.

Als ich nach Hause kam, war ich noch immer hellauf begeistert. Deshalb ging ich zu Regina, um ihr davon zu erzählen. Sie sah so niedergeschlagen aus, dass meine Stimmung sofort einen Dämpfer erhielt und ich ihr stattdessen eine Zigarette anbot und mich zu ihr ans Bett setzte. Da vertraute sie mir an, sie sei tatsächlich schwanger. Sie weigerte sich, mir zu verraten, wer der Vater sei, obwohl ich sie gehörig unter Druck setzte. Wenige Tage später schenkte sie einer kleinen Tochter das Leben. Bei späterer Gelegenheit hörte ich Jennifer sagen, wie sehr das Kind Kashillingi ähnlich sähe. Auch seine beiden Töchter bedrängten Regina, wer der Vater des Kindes sei. Dass sie die Schwangerschaft verheimlicht und geschwiegen hatte, reizte sie um so mehr, und die Situation wurde allmählich unhaltbar. Eines Abends, wir waren gerade alle im Wohnzimmer versammelt, forderte Kashillingi Regina auf, die ganze Geschichte zu erzählen. Als alle sie und das Baby anstarrten, wirkte Regina, als habe ihr letztes Stündlein geschlagen. Unter Tränen erzählte sie, dass sie eines Tages allein zu Hause gewesen sei, als einer von Dragos Leibwächtern gekommen sei und sie vergewaltigt habe. Ich wusste, dass sie log. Bei den vielen Soldaten, die am Tor postiert waren, würde sich kein Leibwächter Zugang verschafft haben können. Im Übrigen hätte sie mir davon erzählt, als sie mir gestand, schwanger zu sein. Wütend stand ich auf und verließ das Zimmer.

Der nächste Tag war ein Samstag und alle schliefen noch. Nur ich nicht. Ich klopfte an Reginas Fenster und verlangte, sie solle mir die Wahrheit sagen, denn sonst würde ich nie mehr eine Zigarette mit ihr teilen. Da gestand Regina, Kashillingi habe sie gezwungen zu lügen. Doch sie weigerte sich standhaft, den Urheber der Schwangerschaft zu verraten.

Erste Liebe

An jenem Tag besuchten mich meine Schwester Margie und ihr Freund. Sie erzählten, dass sie nach Kabale umziehen würden. Zuerst war ich traurig, aber als Margie mir dann berichtete, dass sie ein Kind erwarte, freute ich mich. Langsam sah die Welt wieder freundlicher aus, und ich begann das Leben wieder zu genießen. Ein Grund für diesen Optimismus und meine wiedergefundene Lebensfreude hieß Drago. Er schenkte mir Geborgenheit und zeigte mir so wie kein Mann vor ihm, die Dinge etwas lockerer zu sehen. Immer, wenn ich nicht bei ihm war, vermisste ich ihn sehr. Außerdem verwöhnte er mich auf jede nur erdenkliche Weise und schien meine schlimmsten Ängste und größten Freuden zu verstehen. Er war vierundzwanzig Jahre alt, ein junger Mann, der nur seinen Namen schreiben konnte. Einst waren wir zusammen marschiert, aber durch unsere Freundschaft lernte ich ihn wesentlich besser kennen. Er war überhaupt nicht eingebildet und ziemlich entspannt. Sogar ein einfacher Soldat wurde von ihm als Gleichberechtigter behandelt und musste ihn nicht als Lieutenant Colonel ansprechen.

Eines Abends, als Drago und ich in einem Café saßen und Eis aßen, unterbrach er mich auf einmal und schlug vor, ich solle Kashillingi bitten, mich in sein Bataillon zu verlegen. Ich konnte nur traurig lächeln und nicken. Ich hätte nichts lieber gewollt. Aber wie würde Kashillingi reagieren? Würde er sein gefährliches »Ding« ziehen lassen?

Gefährlicher Ungehorsam

Eines Abends bestand Drago darauf, mich zu Freunden mitzunehmen. Ich wartete am Tor. »Witzbold« schob Wache, und Drago gab ihm etwas Geld, damit er den Mund hielt, woraufhin wir in seinem Landrover wegfuhren. Bei seinen Freunden sah ich mir einen meiner Lieblingsfilme an, »Delta Force«. Dabei vergaß ich alles andere um mich herum, und es war nach Mitternacht, bis ich nach Hause kam. »Witzbold« erzählte, Kashillingi habe überall nach mir gesucht. Zu meiner großen Verärgerung hatte »Witzbold« nicht dichtgehalten. Am nächsten Tag rief mich Kashillingi zu sich und beschuldigte mich, ihn zu verraten. Diesmal sollte ich der Strafe nicht entgehen. Er schickte mich zu »den richtig schlimmen Burschen« in die Zellen im Keller des Hauses der Republik.

Abends um acht hörte ich, wie Drago den Militärpolizisten befahl, mich herauszubringen. Wir saßen ein bisschen zusammen. Ehe Drago ging, steckte er uns allen – den Militärpolizisten und mir – etwas Geld zu. Plötzlich waren die Militärpolizisten »richtig nette Burschen«, und gemeinsam tranken wir die ganze Nacht. Als Kashillingi kam, um mich abzuholen, hatte ich gar keine Lust, mitzugehen. Weil mein Atem stark nach Alkohol roch, wagte ich kaum Luft zu holen, bis ich nach Hause kam.

Von Tag zu Tag wuchs meine Angst. Kashillingis Benehmen wurde immer eigentümlicher und unvorhersehbarer. Und auch ich selbst hatte mich nicht mehr richtig unter Kontrolle. Mehrmals dachte ich daran, wegzulaufen. Aber ich wusste, dass er am längeren Hebel saß und mir das Leben zur Hölle machen würde. Das, was ich am meisten brauchte, war Zeit, um in Ruhe nachzudenken, und zwar irgendwo, wo mich Kashillingi nicht erreichen konnte. Aber er war überall.

Eines Morgens ging ich zu ihm und sagte ihm, ich müsse meine Mutter besuchen. Als er sich weigerte, mir die Erlaubnis zu erteilen, fing ich an zu weinen. Da änderte er seine Haltung, und er bat Chris, mir einen Ausgangspass auszustellen. Sobald ich frei hatte, fuhr ich zu Drago. Unglücklicherweise war er nach Norden zu seiner Einheit gefahren. Das erfuhr ich von Kabawo, einem seiner Leibwächter, der mir jedoch versprach, mich am nächsten Morgen dorthin zu begleiten. An jenem Abend ging ich ohne zu essen ins Bett. Vor lauter Aufregung und Vorfreude bekam ich keinen Bissen herunter. Dort, wo ich hin wollte, war es gefährlich, deshalb brauchte ich viel Zeit zum Packen und Reinigen meiner Pistole. Die sollte tipptopp in Ordnung sein. Die Fahrt würde lang werden und so nahm ich auch etwas zu lesen für unterwegs mit.

Die Reise zu dem Mann, in den ich mich verliebt hatte, konnte beginnen. Als ich das Haus verließ, stand Kabawo mit seiner AK-47 am Tor und wartete auf mich. Gemeinsam gingen wir zur Bushaltestelle und bestiegen den Bus nach Lira. Wir fuhren durch Landschaften und Schlachtfelder, die ich noch aus meiner Zeit als Kindersoldatin an der Front kannte. Als wir uns der Karuma-Brücke näherten, blickte ich in das tosende Wasser, und die Erinnerung an all die Grausamkeiten, an das Blut und meine toten Kameraden wallte in mir auf. Ich versuchte, sie zu verdrängen, versuchte, mich abzulenken, wollte die Vergangenheit ruhen lassen. Kabawo riss mich aus meinen düsteren Gedanken und deutete auf einen Elefanten, der friedlich neben der Straße hertrottete.

Lira war die Heimatstadt von Dr. Obote. Ich sah viele zerbombte Gebäude und viele viele Menschen, die von Entbehrungen gezeichnet waren. Kälte und Armut sind stets das Los derer, die, gewollt oder ungewollt, auf der Seite der Verlierer stehen. Die wenigen, an die wir uns wandten, waren unhöflich und kurz angebunden, wenn sie überhaupt antworteten. Manche starrten uns bloß an und kehrten uns den Rücken zu. Es gelang uns, etwas zu essen aufzutreiben, dann fanden wir einen Militärlaster, der nach Kitgum unterwegs war. Überall sahen wir Soldaten, die verzweifelt nach einer Mitfahrgelegenheit suchten. Jetzt begann der Kampf um einen guten Sitzplatz. Zwei Lieutenants wollten beide in der Fahrerkabine beim Fahrer sitzen. Kabawo, der nur Corporal war, geriet mit ihnen in Streit, weil er darauf bestand, dass ich dort sitzen solle. Obendrein gehörte der Lastwagen Dragos Brigade. Er stritt so lange mit ihnen, bis sie nachgaben.

Als wir endlich ankamen, war Drago überaus glücklich, mich zu sehen, und er lobte Kabawo und sagte ihm, wie sehr er ihm vertraue.

Liebe in Zeiten des Krieges

Nachdem wir uns umgezogen hatten, nahm Drago uns mit zum Essen in ein Restaurant. Hier trafen wir den District Administrator der Region, der an unseren Tisch kam und uns in einen Nachtclub einlud. Wie immer, wenn hohe Tiere aufkreuzten, lief auch dieser Nachtclubbesitzer gleich herbei und ließ den besten Tisch direkt neben der Tanzfläche eindecken. Allerdings redeten und tranken wir die meiste Zeit. Am nächsten Morgen bat Drago den Verwalter der Brigade, zwei Kühe zu schlachten und jedem Soldaten eine Portion Fleisch zuzuteilen. Daraufhin lud Drago alle Offiziere – vom Sergeant an aufwärts – in sein Quartier ein, und während die Soldaten anfingen, Feuer zu machen, fuhren wir zum Einkaufen in die Stadt. Der Ort war unglaublich arm. Es gab nicht viel zu sehen, und in den Geschäften standen in den halbleeren Regalen fast nur Zucker und Salz. Die einzigen Gebäude, die nicht völlig ausgebombt waren, waren die, in denen wir gestern Abend gewesen waren, und der Straßenbelag war so holperig und primitiv, als würden wir draußen im Busch fahren. Viele Kinder liefen nackt durch die Straßen, und die meisten sahen aus, als hätten sie seit Tagen nicht gebadet. Trotzdem hatten sie ein Lächeln für mich übrig, wenn wir an ihnen vorbeifuhren. Wir saßen bequem im Auto, während sie große Wasserkanister die Straße entlang schleppten. Diese geplünderte Stadt und ihre abgearbeiteten Einwohner nahmen mir die Lust, mehr zu sehen, und so kehrten wir nach Hause zurück. Unterwegs begegnete ich meinem Onkel Caravell, der erzählte, er habe Hausarrest. Drago hielt Abstand, und Caravell fing an, mich auszufragen. Obwohl ich ihm versicherte, Drago und ich seien nur Freunde, glaubte er mir nicht. Als ich ihn erneut nach seinem Hausarrest fragte, scheuchte er mich weg.

Anschließend wollte Drago unbedingt erfahren, woher ich Caravell kannte. Und als ich ihm erzählte, er sei der jüngere Bruder meiner Mutter, lud er ihn ebenfalls ein. Aber der Lieutenant, der ihn holen sollte, kam unverrichteter Dinge zurück.

Als wir um das Feuer saßen, bat Drago die anderen, ihn nicht mehr mit »Afande« anzusprechen. Bald war er ziemlich betrunken. Ein Sergeant stand auf und sagte vor der ganzen Versammlung, er wünsche, alle Commander wären wie Drago. Als er seine kleine Rede beendet hatte, zogen Drago und ich ins Haus zurück. Die anderen sangen bis zum nächsten Morgen. Beim Frühstück schlug mir Drago vor, noch einen Tag länger zu bleiben. Ich hätte nichts lieber getan, aber ich hatte nur einen Dreitagepass. Nach dem Essen suchte ich Caravell auf, um mich von ihm zu verabschieden. Noch während wir uns unterhielten, hatte ich das dumpfe Gefühl, ihn nie mehr wiederzusehen. Beim Abschied spürte ich, wie mir die Tränen kamen.

Kein Begräbnis für einfache Soldaten?

Bald darauf erklärte Drago, er werde mich in einem Militärhubschrauber mitschicken, der jeden Augenblick kommen müsse. Die Maschine würde bei Gulu, mitten in der Wildnis, zwischenlanden.

Als wir zur Landung ansetzten, sahen wir überall verstreut die Leichen von Soldaten. Unfassbar viele. Vollkommen ausgemergelte Soldaten gingen umher und sortierten die Leichen. Ich traute meinen Augen nicht: Die Leichen der Offiziere wurden an Bord gebracht, während man die anderen Toten, die einfachen Soldaten, in einer Art Massengrab beerdigte. Am schockierendsten waren für mich die Soldaten, die wie Zombies herumgingen, so als wüssten sie nicht, wo sie waren oder was sie da eigentlich taten. In ihren zerfetzten Uniformen boten sie ein schreckliches Bild, aber noch schlimmer war der Gestank, der von ihnen ausging. Verwundete Soldaten mussten auf einen zweiten Hubschrauber warten. Der Platz reichte bei weitem nicht für alle. Nachdem wir die Verwundeten und Toten in der Kaserne von Gulu abgeladen hatten, flogen wir weiter nach Kampala. Abends um acht Uhr lag ich in meinem Bett. Aber das, was ich gesehen hatte, konnte ich so schnell nicht vergessen. Die Bilder der Toten und Verletzten und das Massengrab werden mich mein Leben lang begleiten. Ich werde sie für immer in meinem Herzen tragen. Für welch höheres Ziel waren alle diese Soldaten geopfert worden? Darauf wusste ich keine Antwort.

Am nächsten Tag meldete ich mich zurück zum Dienst. Erst jetzt fielen mir die vielen Frauen auf, die tagtäglich auf den Fluren vor den Büros im Haus der Republik zu sehen waren, vor allem vor dem Büro für die Gefallenen und Vermissten. Frauen jeden Alters, die Hilfe oder Informationen über ihre Söhne und Töchter haben wollten. Ich nahm mir Zeit, ging zu einigen von ihnen hinüber und redete mit ihnen. Eine Frau stand völlig verloren vor dem Büro, wo die Gefallenenstatistiken geführt wurden. Sie weinte und erzählte mir, dass sie ihren Sohn seit Jahren nicht mehr gesehen habe und in den letzten zwölf Monaten regelmäßig hierher gekommen sei. Ich wusste nun zufällig, dass ihr Sohn tot war, im Krieg gefallen wie so viele andere. Es war mir unbegreiflich, warum ihr niemand die Wahrheit sagte. Auf dem Heimweg dachte ich wieder an alle meine toten Kameraden, die tapferen kleinen Krieger, die so mutig gekämpft hatten und im Kampf gefallen waren, um diesen einen Mann an die Macht zu bringen. Ich fragte mich, ob die NRA ihre Gräber wohl jemals identifizieren würde.

Brandstiftung

Eine Woche nach meinem Besuch im Norden wartete ich wie jeden Morgen auf Kashillingis Mercedes-Benz. Da hörte ich plötzlich, wie vor dem Tor ein Auto anhielt. Es war Chris, der mich aufforderte, Kashillingi zu rufen. Ich weigerte mich, seinem Befehl Folge zu leisten. Als Chief Escort konnte ich von ihm verlangen, dass er mir den Grund nannte. Jetzt wurde Chris wütend, weil er meine Haltung als Racheakt auffasste. Dabei machte ich einfach nur meinen Job.

Wir stritten so lange, bis er mir endlich den Grund mitteilte. Da rannte ich ins Haus und leitete die Nachricht an Kashillingi weiter. Man kann wohl sagen, dass Panik mit im Spiel war, als wir zum Büro rasten. Als wir beim Haus der Republik ankamen, brannte es lichterloh. Es wimmelte nur so von Senior Officers. Alle standen unter Schock. Jeder fragte seinen Nebenmann, ob der etwas wüsste.

Besonders im Direktorat für Archiv und Protokoll, dessen Räume in der obersten Etage lagen, schien das Feuer zu wüten. Mehrere Offiziere meinten, es sei in Kashillingis Büro ausgebrochen, was eine doppelte Katastrophe bedeutete. Von einem Direktor für Archiv und Protokoll wird erwartet, für alle Dokumente Sorge zu tragen, um alle Vorgänge so lückenlos wie möglich dokumentieren zu können. Laut Kashillingis eigener Aussage verlor er durch den Brand viele persönliche Dokumente, unter anderem auch alles Geld, das im Geldschrank gelegen hatte. Trotzdem wurde er vom Dienst suspendiert. Das beunruhigte ihn sehr, denn er sah in dem Brand einen Hinterhalt, einen Anschlag auf ihn persönlich.

Ich habe mich gefragt, ob Kashillingi hinter diesem Brand gesteckt haben könnte, wie manche behaupteten. Aber welches Motiv soll er gehabt haben? Kashillingi hatte sich einmal während eines Telefongesprächs über seinen relativ niedrigen Rang beschwert, und ich hielt Museveni für den Anrufer. Der Anrufer hatte mich gebeten, ihn mit Kashillingi zu verbinden – nicht *Afande* Kashillingi. Die Art und Weise, wie er Kashillingi tituliert hatte, schloss jeden Senior Officer höheren Rangs aus. Das untertänige »Afande« wegzulassen, konnte sich einzig und allein der Präsident und Heerführer erlauben. Neugierig, wie ich war, hatte ich mich hinter einem Vorhang versteckt und gelauscht. Kashillingi war sehr wütend, als er auflegte.

Tatsächlich habe ich häufig über diese Frage nachgedacht. Ich habe keinerlei Beweise dafür, dass Kashillingi dieses Verbrechen begangen hat. Soweit ich informiert bin, war nur der Präsident dazu berechtigt, ihn zu suspendieren. Vielleicht gehe ich zu weit, wenn ich vermute, dass der Präsident höchstpersönlich hinter dem Brand steckte. Aber hier ist von einem Mann die Rede, der über Leichen geht, um seine Ziele zu erreichen. Im Grunde bin ich davon überzeugt, dass er es war, der beschloss, das Haus der Republik bis auf die Grundmauern niederbrennen zu lassen. Auf diese Weise konnte er Kashillingi ausschalten, der in seinen Augen vielleicht etwas zu mächtig – und damit gefährlich – geworden war.

Jetzt kam Kashillingi nicht mehr spät nach Hause. Das Tor zu seinem Haus musste rund um die Uhr verschlossen sein. An manchen Tagen konnte es ihm einfallen, den lieben langen Tag in seinem Auto zu sitzen. In meinen Augen versuchte er unbewusst, sich zu verbergen. Irgendwann begann ich ernsthaft um mein Leben zu fürchten. Ich hatte keine Ahnung, wo das alles hinführen würde. Ich wurde schon ganz paranoid und sah lauter Soldaten, die sich nachts einschlichen, um uns alle im Schlaf zu ermorden. Diese Gedanken machten mir Angst. Deshalb beschloss ich, ein Loch in die Hecke zu schneiden, das ich im Notfall zur Flucht nutzen konnte.

Mitgefangen ...

Eines Morgens erschien eine Spezialeinheit der Ersten Division der Lubiri-Kaserne mit zwei Senior Officers an der Spitze. Ich war noch in meinem Zimmer. Bamwesigye war Brigadechef und James Kazini sein Stellvertreter. Insbesondere Kazini war sehr aggressiv und überaus dienstfertig. Die beiden Offiziere befahlen Kashillingi, seine Uniform und seine AK-47 abzuliefern. Nur die Pistole durfte er behalten. Zum ersten Mal in meinem Leben sah ich Tränen in Kashillingis Augen, und ich begriff, dass ich hier seiner Entmachtung – seinem Abstieg – beiwohnte. Ich hatte zusammen mit den anderen Leibwächtern vor Kashillingi Aufstellung genommen. Man befahl ihm, zwei davon auszuwählen und außerdem einen Chauffeur. Jamiru, Bogere und ich durften bleiben. Jeder von uns hatte noch eine AK-47 sowie ein volles Magazin. Dieser bislang so mächtige Mann, der von den meisten gefürchtet wurde, war nun völlig machtlos und sah seine Karriere dahinschwinden. Und meine war ebenfalls in Gefahr – wenn nicht gar mein Leben. Ich musste handeln, ehe es zu spät war. Binnen kürzester Zeit würden sie mit Sicherheit anfangen, mir Fragen zu stellen, die ich unmöglich beantworten konnte.

Noch am selben Abend bat ich Kashillingi um Erlaubnis, meine Sachen zu meiner Mutter zu bringen. Er willigte ein, ohne zu zögern. Am nächsten Morgen halfen mir Jamiru und Bogere beim Packen und fuhren mich zur Bushaltestelle. Ich kam heil bei meiner Mutter an, aber wir hatten uns mit dem Packen so beeilt, dass viele meiner Sachen kaputtgegangen waren. Am dritten Tag kehrte ich zu Kashillingi zurück. Aber nichts war wie früher. Er misstraute allen und jedem und brachte die meisten Nächte damit zu, vor dem Haus auf und ab zu laufen. Ein Tag war wie der andere, und die Langeweile hing wie eine drückende Wolke über dem einst so lebhaften Ort.

Eines Abends, als ich besonders rastlos war, ging ich in die Stadt, ohne Kashillingi um Erlaubnis zu fragen. Irgendwann traf ich einen von Dragos Freunden, einen Mechaniker, der sich um Dragos Autos kümmerte. Wir saßen den ganzen Abend zusammen in seiner Garage und schauten uns Filme an, dann fuhr er mich nach Hause. Am Tor stand der bewaffnete Jamiru. Als ich ihn bat, mir das Tor zu öffnen, wurde mir der Zutritt verweigert. Er informierte mich, dass dies auf Kashillingis Befehl hin geschehe. Falls ich versuchte, mir den Zugang zu erzwingen, sei er genötigt, auf mich zu schießen. Jamiru war in all der Zeit mein besonderer Schützling gewesen. Deshalb war es so kränkend, wie er mich jetzt behandelte. Ich kochte vor Wut. Was für eine Enttäuschung! War das der Dank für meine treuen Dienste? Um Jamiru glauben zu machen, ich hätte aufgegeben, verließ ich die Gegend. Stattdessen ging ich zu dem Loch in der Hecke und schlich mich in mein Zimmer, um mein Gewehr zu holen. Jemand war mir zuvorgekommen. Ein Gefühl der Ohnmacht ergriff von mir Besitz, und ich setzte mich auf den Fußboden und ließ meinen Tränen freien Lauf.

Am nächsten Morgen ging ich zum Tor und befahl Jamiru, Kashillingi zu rufen. Als er herauskam, hielt er sich im Hintergrund und fragte, was ich wolle. Ich bat um eine Erklärung, wollte wissen, warum mir der Zugang verwehrt worden war. Weil ich ihn ausspioniere, sagte er. Das war es dann. Nichts konnte ihn umstimmen, und so blieb mir nichts anderes übrig als zu gehen.

»Afande Kashillingi – danke für alles!«, lautete mein letzter Gruß an ihn.

Jetzt war guter Rat teuer. Ich hatte einem Mann gedient, den irgendein hohes Tier zu Fall bringen wollte. Wenn ich nicht zusammen mit ihm untergehen wollte, musste ich meine Karten so gut wie möglich ausspielen. Ich suchte Major James Kazini in der Lubiri-Kaserne auf und berichtete ihm, was geschehen war. Er forderte mich auf, am nächsten Morgen zum Appell zu erscheinen. Erst als ich anfing, darüber nachzudenken, welchem Regiment man mich wohl zuteilen würde, wurde mir klar, dass dies kein besonders kluger Schachzug von mir gewesen war. Erinnerungen wurden wach. Ich hatte bereits zu viel gesehen und gehört. Plötzlich hatte ich all die geifernden Offiziere vor Augen, die mich empfangen würden, und wusste, welches Schicksal mir dort blühen würde. Aus Angst suchte ich bei Drago Schutz und versteckte mich dort.

Ein paar Tage später suchte die Militärpolizei Kashillingi zu Hause auf. Als er merkte, dass er inhaftiert werden sollte, rief er den Präsidenten an, erfuhr aber nur, der Präsident sei im Ausland. Kashillingi gab nicht auf. Stattdessen rief er den neuen Chef des Heeres an, Mugisha Muntu, der von keinem Haftbefehl wissen wollte. Jetzt bekam Kashillingi tatsächlich Angst. Die Militärpolizei hatte ihm gesagt, dass man ihn zur Lubiri-Kaserne bringen würde, nicht nach Luzira, wo das eigentliche Hauptquartier der Militärpolizei lag. Einen Grund dafür konnten die Soldaten nicht nennen. Damit war für Kashillingi der Fall klar. Wenn er sich ergab, würde man ihn hinrichten. Mit seinem unvermeidlichen Aktenkoffer in der Hand, begann Kashillingi die schwer bewaffneten Soldaten zu überreden, ihn erst ins Büro des Heereschefs zu fahren, um den Fall zu klären. Aber die Soldaten gaben nicht nach. Erst als sich Colonel Julius Chihanda zeigte und sie davon überzeugte, Kashillingi dieses kleine Zugeständnis zu machen, erhielt er die Erlaubnis. Dicht gefolgt von den Soldaten, fuhr Kashillingi in seinem Mercedes ins Büro. Er stellte das Auto ab und ging nach drinnen. In der Zwischenzeit hielten die Soldaten draußen Wache und warteten auf seine Rückkehr. Zwei Stunden später lief der Chef des Heeres über den

Parkplatz. Er wollte gerade mittagessen. Als er sah, dass das Gebäude von Soldaten umzingelt war, ging er zu ihnen und fragte. »Was macht ihr hier? Soll ich verhaftet werden?« Erst da wurde dem verantwortlichen Offizier klar, dass Kashillingi seit zwei Stunden verschwunden war. Da kam er gehörig ins Schwitzen. Über Funk wurden alle Heereseinheiten Ugandas in höchste Alarmbereitschaft versetzt. Außerdem gab man den Befehl, Kashillingis Haus zu stürmen und völlig auseinander zu nehmen. Ich weiß, wie es da zuging, denn ein paar Tage nach dem Überfall sprach ich mit einer seiner Töchter. Sie sagte, sie würde den Vorfall niemals vergessen können. Nun hatten die Militärpolizisten, die jeden Schritt der Kinder überwachten, tatsächlich Ernst gemacht. Alles, was irgendwie von Wert war, nahmen sie mit.

Kashillingis Haus wurde zu einer Militärbaracke umfunktioniert. Die Kinder kamen unter Hausarrest und durften nicht zur Schule gehen. Sie schauten den ganzen Tag aus dem Fenster, während sie im Stillen beteten, am Leben bleiben zu dürfen. Nachdem Kashillingis Haus zum Verteidigungsministerium gehörte, wurden seine Kinder nach ein paar Tagen erbarmungslos hinausgeworfen und mussten auf der Straße schlafen. Ich wurde sehr traurig, als ich das hörte. Ich konnte einfach nicht verstehen, warum man diese Kinder wie die schlimmsten und gefährlichsten Feinde behandeln musste.

Aber auch für mich sah es nicht sonderlich gut aus. Immerzu wurde ich gefragt, warum ich in Kashillingis Diensten bliebe, ob ich für ihn spionierte. Außerdem wurde ich jetzt vom Geheimdienst gesucht, die glaubten, ich sei Kashillingis Nichte. Der Druck wurde so groß, dass ich am Ende beinahe selbst glaubte, an dem Gerede müsse etwas dran sein und Kashillingi wäre vielleicht doch schuldig. Fast jeden Tag wurde ich verhört. Und jeden Tag erfuhr ich, dass ich dem entgehen könne im Austausch gegen sexuelle

Gefälligkeiten. Doch ich weigerte mich standhaft und bemühte mich, den Mut nicht zu verlieren.

In diesen schweren Zeiten begegnete ich eines Tages Colonel Julius Chihanda – in Zivil! Als ich ihm berichtete, in welch unangenehmer Lage ich mich befand, bat er mich zu schweigen, ehe ich ihm noch mehr Unglück aufbürdete. Er stecke selbst in größten Schwierigkeiten. Er war natürlich nicht der Einzige, der versuchte, mich zu meiden. Menschen, denen ich vertraut hatte, begannen einen großen Bogen um mich zu machen. Aber ich verstand sie, nicht zuletzt als ich erfuhr, dass Kashillingis Freund aus Kindertagen, ein Captain, den man verdächtigte, ihm bei der Flucht geholfen zu haben, zu Tode gefoltert und geprügelt worden war. Den größten Schock bekam ich allerdings, als jemand berichtete, dass man Kashillingis jüngeren Bruder, den ich sehr mochte, in seinem Haus in Rukunguri in Stücke gehackt hatte. Erst da wurde mir klar, dass dringend etwas geschehen musste – und zwar schnell, wenn ich nicht das gleiche Schicksal erleiden wollte.

Unverhofft tauchte Drago auf wie ein rettender Engel, und am nächsten Tag fuhren wir gemeinsam zu seiner neuen Brigade, die in der Nähe von Gulu stationiert war. Wir waren kaum angekommen, da befahl er seinen Leibwächtern, ein Feuer zu machen. Wir blieben lange auf und sprachen über Kashillingi. Drago glaubte nicht an Kashillingis Schuld, konnte allerdings nicht begreifen, wieso er abgehauen war, statt zu bleiben und sich zu verteidigen – das war eben typisch Drago. Später nahm unser Gespräch einen privateren Charakter an. Nie zuvor hatte ich mich so sicher und geborgen gefühlt. An diesem Abend liebten wir uns das erste Mal. An diesem Abend erfuhr ich, wie es ist, mit einem richtigen Mann zusammen zu sein.

Am nächsten Tag rückte die Brigade bis zu Idi Amins Geburtsort Koboko in der Nähe von Arua vor, einer kleinen Stadt an der Grenze zwischen Uganda und dem Sudan. Hier stießen Major Bunyenyezi und seine Brigade zu uns, ein paar Tage später kamen noch mehr. Auf der anderen Seite der Grenze, wo der Sudan aufrüstete, rumorte es ebenfalls. Sudanesische Truppen waren im grenznahen Gebiet zusammengezogen worden. Zwei mächtige Heere hielten sich auf diese Weise gegenseitig in Schach. Es wurde immer weiter aufgerüstet. Das Aufgebot an Waffen und Soldaten war gigantisch, und die Reihen der Artillerie schienen kein Ende zu nehmen. Die Lage war äußerst angespannt. Das einzig Positive war die Zulage, die den Soldaten gewährt wurde. Selbst einfache Soldaten erhielten zum Frühstück Hähnchen. Als aus dem Krieg dann doch nichts wurde, waren die Soldaten eher enttäuscht als erleichtert, bestimmt wegen der entgangenen Einnahmen. Dragos Brigade wurde an eine andere Front verlegt, zu einem anderen Konflikt, irgendwo in den Busch in der Nähe von Gulu. Mich schickte er nach Hause in sein Quartier in der Kaserne bei Gulu, wo ich fast einging vor Langeweile.

Die Langeweile fand ein jähes Ende, als mich der Divisionschef, Colonel Peter Karim, rufen ließ, um mich nach Kashillingis Verbleib auszufragen. Er versicherte mir, dass, egal, wo ich mich aufhielte oder hinginge, man mich überall nach Kashillingi ausfragen würde. Ich sah ihm nur in die Augen und schüttelte den Kopf. Zuletzt ließ er mich gehen. Aus Angst, noch ein weiteres Mal verhört zu werden, fragte ich mich, ob es wohl in ganz Uganda noch einen Ort gäbe, wo ich in Sicherheit wäre. Einige Wochen später reiste Karim nach Kampala und überließ Colonel Stanley Muhangi die Verantwortung.

Eines Tages, ich bügelte gerade meine Uniform, kam ein Soldat herein, um mir zu sagen, Afande Muhangi wolle, dass ich ihm einen kleinen Besuch abstattete. Es fiel mir nicht schwer, mir auszumalen, was hinter dem Befehl steckte. Obwohl ich Angst hatte, bat ich den jungen Soldaten, Muhangi mitzuteilen, ich würde kommen, sobald ich mit dem Bügeln fertig sei. Wenige Minuten später stand ein Lieutenant in der Tür und befahl mir, ihm zu folgen – und zwar sofort. Ich hielt ihn hin, indem ich sagte, ich müsse erst noch duschen, aber er bestand darauf, zu warten, bis ich fertig war. Als wir gingen, sah ich, dass Muhangi bereits hinter seinem Zaun stand und wartete. Ich näherte mich gerade dem Eingang zu seinem Quartier, da hörte ich einen Hubschrauber. Als ich wieder zum Zaun hinübersah, war Muhangi verschwunden. Der Hubschrauber landete mehr oder weniger vor meinen Füßen. Drago stieg aus, lief an mir vorbei und marschierte ohne anzuhalten direkt in Muhangis Gebäude. Erleichtert drehte ich mich um und ging nach Hause, wenige Minuten später kam Drago. Was für ein glücklicher Zufall! Ich wollte ihm die Geschichte schon erzählen, fürchtete aber, er könne die Situation missverstehen. Was für ein Glück ich wirklich hatte, begriff ich erst, als Muhangi wenige Monate später an Aids starb. Wie viele weibliche Soldaten hat er in seinem Leben wohl angesteckt?

Nach einer Weile in der Kaserne geschah etwas mit mir, was ich nur schwer erklären kann. Meine Gefühle für Drago begannen sich zu ändern. Vielleicht war ich selbst reifer geworden, denn mit einem Mal konnte ich sehen, dass Dragos Verhalten etwas Gestörtes hatte. Er war so wild, fuhr in seinen schnellen Autos umher und wurde gleichzeitig dazu benutzt, schmutzige Jobs zu erledigen. Ich begann, mich immer weiter von ihm zu entfernen, und bald fand ich alles an ihm irritierend, seine Kleidung, seine Art zu essen, alles. Er hingegen versuchte, mir so viel Wärme und Fürsorge zu geben, wie er nur konnte. Aber das bedeutete mir nichts mehr. Ich packte meine Sachen und verabschiedete mich von der glücklichsten Zeit, die ich je in meinem Leben erlebt hatte.

Ein Neuanfang

In Kampala versuchte ich, mich bis zu Major Kaka durchzufragen. Ich war ganz erleichtert, zu hören, man habe ihn zum Chef der Militärpolizei der Hauptstadt ernannt. Kaka war ein enger Freund und obendrein ein guter Mensch. Unsere Freundschaft reichte bis zu den Kämpfen des Aufstandes zurück. Eine der Wachen brachte mich zu seinem Büro, und noch ehe ich salutieren konnte, nahm er meine Hand und drückte sie herzlich. Während unseres kurzen Gesprächs bat ich ihn, bei der Militärpolizei aufgenommen zu werden. Ohne eine Sekunde zu zögern, griff er nach dem Telefon, rief im Direktorat für Archiv und Protokoll an und regelte meine Versetzung.

All das ließ sich wesentlich rascher verwirklichen, als ich zu hoffen gewagt hatte. Bald war ich unterwegs – eskortiert von einem Offizier der Einheit –, um einquartiert zu werden. Nachdem ich ausgepackt hatte, traf ich mich erneut mit Kaka, der uns alle mit ins Restaurant nahm. Beim Essen fragte er mich lächelnd, ob ich Ruanderin sei. Lange schwieg ich – jetzt auf der Hut –, weil ich wusste, dass meine Antwort entscheidend sein könnte. Nichts an seinem Gesichtsausdruck verriet, welchen Bescheid er vorgezogen hätte, sodass ich ihm eine zweideutige Antwort gab. Ein Teil meiner Familie stamme aus Ruanda, weshalb ich wohl eine halbe Ruanderin sei. Kaka lächelte unverändert weiter und nahm uns nach dem Essen mit in eine Bar. Dort wimmelte es nur so vor Soldaten, die meisten davon Tutsi. Alle militärischen Ränge waren vertreten. Das sah man nicht jeden Tag, und ich grübelte, was wohl der Anlass dafür sein mochte.

Beim Morgenappell erschien Kaka nicht. Sein Stellvertreter informierte uns, Kaka habe sich gemeinsam mit den meisten seiner Leibwächter aus dem Staub gemacht. Bei dieser Nachricht wäre ich beinahe in die Knie gegangen. Das verhieß nichts Gutes. Kaum hatte ich einen neuen Halt in meinem Leben gefunden, verschwand die zentrale Figur. Wieder einmal schien mein Leben eine verkehrte, wenn nicht sogar schicksalsschwere Wendung zu nehmen.

In den ersten Wochen ging alles glatt, und ich genoss meine neue Arbeit – von dem neuen Look ganz zu schweigen. Die Uniform der Militärpolizei hatte mir schon immer gut gefallen, besonders das rote Barett und der Gürtel mit den rotweißen Streifen. Die Mehrzahl meiner neuen Kameraden respektierte mich schnell. Bald schwirrte es nur so vor Gerüchten, und mir kamen die fantastischsten Geschichten zu Ohren. Es hieß, ich sei einer der klügsten Sergeants und der am meisten respektierte weibliche Militärpolizist der ganzen Einheit.

Eines Morgens teilte uns der Stellvertreter mit, Major General Fred Rwigyema sei bei einer Offensive in Ruanda ums Leben gekommen. Schock mischte sich mit Trauer, als sich die Nachricht wie ein Lauffeuer verbreitete. Noch am selben Vormittag erfuhr ich den Grund für Kakas Verschwinden. Wir wurden informiert, dass er in Ruanda Großartiges leiste. Dort führte er die Hälfte der Tutsi-Soldaten des ugandischen Heers an, um für ein neues Leben in ihrem Vaterland Ruanda zu kämpfen. Rwigyemas unerwarteter Tod ließ mich an meine beiden Onkel denken, an Caravell und seinen jüngeren Bruder. Was Kaka betraf, so verfluchte ich ihn, weil er mir damals nicht verraten hatte, warum er meine Stammeszugehörigkeit wissen wollte. Wegen seiner Zurückhaltung war mir die Chance entgangen, bei ihnen mitzukämpfen. Ich musste irgendwie versuchen, mit ihnen Kontakt aufzunehmen, ehe alles vorbei war. Ein weiterer Grund war der, dass meine beiden Onkel, Caravell und M. M., ganz bestimmt auch an dem Kampf teilnahmen. Ich musste über ihr Schicksal Bescheid wissen.

Eines Tages traf ich Happy in der Stadt, der nicht nur ein guter Freund war, sondern auch als Leibwächter bei Rwigyema gedient hatte. Ich fragte ihn um Rat, wie ich mich verhalten solle. Er nahm mich mit zu einer Frau, die für andere formelle Briefe und Gesuche schrieb. Nach einer Woche sollten wir wegen einer Antwort wiederkommen. Caravell war im Kampf gefallen, aber von M. M. gab es keine Neuigkeiten. Keine Nachrichten bedeuteten in diesem Fall gute Nachrichten. Zumindest war das meine einzige Hoffnung, und ich bemühte mich, positiv zu denken.

Aus Angst, dass man mir meine Hoffnung zunichte machen würde, schickte ich keine weitere Anfrage. Ich war niedergeschlagen und wütend, in erster Linie jedoch wütend auf mich, weil ich mich vor der Wahrheit fürchtete. Es gab niemanden, mit dem ich hätte reden können, deshalb blieb ich für mich und brütete vor mich hin. Irgendwann konnte ich nicht mehr in den Spiegel sehen. Auch bei der Arbeit war ich nicht ganz bei der Sache. Kurz gesagt, ich fühlte mich entsetzlich, fand mich hässlich, und zwischendurch wünschte ich sogar, ich wäre nie geboren worden.

Und als ob das noch nicht reichte, schwoll mein Bauch ganz merkwürdig an, was Anlass für etliche Kommentare gab. Ein Teil unserer Arbeit bestand darin, die Ausgangserlaubnis und Fahrausweise der Soldaten zu kontrollieren. Wir waren deshalb viel unterwegs, und bald begannen mich schon die Menschen auf der Straße wegen meines Aussehens aufzuziehen. Eines Tages sagte mir ein Offizier rundheraus, ich sei vielleicht schwanger, woraufhin ich nur höhnisch lachte. Ich hatte schon immer einen gesunden Appetit gehabt, doch jetzt war ich fast schon gierig. Und ich konnte nur noch Hähnchen essen. Bei allem anderen musste ich mich übergeben. Eines Tages lag ich auf dem Bett, um mich nach einem langen Arbeitstag auszuruhen. Plötzlich spürte ich, wie irgendetwas in meinem Bauch rumorte. Ich glaubte, es sei ein Wurm oder Parasit. Ich weigerte mich schlichtweg zu glauben, ich könne schwanger sein.

Als ich am nächsten Morgen zum Arzt ging, verlangte er, ich solle mich für mindestens sechs Monate beurlauben lassen. Ich war schwanger – natürlich. So schwer es mir auch fiel, die Realität zu akzeptieren, mein Bauch wuchs munter weiter und machte keine Anstalten, damit aufzuhören. Schließlich musste ich klein beigeben und konnte nur zustimmend nicken, wenn die Leute mich fragten. Aufgrund der Beurlaubung war ich gezwungen, mir eine neue Bleibe zu suchen. Drago fand etwas für mich. Drago und sein Freund Musa.

Drago war überglücklich, als er erfuhr, dass er Vater werden würde. Er sagte, wenn es ein Mädchen würde, könne ich es behalten. Aber wenn es ein Junge würde, solle er alle seine Namen bekommen, alle, mit Ausnahme seines militärischen Rangs.

Ein Leben beginnt – ein anderes endet

Ein paar Wochen später besuchte mich Margie. Sie hatte einen Brief von Helen dabei, die im Haus meines Vaters im Sterben lag. Sie hatte Aids. In dem Brief schrieb sie mir, wie sehr sie mich liebe. Sie hoffe, dass ich zu ihrer Beerdigung käme und dass mich ihr Tod nicht allzu sehr mitnähme, ich solle stark sein. Als ich den Brief zusammenfaltete, fehlten mir die Worte. Aber tief in meinem Herzen spürte ich den Hauch des Todes. Das war zu viel für mich. Ich konnte es nicht ertragen, ein Kind zur Welt zu bringen und gleichzeitig dem Tod ins Auge zu schauen. Als ich Margie sagte, ich würde nicht zur Beerdigung kommen, gerieten wir in Streit.

Als sie sich am nächsten Tag von mir verabschiedete, sagte sie mir, sie wolle mich nie mehr wiedersehen. Aber ich wusste, dass sie sich wieder mit mir versöhnen würde, sobald etwas Zeit vergangen wäre. Ein paar dunkle, deprimierende Tage folgten, bis ich einen Termin im Krankenhaus bekam, um ordentlich untersucht zu werden, und an etwas anderes denken musste.

Der Arzt hatte viele Patienten, deshalb brachte mich Musa nur bis ins Wartezimmer und wollte dann später kommen und mich abholen. Als ich schließlich an der Reihe war, sah ich, wie verblüfft der Arzt während der Untersuchung war. Plötzlich hatte er es sehr eilig. Er ging gewissermaßen rückwärts aus der Tür, wobei er beruhigend auf mich einredete und sagte, ich solle mich nicht von der Stelle rühren. Kurz darauf kam er mit Krankenschwestern zurück, die mich am Arm nahmen und in den Kreißsaal brachten. Alle diese reifen Frauen, die so viel älter waren als ich, gebärdeten sich wie verrückt, während ich im Bett saß und zuschaute. Warum sie sich so aufführten, war mir ein Rätsel. Mein Kind war anscheinend schon unterwegs, aber Schmerzen hatte ich keine. Vielleicht musste ich einfach nur hier liegen bleiben und darauf warten, bis das Kind von allein seinen Weg fand. Merkwürdig. Ein weißer Arzt kam. Nachdem er mich untersucht hatte, erklärte er den übrigen Ärzten, die Geburt müsse eingeleitet werden. Jetzt kamen die Schmerzen, und wie! Und nun war ich an der Reihe, mich aufzuführen wie eine Verrückte. Ich weinte, biss mir in den Finger, kniff in meinen Körper, rannte durch den ganzen Kreißsaal, um den Schmerzen zu entkommen, aber nichts half.

In dem Moment merkte ich, dass ICH mich lächerlich machte. Die anderen Gebärenden lagen vollständig angezogen auf ihren Betten. Irgendwann muss ich den Entschluss gefasst haben, das Kind doch nicht zu bekommen, denn als mich eine Gruppe von Ärzten und Schwestern einfing und zurück in den Kreißsaal brachte, war ich schon unterwegs nach draußen. Am 3. März gegen 23 Uhr kam das Kind endlich zur Welt. Und den Rest der Nacht schliefen wir beide Arm in Arm, mein Sohn und ich.

Ich war nicht die einzige Soldatin im Wöchnerinnenzimmer. Doch im Gegensatz zu den meisten anderen hatte mein neugeborenes Kind einen Vater, der seiner Verantwortung gewachsen war. Er erkannte das Kind an und betrachtete es nicht als »Missgeschick«, als etwas, das ihn nichts anging. Mir waren schon viele Frauen begegnet, Mütter mit mehr als drei Kindern, die fast nichts anzuziehen hatten. In meinen Augen hatten diese Mütter versagt. Sie konnten alle diese Kinder unmöglich lieben. Warum bekamen sie mehr Kinder, als sie bewältigen konnten? Jung, wie ich war, konnte ich das nicht verstehen, denn hier lag ich nun, glücklich und mit einem Kind im Arm, das ich über alles liebte. Später sollte ich meine Meinung ändern. Mit welchem Recht gab ich diesen Frauen die Schuld? Diese Frage spukte mir noch durch den Kopf, als ich schon längst wieder in die Kaserne zurückgekehrt war.

Am nächsten Tag kam Drago mit seiner ganzen Familie zu Besuch. Dragos Augen strahlten, als er versuchte, seinen lebhaften kleinen Sohn im Arm zu halten. Noch am selben Tag wurde ich entlassen und zurück in Musas Haus gefahren, das voller Gäste war. Lass sie nur feiern, dachte ich und schlief ein. Meine letzten Gedanken vor dem Einschlafen gingen zum Haus meines Vaters, wo Helen im Sterben lag. Geburt und Tod. Ich liebte meinen Sohn so sehr, und wenn er weinte, musste ich ebenfalls weinen. War ich niedergeschlagen, gab er mir neue Kraft. Und wenn ich sein kleines Gesicht betrachtete, musste ich unwillkürlich lächeln.

Das Frauenkorps – Musevenis Sexsklaven

Die sechsmonatige Freistellung ging viel zu schnell vorbei. Jetzt wohnte ich mit meinem kleinen Sohn in der Kaserne, genau wie die anderen weiblichen Soldaten. Die Begegnung mit ihnen ließ mich meine Meinung über sie ändern. Eine von ihnen, ein Lance Corporal in meinem Alter, trug zwei kleine Kinder herum, die dicht hintereinander geboren worden waren. Als sie meinen Sohn sah, blieb sie einen Augenblick stehen, sah dann ihre beiden Kinder an und sagte: »Ich habe ihre Väter kaum gekannt.« Da fiel es mir wie Schuppen von den Augen. Sie musste nichts weiter sagen. Niemand hatte diese jungen Mädchen gefragt, ob sie bereit waren, Mutter zu werden. Keiner der »Väter« – der Offiziere, die sie missbraucht hatten – hatte je daran gedacht, ihren Teil der Verantwortung für diese Kinder zu übernehmen.

Wenn wir zum Morgenappell antraten, war es mucksmäuschenstill, wenn die Offiziere und der Commander kamen, um ihre Plätze einzunehmen. Doch die Stille wurde durch das Weinen der Kleinkinder unterbrochen, die zusammen mit ihren Müttern in der Kaserne einquartiert worden waren. Zarte Kinderstimmen, die nach ihren Müttern riefen, die zum Appell angetreten waren. Auch die Offiziere waren mucksmäuschenstill und schienen das klägliche Weinen ihrer Nachkommen nicht zu hören oder einfach nicht hören zu wollen. Bald wurde das Weinen von fröhlichen Liedern übertönt, gesungen von fröhlichen Menschen. Unsere vergnügten Gesichter mussten einen jeden überzeugen, der uns zuschaute. Niemand sah den Schmerz. Die aufwärts gewandten Gesichter waren Kindergesichter, aber die Menschen dahinter hart wie Stahl. Wer zufällig vorbeikäme, würde nur unsere schmetternden Stimmen hören und unsere erhobenen Waffen sehen. Wir waren so überzeugend, dass uns viele gern nachgeeifert hätten. Doch der Schein trog. Einem nachdenklicheren Betrachter würden die traurigen Blicke nicht entgehen, die schnell auswichen, um nur ja keine Schwäche zu zeigen. Das war kein Leben. Das war nicht unser Leben.

Die Artilleriestreitkräfte der Bombo-Kaserne erhielten den Befehl, ein eigenes »Frauenkorps« einzurichten. Auf den ersten Blick ein Fortschritt. Vielleicht meinte man es ja doch gut mit uns. Aber die Wirklichkeit sah anders aus. Das Frauenkorps war eher deshalb eingerichtet worden, weil einige vergessen wollten. Wie Schmutz, der unter den Teppich gekehrt wird, wollte man diese Mütter aus dem Blickfeld haben. Das warf allerdings ein paar Fragen auf – jedenfalls bei mir. Eigentlich hätte man etwas gegen den Missbrauch durch die Offiziere unternehmen müssen – warum geschah das nicht? Warum wurden diese Übergriffe nicht von vornherein verhindert? Wenn es doch angeblich alle so gut mit uns meinten, was half es dann jetzt noch, alle diese gebrochenen Frauen an einem Ort zusammenzuziehen? Glaubte man tatsächlich, die Wurzel des Übels würde damit automatisch verschwinden? Die Realität sah ganz anders aus: Die missbrauchten Frauen verwendeten all ihre Energie und Zeit darauf, sich gegenseitig die Schuld zuzuschieben, statt sich gegen die zu wehren, die ihnen das Ganze eingebrockt hatten.

Doch nichts wurde unternommen, natürlich nicht. Im Grunde bin ich zutiefst davon überzeugt, dass die weiblichen Soldaten der NRA für Museveni nichts weiter bedeuteten als ein zusätzlicher Vorteil für das Offizierskorps – ein Geschenk an die hungrigen Löwen, die die Macht in Händen hielten. Innerhalb kürzester Zeit war das »Frauenkorps« überfüllt. Viele wurden gezwungen, die Armee für einen lächerlichen Betrag zu verlassen – fünfhundert Dollar und eine kleine Wellblechhütte. So lächerlich dieser Betrag auch war, der NRA schien er immer noch zu hoch zu sein, als dass eine Frau allein damit umgehen konnte. Deshalb beschloss man, den Betrag in zwei Raten auszuzahlen. Zur Wellblechhütte gehörte allerdings kein Land, ein Versäumnis, das die NRA in der Eile übersehen hatte. Deshalb verkauften die meisten Frauen die Hütte, sobald sie entlassen worden waren – ins zivile Leben. Von dem Geld konnte eine Mutter mit zwei Kindern zwei Monate lang Essen und Miete bezahlen.

Der Vollständigkeit halber muss ich jedoch hinzufügen, dass nicht nur die Frauen so behandelt wurden. Jetzt, wo der Krieg überstanden war, waren es auf einmal viele, die aus ganz unterschiedlichen Gründen nicht mehr geeignet schienen, im Heer zu dienen. Viele meiner früheren Kameraden wurden ebenfalls aus der Armee entlassen, denn viele von ihnen verloren nach und nach den Verstand. Sie begannen, andere Soldaten zu erschießen, um die Waffe am Ende gegen sich selbst zu richten. Auf diese Weise starben viele der Kindersoldaten. Aber keiner von den Anführern machte sich die Mühe, sich des Problems anzunehmen und eine andere Lösung zu finden.

Vor diesem Hintergrund kann ich nur sagen, dass ich zu den privilegierten Müttern in der NRA gehörte, und das auch nur, weil ich einen zwar sehr beschäftigten, aber doch fürsorglichen Vater für mein Kind hatte. Im Grunde war es schon ein Privileg, überhaupt im Dienst bleiben zu können. Bei der Militärpolizei erwartete mich eine Arbeit, auf die ich mich freute. Doch diese Freude währte nur kurz. Als ich in den Dienst zurückkehrte, hatte man Lieutenant Colonel James Kazini zum neuen obersten Chef der Militärpolizei ernannt. Ein Posten, um den er sich schon seit Jahren gerissen hatte, und schließlich war es ihm geglückt. Ich war davon alles andere als begeistert. Und all die Intrigen trugen auch nicht dazu bei, die Atmosphäre zu verbessern. Niemand konnte sich mehr sicher fühlen.

Bitteres Unrecht

Als Nachfolger Kakas und obersten Chef der Militärpolizei hatte man Senior Officer Odweyo eingesetzt. Während meines Mutterschaftsurlaubs hatte man ihn allerdings hinausgeworfen. Er war des Verrats angeklagt und saß jetzt in der Todeszelle des Luzira-Gefängnisses. Ich bin sicher, dass er dort umkam.

Doch wer hatte diese Anklage erhoben? Das war der damalige Stellvertreter der Lubiri-Kaserne, James Kazini. Odweyo wurde beschuldigt, er habe versucht, einen Funker zu bestechen, um die Nachrichtencodes des Heeres in die Finger zu bekommen. Odweyo war ein leichtes Opfer, weil er unter Obote gedient hatte. Er bestritt, im Sinne der Anklage schuldig zu sein. Aber Museveni war leicht beeinflussbar, und Kazini war für seine schmutzigen Tricks bekannt. Niemand ist der Sache damals richtig nachgegangen. Doch vielleicht hat Kazini ausnahmsweise einmal nicht intrigiert, um an die Macht zu kommen. Vielleicht hat sich Odweyo, dieser vorsichtige Mann, tatsächlich dazu überreden lassen, den Präsidenten zu verraten. Odweyo stammte aus dem nördlichen Uganda, der Gegend, wo der Widerstand gegen Museveni am stärksten ist. Wie gesagt, die Sache wurde nie aufgeklärt.

Kazini hatte es eilig, die gesamte Militärpolizei umzukrempeln, unter anderem auch die Rechte der Gefangenen zu ändern. Die waren jetzt so gut wie alle gestrichen. Kranke Gefangene wurden nicht mehr ins Krankenhaus überführt, das Ergebnis war ein katastrophaler Gesundheitszustand der Gefangenen. Die Gefängnisse waren ungeheizt, und die Gefangenen mussten direkt auf dem nackten Betonfußboden schlafen, nur mit Unterwäsche bekleidet und ohne eine einzige Decke. Den Offizieren wurde als besonderes Privileg gewährt, die Uniform anbehalten zu dürfen. Das Gefängnisessen war nie gut gewesen, aber jetzt war es schlechter denn je. Das blieb natürlich nicht ohne Folgen für die Gefangenen. Viele von ihnen erblindeten oder hatten Blut im Urin.

Die Verrohung unter Kazinis Regime öffnete mir die Augen für die Schrecken, unter denen so viele Soldaten zu leiden hatten. Fairerweise muss gesagt werden, dass vor seiner Zeit auch schon viele Soldaten litten. So fand ich heraus, dass viele Soldaten nicht einmal wussten, warum sie gefangen genommen worden waren. Die Mehrzahl hatte viele Jahre lang eingesessen, ohne je einem Richter vorgeführt worden zu sein. Mehrere dieser Soldaten kannte ich noch persönlich aus der Zeit des Krieges. In meinen Augen waren das Helden, die hart für die Freiheit gekämpft hatten. Jetzt waren sie gezwungen, um ein paar Zigaretten zu betteln.

Kazini regierte mit harter Hand. Unterstützt wurde er dabei von seinem Leibwächter, einem Corporal namens Kinyata, den er zu seinem Stellvertreter ernannt hatte. Kinyata war ein junger Bursche ohne jegliche Ausbildung, der zu Menschen, aus denen er sich nichts machte, extrem brutal sein konnte. Als Stellvertreter hatte er so große Macht, dass er sich sogar erlauben konnte, Kazinis eigene Junior Officers zu prügeln und zu foltern. Doch das Schlimmste für mich war der neue Sergeant Major des Regiments, der mit mir Sex haben wollte. Als ich mich weigerte, sorgte er dafür, dass ich und mein Sohn aus meinem alten Zimmer, einem Einzelzimmer, in eines umziehen mussten, das bereits ein weiblicher Corporal bewohnte. Als ich gezwungen war, eine Nanny anzustellen, die sich um den Kleinen kümmerte, fehlte uns nachts schier die Luft zum Atmen. Vier Menschen teilten sich ein Zimmer, das für höchstens zwei berechnet war. Die Gesundheit meines Sohnes stand auf dem Spiel. Das war meine zweite große Sorge. Daher versuchte ich mit allen Mitteln, meiner Mitbewohnerin das Leben schwer zu machen, und nutzte meinen höheren Rang schonungslos aus, in der Hoffnung, sie würde sich beschweren und um ein neues Zimmer bitten.

Die Rettung kam eines Nachmittags. Ich war nach Hause gegangen, um meinen kleinen Sohn zu stillen, als Drago zu Besuch kam. Als er sah, wie vollgestopft das Zimmer war, wurde er wütend und schimpfte, weil ich ihm nichts gesagt hatte. Aber ich hatte geglaubt, er würde nur lachen wie alle anderen und mich wegen meines lächerlichen Problems verhöhnen. Drago hatte einen engen Freund, einen Senior Officer namens Peter Karamagi, der außerhalb der Stadt in einem großen Haus wohnte. Dorthin konnten wir umziehen. Ehe er ging, gab er mir noch Geld für neue Möbel. Schon am nächsten Tag lud ich all mein Hab und Gut auf meinen Pickup und zog um. Das Haus hatte außer Küche, Bad und Toilette fünf große Zimmer.

Fauler Zauber

Hinter dem eigentlichen Wohnhaus lagen die Unterkünfte der Leibwachen. Dort ging ich hin, wenn ich mich langweilte. Auch Tim wohnte dort, ein mugandischer Junge, den Karamagi unter seine Fittiche genommen hatte. Wir wurden bald gute Freunde. Tim hatte in dem Haus gewohnt, ehe Karamagi eingezogen war, sodass er die Gegend bestens kannte. Und außerdem wusste er, wo die Medizinmänner lebten. Viele Offiziere wandten sich an Medizinmänner – sogar Museveni. Also musste da doch etwas dran sein. Schon lange hegte ich den brennenden Wunsch, befördert zu werden. Deshalb stellte Tim gleich während der ersten Tage einen Kontakt für mich her.

Das Erste, worauf mein Blick fiel, war eine enorm gemästete Kuh. Die größte, die ich je in meinem Leben gesehen habe. Im

Garten liefen jede Menge Kinder herum, aber ich konnte nur zwei Frauen entdecken, die auf sie aufpassten. Jetzt kam der Medizinmann und stellte sich feierlich vor. Er hieß Muwanga. Nachdem die Begrüßungszeremonie überstanden war, wurde ich in einen dunklen und unheimlichen Bungalow geführt. Als Erstes bat er mich, Geld auf ein Kuhfell zu legen, und noch ehe ich den Mund aufmachen konnte, um ihm mein Anliegen vorzutragen, spuckte er auf das Geld und murmelte: »Yes ... yes ... yes ...« An Sehvermögen fehlte es ihm nicht, so viel stand fest. Da erklang hinter einer großen wogenden Gardine ein unheimlicher Ton und fesselte meine Aufmerksamkeit. Das sei der Geist, sagte er, der habe zu ihm gesprochen und ihm geraten, mir drei Sorten von Medizin zu geben: »Die erste Medizin musst du verbrennen und dann den Rauch einatmen. Die zweite mischst du in dein Badewasser.« Er hielt kurz inne und fuhr dann fort: »Die dritte und letzte Medizin hängst du genau um 18 Uhr vor dem Haus in einen Baum, pass auf, dass dich niemand dabei sieht.« Ich wollte ihm gerade erklären, wie schwer das sei, als er mich ermahnte, ihn nicht zu unterbrechen. Das würde alles ruinieren.

Kurz vor sechs Uhr trat ich vors Haus, um zu sehen, wie viele Menschen draußen unterwegs waren. Dann kletterte ich mit der kleinen Medizintüte zwischen den Zähnen auf den Baum. Plötzlich brach ein kleiner Ast ab, und vor lauter Schreck sperrte ich automatisch den Mund auf. Die Medizin fiel auf die Erde, sodass ich hinunterklettern und sie aufheben musste. Jetzt hatte ich die Aufmerksamkeit der Leute geweckt, deshalb tat ich so, als hätte ich meine Uhr verloren. Kurz nach 18 Uhr hing die Medizin oben im Baum. Das mit dem Badewasser war leicht. Aber als ich das andere Ritual durchführte und die Medizin verbrannte, kam ich mir komisch vor. Ich wollte dabei keinesfalls gesehen werden. Deshalb schloss ich alle Fenster und Türen. Es entstand so viel

Rauch, dass ich fast erstickt wäre. Am nächsten Morgen ging ich hinaus und sah nach dem Baum – das Tütchen war weg! Jetzt war ich mir sicher, dass die Beförderung nur noch eine Frage der Zeit wäre, eine Sache von wenigen Wochen. Diese Beförderung lag mir sehr am Herzen, insbesondere deshalb, weil mich mein höherer Rang besser vor sexuellem Missbrauch schützen würde.

Als drei Wochen später immer noch nichts passiert war, suchte ich Muwanga ein weiteres Mal auf. Nach einem kurzen Gespräch ließ er mich einen Augenblick allein. Da konnte ich mich nicht mehr beherrschen. Ich musste diese Geister einfach sehen! Schnell zog ich die Gardine zur Seite. Der Hund war riesig und sah aus, als würde er bereits seit Jahrhunderten dort liegen. Er schaute mich eine Sekunde lang an, beschloss dann offenbar, mich zu ignorieren, und legte seinen Kopf auf die Pfoten. Jetzt wurde ich, gelinde gesagt, ziemlich wütend und verlangte mein Geld zurück sowie eine kleine Entschädigung dafür, dass man mich an der Nase herumgeführt hatte. Wegen meiner Uniform kam Muwanga meinem Wunsch ohne Murren nach.

Ein böser Verdacht

Der Medizinmann machte mir keine Angst. Kazini machte mir Angst. Eines Tages wurde ich in sein Büro beordert und man legte mir einen Brief vor. Kazini fragte, ob das Kashillingis Unterschrift sei. Jetzt musste ich sehr vorsichtig sein. Diesem Mann war alles zuzutrauen. Deshalb erwiderte ich, das könne ich nicht beurteilen. Kazini musterte mich eindringlich, dann sagte er, ich würde lügen und er sei davon überzeugt, dass Kashillingi mein Onkel wäre. Die Unterschrift stammte von Kashillingi, aber keine zehn Elefanten würden mich dazu bringen, das zuzugeben. Kazini war gefährlich, und ich hatte Angst. Wenn ich gestand, die Unterschrift zu kennen, könnte er leicht behaupten, ich wüsste auch, wo er sich versteckt hielt. Ehe ich sein Büro verließ, teilte er mir mit, Kashillingi sei verhaftet. Das stimmt nicht, dachte ich. Aber das spielte keine Rolle. Was er mir sagte, hatte nichts mit Kashillingi zu tun. Seine Worte galten mir und gaben mir zu verstehen, ich sei in seiner neuen Terrorkampagne eine der Hauptverdächtigen. Zitternd vor Angst schloss ich die Tür hinter mir und hoffte, dass er seine Aufmerksamkeit bald wieder anderen Dingen zuwenden würde.

Am nächsten Tag hielt ich mich nach dem Mittagessen auf dem Gelände der Militärpolizei auf. Ein Sergeant stand ein paar Meter von mir entfernt und las in der Zeitung »The New Vision«. Als er aufblickte und mich so merkwürdig anschaute, wusste ich, dass etwas nicht stimmte, und ging zu ihm hinüber. Er las nicht weiter, sondern versteckte die Zeitung hinter seinem Rücken. Nach einigem Hin und Her zeigte er mir die Überschrift: »Kashillingi verhaftet«. Kurz darauf beobachteten wir, wie ein Militärkonvoi mit bewaffneten Soldaten auf das Kasernengelände fuhr. Die Wagen fuhren so schnell, dass ich nicht sehen konnte, ob Kashillingi in einem von ihnen saß. Noch konnte ich hoffen. Alle Soldaten der Kaserne waren in höchste Alarmbereitschaft versetzt worden.

Mit einem Mal liefen alle hin und her. Der, den sie da verhaftet hatten, musste wirklich ein sehr hohes Tier sein – vielleicht war es Idi Amin. Ich konnte nichts anderes tun, als ebenfalls stehen zu bleiben. Ich wusste ganz einfach nicht, wohin ich gehen sollte. Kurz darauf trafen alle Senior Officers ein, einer nach dem anderen. Jetzt bekam ich es wirklich mit der Angst. Plante man hier eine Hinrichtung? Die anderen Militärpolizisten musterten mich, als wollten sie meine Gedanken lesen. Sie kamen zu mir und fragten mich alles Mögliche. Das machte mich so nervös, dass ich mich am liebsten versteckt hätte. Aber da hätte ich mich gleich in der Höhle des Löwen verstecken können. Stattdessen bemühte ich mich, einen Blick auf Kashillingi zu werfen, der dicht von hochrangigen Offizieren umgeben war. Er hatte keine Schuhe an und trug etwas, das einem Pyjama glich, so, als hätte man ihn gerade aus dem Bett geholt. Sie hatten ihm Handschellen angelegt, sowohl an den Händen als auch an den Füßen. Dort stand der Mann, der mein Leben in seinen Händen gehalten hatte. Der alles von mir gefordert und nichts zurückgegeben hatte. Dennoch kamen mir bei seinem Anblick die Tränen, und ich ging schnell auf die Toilette, damit niemand etwas merkte.

Nach wenigen Minuten schickte Kazini nach mir. Ich stellte mich tapfer vor die Offiziere und versuchte, völlig unbeteiligt zu wirken, als sie Kashillingi verhöhnten. Dann fragte mich einer von ihnen, warum ich nicht zusammen mit Kashillingi geflohen sei, und als ich nicht antwortete, bat Kazini sie, mich ja nicht aus den Augen zu lassen, damit ich Kashillingi nicht bei der Flucht helfen könne. Dann fuhr er fort, mich bloßzustellen. Ich wurde aufgefordert, Kashillingi direkt in die Augen zu schauen und ihm zu sagen, wie dumm es von ihm gewesen wäre wegzulaufen. Und so weiter und so fort. Am Ende wurde der Druck zu stark, und ich brach weinend zusammen. Daraufhin beschimpfte mich einer, wie ich nur Tränen vergießen könne um einen Mann, der die NRA verraten habe. Nach dieser Demütigung wurde Kashillingi in eine winzige Zelle gebracht, die nur 1 Meter auf 1,80 Meter groß war und keine Fenster hatte. Obwohl eine Flucht völlig unmöglich war, wurden ihm die Handschellen nicht abgenommen. Ich sah Kashillingi nur, wenn ich als diensthabender Sergeant in den Zellblöcken Aufsicht hatte und kontrollierte, ob alle Regeln genau eingehalten wurden.

Wenige Wochen später wandte sich ein Gefangener an mich und übergab mir einen Brief, den er in seiner Hose versteckt hatte. Der Brief stammte von Kashillingi. Ich steckte ihn hinter den Gürtel und beeilte mich, ein sicheres Plätzchen zu finden, wo ich ihn lesen konnte. Der Brief war an Major General Salim Salem adressiert, mit dem Zusatz, dass ich ihn überbringen würde. Woher sollte ich wissen, ob ich mich auf diesen Gefangenen verlassen konnte? Vielleicht hatte er ihn schon Kazini gezeigt, in der Hoffnung, begnadigt zu werden? Und warum glaubte Kashillingi, dass ich ihm immer noch loyal gesinnt wäre? An jenem Abend war ich beim Wachdienst zu nicht viel nutze. Alles und alle, die ich mochte, schwebten in Gefahr. Aber Kashillingi hatte immer noch großen Einfluss auf mich. Ein Teil von mir wollte gehorchen – war das der kleine Roboter in mir, aus meiner Zeit als Kindersoldatin? Ich hätte nichts lieber getan, als den Brief Salim Salem zu überbringen, der einer der engsten Freunde Kashillingis war. Selbst wenn ich Kashillingi in gewisser Weise hasste, hing ich doch an ihm. Kashillingi war ein hervorragender Soldat und in vielerlei Hinsicht ein guter Freund der Kindersoldaten gewesen, zumindest mehr als jeder andere.

Am nächsten Morgen hatte ich dienstfrei und fuhr nach Hause, um mein Kind zu stillen. Ich frühstückte zusammen mit Karamagis Freundin. Die ganze Zeit über plagten mich Zweifel – sollte ich, sollte ich nicht? Nach dem Essen beschloss ich, ihr den Brief zu zeigen, und sagte, ich müsse ihn noch heute weiterbefördern. Da wurde sie sehr aufgeregt und versuchte, mich zu überreden, ihn nicht zu überbringen. Nach dem Frühstück legte ich mich hin, um mich in den Schlaf zu flüchten.

Nach ein paar Tagen bat mich einer der Offiziere, privat zu ihm zu kommen. Dieser Offizier kannte Kashillingi noch von ganz früher. Ich hatte ihn unzählige Male in Kashillingis Haus gesehen und war eine von den wenigen, die von dieser Beziehung wusste. Während wir so zusammensaßen und uns unterhielten, verriet er mir, dass man ihn und andere Offiziere in Kazinis Büro nach mir befragt hätte. Dann habe Kazini abschließend noch gefragt, ob sie glaubten, dass ich imstande sei, Kashillingi zur Flucht zu verhelfen. Einige der Offiziere meinten, es bestünde keine Gefahr, dass ich das tun würde. Andere hatten sich dazu nicht äußern wollen. Dann hatte ihnen Kazini enthüllt, dass er mir eine Falle stellen wolle, um herauszufinden, was ich für Kashillingi empfand.

Bald darauf wurde ich wieder in Kazinis Büro gerufen. Dieses Mal war ich fest entschlossen, ihn davon zu überzeugen, kein Sicherheitsrisiko zu sein.

»Wenn du willst, lässt sich leicht ein Besuch bei Kashillingi arrangieren«, sagte er.

»Afande, ich hasse und verabscheue Kashillingi genau wie Sie, jetzt, wo ich weiß, dass er die NRA verraten hat. Ich habe nichts mit ihm zu tun, Sir«, antwortete ich und salutierte.

Kazini blieb sitzen und ließ den Bürostuhl kreisen. Die Hände hatte er flach vor sich auf den Schreibtisch gelegt. Ich wagte kaum zu atmen, geschweige denn mich zu rühren, und konzentrierte mich darauf, den Lichtschein zu fixieren, der auf sein Gesicht fiel. Er kniff die Augen zu wie eine Kobra, kurz bevor sie angreift. Dann rief er Lieutenant Ruhinda. Das Klingeln eines großen Schlüsselbundes verriet mir, dass er bereits unterwegs war. Ruhinda war ein großer, dünner Mann mit einer langen Nase. Alle waren mit ihm befreundet, selbstverständlich nur so lange, wie man nicht in einer der Zellen in seinem Block saß. Als er die Tür öffnete, sagte Kazini zu ihm: »Bring sie zu Kashillingi. Schließ die Tür auf und lass sie in Ruhe miteinander reden.« Nicht nur seine Worte erschreckten mich. Sein verbissener Versuch, mich in die Falle tappen zu lassen, beunruhigte mich. Doch Befehl ist Befehl, und ich musste gehorchen.

Kazinis Büro lag nicht weit von Kashillingis Zelle entfernt. Ich hatte nicht viel Zeit, mir eine Strategie zu überlegen. Aber sobald Ruhinda die Tür zum Zellenblock aufgeschlossen hatte, nahm ich die Beine unter den Arm. Ich rannte und rannte und hielt nicht eher an, bis ich in der Stadtmitte war. Dort blieb ich für den Rest des Tages.

Strafe und Versetzung

Kazini war krank im Kopf. Dieser Mann wollte mich benutzen, um mehrfach befördert zu werden, indem er Situationen wie jene arrangierte, in der Hoffnung, ich würde darauf hereinfallen. Wenn dem so wäre, würde er als Held dastehen, der einen Fluchtversuch vereitelt hatte. Bald darauf ließ mich Kazini aus Kampala abziehen und an die Karuma-Brücke verlegen, wo die einzige große Kampfabteilung der Militärpolizei stationiert war. Als ich das erfuhr, nahm ich meinen Sohn auf den Arm und stürmte in Kazinis Büro. Noch ehe ich ein Wort sagen konnte, forderte er mich grob auf, zu verschwinden. Karuma galt nach wie vor als gefährlich, nicht nur wegen der Aufständischen, sondern auch wegen der vielen Tsetsefliegen und Mücken. In der gleichen Gegend brach später Eboli aus, doch zum Glück nicht, als ich dort war. Kazini wusste, wie gesundheitsgefährdend die Versetzung war, aber das scherte ihn nicht.

Nach wenigen Monaten in Karuma hörte ich, Kazini sei befördert und nach Gulu geschickt worden, wo er Commander der vierten Division wurde. Seinen Leibwächter, Corporal Kinyata, ließ er dagegen bei der Militärpolizei zurück. Das war einfach unglaublich! Kazini hatte Kinyata nur benutzt und er wusste ganz genau, dass er bei der Militärpolizei zutiefst verhasst war. Und trotzdem ließ er ihn dort zurück. Kinyata wurde jeden Tag schikaniert, und ich weiß nicht, was aus ihm geworden ist. Kazini dagegen hat inzwischen den Rang eines Major General und Army Chief Commanders.

Mein Sohn war inzwischen neun Monate alt, und ich wollte ihn nicht bei Dragos Familie lassen. Stattdessen brachte ich ihn zu meiner Schwester Margie. Nachdem ich ihr erzählt hatte, was passiert war, erklärte sie sich einverstanden, sich seiner anzunehmen. Doch weil der Junge so klein war, weigerte sich ihr Mann. Margie und ich mussten den schweren Weg zum Kinderheim antreten, wo ihn eine freundliche Frau in Empfang nahm. Als wir nach Hause zurückkehrten, hatte ihr Mann seine Meinung geändert. Als ich am nächsten Tag nach Karuma fuhr, war mir wesentlich leichter ums Herz und ich schöpfte neuen Mut.

Die Straße zwischen Karuma und Pakwach führt durch eine großartige Landschaft, einen Nationalpark, in dem einer der stark bewachten Zufluchtsorte der Aufrührer liegt. Wir errichteten Straßensperren und warteten jeden Morgen auf Zivilfahrzeuge. Unser Job bestand darin, die Zivilisten durch die Gegend zu eskortieren. Die meisten von ihnen wollten nach Arua, Idi Amins Heimat. Mit der Zeit gefiel es mir in Karuma, nicht wegen der Aufständischen, sondern weil unser Commander ein netter Mann war. Auch mit den anderen Sergeants kam ich gut aus. Einer von ihnen, Stephen, war schon bald wie ein Bruder für mich. Wir mussten die Konvois bewachen. Obwohl wir gute Freunde waren, verlor ich kein Wort über mein schwieriges Leben. Aus bitterer Erfahrung wusste ich, wie leicht aus Freunden Feinde werden können.

Der Job war nicht ungefährlich, viele hatten dabei schon ihr Leben gelassen. Stephen und ich hatten ein gemeinsames Ritual. Wir begannen den Tag mit einer Portion Hähnchen, wohl wissend, dass es die letzte sein könnte. In gewisser Hinsicht war mir alles egal. Aber um meines Sohnes willen vermied ich es, mich den Kugeln in den Weg zu stellen. Der Job war ziemlich hart. Zivilisten zu lenken und zu beschützen, sodass sie nicht in Gefahr geraten, verlangt Erfahrung und Geschick. Die Zivilisten wollen immer, dass alles sehr schnell geht. An die Gefahren denken sie nicht. Das Fahren im Konvoi geht extrem langsam vonstatten, und das stellt die Geduld derjenigen, die gewohnt sind, schnelle Autos zu fahren, auf eine harte Probe. Jeden Tag mussten wir diejenigen mit Gewalt an ihren Platz zurückbringen, die aus dem Konvoi ausbrachen und damit das Leben aller aufs Spiel setzten. Außerdem zeigten sie so, dass sie unsere Arbeit nicht respektierten. Und wenn es etwas gibt, was Militärangehörige hassen, dann Leute, die ihnen keinen Respekt erweisen. Viele Soldaten hatten ihr Leben gelassen, indem sie versuchten, das der anderen zu schützen. Auch deshalb regten wir uns so auf, wenn diese Zivilisten unsere Autorität in Frage stellten. Ich war sicher eine von den Schlimmsten, weil ich unverblümt drohte, Gewalt anzuwenden, um ihnen Vernunft einzubläuen. Einige blieben gleich weg, wenn sie erfuhren, dass ich Dienst hatte.

Der Tod kennt keine Gnade

Wenn ein Konvoi zusammengestellt wird, hat die Unversehrtheit der Wageninsassen im Falle eines Angriffs aus dem Hinterhalt höchste Priorität. Deshalb fahren die großen, aber langsamen Lastwagen an der Spitze, gefolgt von Personenwagen und Bussen. Eines Morgens wandte sich ein junger Soldat an mich – er mag um die zwölf Jahre alt gewesen sein – und sagte, er habe mir etwas zu erzählen. Ich hatte es eilig und nahm mir nicht die Zeit, mit ihm zu reden. Während ich mich damit plagte, die Soldaten auf die Wagen zu verteilen, blieb er mir getreulich auf den Fersen. Am selben Tag gerieten wir in einen Hinterhalt. Der Junge wurde vor meinen Augen getötet. Sein Blut durchweichte meine Uniform. Ich hätte mich treten mögen, weil ich ihm nicht zugehört hatte, und weinte, obwohl ich wusste, dass ihn meine Tränen auch nicht wieder zum Leben erwecken würden.

In der Zeit danach fragte ich mich lange, was es wohl gewesen war, das mir der kleine Junge hatte erzählen wollen. Ich sollte es nie herausfinden. Der Tod des Jungen berührte mich tief, und in den folgenden Tagen musste ich viel an den Tod denken – meinen eigenen. Es wurde so schlimm, dass ich unseren Vorgesetzten bitten musste, mich für die nächsten Wochen von der Arbeit im Konvoi zu befreien.

Respekt, verdammt!

Mein neuer Job bestand darin, sicherzustellen, dass die Soldaten in Karuma ihre Arbeit taten. Dazu gehörte auch, die beiden Straßensperren zu bewachen, eine auf jeder Seite der Brücke. In unserer Abteilung gab es nur zwei weibliche Soldaten, und als einziger Sergeant war ich derjenige mit dem höchsten Rang. Unter mir dienten viele Corporals, die viel älter waren als ich, sodass ich mich zusammenreißen und sie hart rannehmen musste, um meinen Job gut machen zu können. Eines Abends zog ich los, um die Straßensperren zu inspizieren. Bei der einen kam ein Soldat zu mir und meldete, der wachhabende Offizier habe seinen Posten verlassen. Im Ort fand ich den Corporal, der in einer Bar saß und etwas trank. Als ich ihm befahl zurückzukehren, drohte er, mich zu erschießen. Vor aller Augen forderte er mich auf, mich hinzuknien und um mein Leben zu bitten. Während ich auf den Knien lag, fing sein Mädchen an zu lachen, aber ihr Blick sagte mir, dass, wenn ich nicht tat, was er sagte, ich ein sehr toter Sergeant wäre. Nachdem ich eine Weile gekniet und um mein Leben gebettelt hatte, ließ er mich gehen.

Wütend ging ich zurück zur Straßensperre und gab zwei Soldaten den Befehl, den Corporal zu entwaffnen und mit ihm zurückzukommen. Sie kamen, aber ohne ihn. Sie sagten, sie seien nicht nahe genug an ihn herangekommen, um ihm sein Gewehr wegzunehmen, das er an einem Riemen über der Schulter trug. Es wurde spät, und ich musste mich um meine anderen Pflichten kümmern. Doch ehe ich fuhr, befahl ich ihnen, mir den Corporal am nächsten Morgen vorzuführen. Die Demütigung durch diesen »Versager« von einem Corporal ging mir die ganze Nacht nicht mehr aus dem Kopf. Und das vor den Augen aller Zivilisten! Als Vorgesetzte und als weiblicher Soldat konnte ich das nicht widerspruchslos hinnehmen.

Wie befohlen, erschienen die beiden Soldaten am nächsten Morgen mit dem Corporal. Beim Morgenappell befahl ich ihm, sich vor der gesamten Abteilung mit dem Gesicht nach unten auf die Erde zu legen. Eine Gruppe Soldaten hatte im Busch frische Zweige geholt und begann, ihn zu umringen. Ich befahl ihnen, ihn auszupeitschen. Sie hörten nicht eher auf, bis alle Zweige verbraucht waren. Ich war tough. Um zu überleben, musste ich tough sein. Nicht nur im Militär, sondern auch im Leben.

Der amerikanische Freund

Wenige Tage nach diesem Zwischenfall hielt ich Wache an einer Straßensperre, als dort ein Wagen mit Allradantrieb und einem weißen Mann hinterm Steuer anhielt. Während der Pickup kontrolliert wurde, schlenderte er zu mir herüber, stellte sich vor und lud mich auf einen Drink ein. Er hieß Paul, war Amerikaner und arbeitete in Kenia für eines der Ernährungsprogramme der Vereinten Nationen. Er war ein sehr großer Mann mit langen Haaren, der unglaublich zäh wirkte. Während wir zusammensaßen und etwas tranken, fragte er mich, wieso ich ins Heer eingetreten sei. Eine solche Frage, wie trivial sie auch ausfallen mochte, galt als sehr ernsthaftes Vergehen. Dass er weiß war, würde die Sache nur noch schlimmer machen. Als ich schwieg, fragte er, ob ich mit meinem Leben zufrieden sei. Ich bejahte, blieb aber äußerst einsilbig – und lächelte. Um dem Gespräch eine andere Wendung zu geben, fragte ich ihn, ob er Kinder habe. Aber Paul ließ sich nicht beirren und wollte wissen, wie lange ich bereits im Heer wäre.

Wegen seiner vielen zudringlichen Fragen brach ich auf. Als wir die Bar verließen, fragte er, ob ich mich mit ihm in Gulu im »Acholi Inn« treffen wolle. Dieser Mann kann mir möglicherweise Zugang zu einem besseren Leben verschaffen, dachte ich. Er war weiß, und Weißen war nichts unmöglich, davon war ich überzeugt. Rasch brachte ich unseren Commander dazu, mir eine Ausgangserlaubnis für einen Tag in Gulu zu erteilen, indem ich ihm erzählte, Drago wolle mit mir sprechen. In unserer Abteilung hatte Dragos Name einen ganz besonderen Klang.

Es gelang mir, eine Mitfahrgelegenheit zum Hotel zu bekommen. Ich trug meine Uniform, weshalb sich der an der Rezeption darüber ausließ, im Hotel würde eine Person wie ich nicht bedient. Glücklicherweise tauchte der Amerikaner auf, bevor ich die Fassung verlor. Auch er war überrascht, mich in Uniform zu sehen, weshalb er anbot, mir etwas anderes zum Anziehen zu kaufen. Anschließend saßen wir im Restaurant des Hotels – das war eine völlig andere Welt als die, die ich gewohnt war. Und was für eine Welt! Alles schien nach ungeschriebenen und mir völlig unbekannten Regeln zu funktionieren, von der Aufstellung der Tische bis hin zu der Art und Weise, wie die Menschen aßen. Sie saßen mit einem derart geraden Rücken am Tisch, als würden sie jeden

Augenblick aufstehen und gehen. Das Essritual verlangte offenbar auch, dass man das Essen sehr sehr langsam verzehrte – und mit Messer und Gabel. Da schaute ich nur mit großen Augen zu und benutzte, wie ich es gewohnt war, meine Finger. Als ich aufblickte, betrachtete mich Paul lächelnd. Er versuchte, mir beizubringen, mit Messer und Gabel zu essen, aber als mir ein Stück Fleisch zum dritten Mal von der Gabel purzelte, gab ich es auf.

Nach dem Essen gingen wir in eine Bar. Nun bedrängte er mich erneut mit seinen Fragen – wie alt ich sei, wie das Leben als Soldatin sei, wie ich dazu gekommen sei. Alles, was man sich nur vorstellen kann. Meinen militärischen Rang und mein jugendliches Alter konnte er nicht miteinander in Einklang bringen. Ich fühlte mich mit meinen neunzehn Jahren schon ganz schön alt, aber er erzählte, in seinem eigenen Land wäre ein Sergeant mindestens um die fünfunddreißig Jahre alt.

Ich log konsequent, denn ich durfte keine der Fragen, die er mir stellte, beantworten. Vielleicht hatte er einen geheimen Auftrag, wer weiß? Aber Paul wollte mich wiedersehen und bat mich, an der Straßensperre auf ihn zu warten, wenn er auf dem Weg vom Sudan zurück nach Kenia wieder vorbeikäme. Danach trennten sich unsere Wege. Er fuhr in den Sudan, ich wieder nach Karuma. Paul nahm meine Gedanken ziemlich in Beschlag, und ich freute mich wirklich darauf, ihn wiederzusehen. Die Hoffnung, er könne irgendwie meine Rettung sein, lauerte immerzu im Hinterkopf. Ich wünschte mir nichts mehr, als dieses Leben hinter mir zu lassen. Und gänzlich uninteressiert an ihm war ich auch nicht. Andererseits störten mich seine vielen Fragen ein bisschen.

An dem vereinbarten Tag stand ich schon morgens um sieben Uhr bereit und hielt nach seinem Auto Ausschau. Er kam tatsächlich und hatte so viele Geschenke dabei, dass ich gar nicht wusste, was ich damit machen sollte. Da stand ich nun und hatte den Arm voll mit Make-up, Cremes, einer Spezialtaschenlampe mit fünf Schalterpositionen und einer riesigen Packung Kekse. Aber Paul machte alle meine Tagträume zunichte, als er mir erzählte, er müsse zurück in die USA und hätte keine Ahnung, wann er wiederkommen würde. Mit Tränen in den Augen blieb ich zurück und bereute zutiefst mein Misstrauen und dass ich ihm nicht geschildert hatte, wie entsetzlich mein Leben eigentlich war.

Um Haaresbreite

Aber das Leben ging weiter. Bald beteiligte ich mich wieder an den Konvois. Am ersten Arbeitstag hielt eine Schlange uralter klappriger Lastwagen an und wartete darauf, eskortiert zu werden. Einer der Fahrer hatte offenkundig Probleme mit seinem Laster, und ich forderte ihn auf, den Konvoi des nächsten Tages abzuwarten. Daraufhin protestierte er heftig und versicherte mir, es seien nur Kleinigkeiten. Da sein Wagen einer der langsamsten war, würde ich ihn ans Ende der Wagenkolonne stellen. Zusammen mit sechs weiteren Soldaten, von denen einer mit einer RPG bewaffnet war, sprang ich auf seinen Lastwagen auf. Der Konvoi setzte sich in Bewegung. Doch mitten in der Gefahrenzone hielt der Fahrer auf halbem Wege an, um eine »Kleinigkeit« unten am Wagen zu richten. Da wir keinerlei Kommunikationsausrüstung besaßen, war es unmöglich, Stephen, der vorn im ersten Wagen das Kommando hatte, Bescheid zu geben. Stattdessen versuchte ich, ihm ein Zeichen zu geben, indem ich in die Luft schoss, aber der Konvoi rollte weiter. Die Situation wurde ernst, und ich wollte keine Menschenleben riskieren. Nicht ein Soldat konnte entbehrt werden.

Der Fahrer arbeitete in gemächlichem Tempo, anscheinend

hatte er alle Zeit der Welt, was recht nervenaufreibend wurde. Ich befahl den Soldaten, ihm etwas Dampf zu machen. Bald fuhr der Lastwagen wieder, und als wir uns dem Ende der Gefahrenzone näherten, war ich erleichtert, wieder Augenkontakt zum vorderen Teil des Konvois zu haben, der am Fuß eines Hügels Halt gemacht hatte. Plötzlich bekam der Fahrer Panik und verlor die Kontrolle über seinen Wagen. Er rief: »Banange nze nfudde, brake silina.« (Oh, ich bin tot, ich kann nicht bremsen.) Die vielen überfüllten Reisebusse vor uns kamen immer näher. Wenn ich nichts unternahm, würden alle Menschen zermalmt oder durch die explodierende RPG getötet werden.

Ich befahl den Soldaten, sitzen zu bleiben. Unter Einsatz meines Lebens hielt ich mich am Seitenspiegel fest. Mit dem Gewehr in der anderen Hand gab ich noch einen weiteren Warnschuss ab. Zu spät. Wenn ich doch nur Stephen signalisieren könnte, den Konvoi in Bewegung zu setzen! Das würde uns eine Chance geben, den verrückt gewordenen Lastwagen zum Stehen zu bringen. Als wir ganz dicht an den Konvoi herangekommen waren, sah ich aus dem Augenwinkel, wie sich der Fahrer darauf vorbereitete, aus der Fahrerkabine zu springen. Ich brachte ihn auf andere Gedanken, indem ich ihm den Gewehrlauf ins Genick drückte. Nicht, dass ich nicht selbst Lust gehabt hätte, abzuspringen. Aber ich dachte noch klar genug, um zu begreifen, dass man mich bestrafen würde, wenn ich überleben und die anderen sterben würden. Und das würde keine milde Strafe werden. Jetzt weinte der Fahrer hemmungslos, die Angst stand ihm ins Gesicht geschrieben. Er war eben nichts weiter als ein jämmerlicher Zivilist. Ein Soldat hat anderes im Kopf, wenn er dem Tod ins Auge sieht.

Stephen begriff die Gefährlichkeit der Situation, aber da war nichts mehr zu machen. Nichts. Er musste zusehen, wie wir dem sicheren Tod entgegenfuhren. Und glaubt mir, in diesen Minuten dachte ich, mein letztes Stündlein habe geschlagen. Was sollte mein letzter Wunsch sein? Was sollte ich meinem Sohn sagen, der so weit entfernt war? Jetzt schossen mir die Tränen in die Augen. Als letzten Befehl forderte ich den Fahrer auf, das Steuer herumzureißen und auf den Seitenstreifen zu fahren, in den Busch. Er gehorchte augenblicklich.

An mehr kann ich mich nicht erinnern. Als ich wieder zu mir kam, stand ich mitten auf der Straße vor einem Jungen mit zertrümmertem Schädel und einem verrenkten Körper. Rings um uns standen die Zivilisten. Sie hatten die Hände in den Hosentaschen und starrten auf seine Leiche, als sei er ein totes Tier. In diesem Moment hasste ich sie. Sie waren schuld an seinem Tod. Einer der Busfahrer hatte mein Gewehr an sich genommen, das ich zurückverlangte. Aber Stephen befahl Ramadan, dem Busfahrer, es nicht zu tun. Frustriert, wie ich war, riss ich einen Zweig von irgendeinem Busch und fing an, auf jeden Zivilisten einzudreschen, den ich erreichen konnte, während ich weinte wie ein kleines Kind. Dann verlor ich das Bewusstsein und wachte erst wieder auf, als wir fast schon wieder im Lager waren. Meine Kameraden hatten mich den ganzen Weg getragen.

Mein immer noch blutendes rechtes Knie tat höllisch weh. Ein Schuss hatte sich gelöst und eine tiefe Wunde verursacht. Ich dachte an Regina und ihr Bein. Das wäre das Ende meines Jobs im Heer. Ich würde das Bein ebenfalls verlieren, so viel stand fest. Sie legten mich hinten in einen Landrover und fuhren mich zum Krankenhaus, das etwa zehn Kilometer vom Lager entfernt war. Ein Arzt namens Odongo gab mir eine sehr schmerzhafte Spritze ins Knie und fing sofort an, die Wunde zusammenzunähen. Als ich stöhnte, sagte er nur, ich könne das gern auch selbst erledigen. Als ich ihn aufforderte, damit aufzuhören, befahl er den Soldaten, mich festzuhalten. Anschließend trugen sie mich in ein

Zimmer, wo mir ein Streckverband angelegt wurde. Am Abend waren die Schmerzen noch schlimmer geworden, und Odongo wurde gerufen, um mir eine weitere schmerzstillende Spritze zu geben. Doch als es so weit war, weigerte ich mich, meine Zustimmung zu geben, aus Angst, er würde mir eine Überdosis verpassen. Odongo hatte mich schon die ganze Zeit über sehr respektlos behandelt. Außerdem gehörte er dem Lango-Stamm an, dem Stamm Dr. Obotes. Das, und dass ich eine NRA-Soldatin war, könnte die Erklärung für seine unverschämte Behandlung sein. Odongo stand nur da und schüttelte den Kopf, während er murmelte: »Soldaten!« Ich bedeckte mein Gesicht mit den Händen und bat ihn, wieder zu gehen.

Am nächsten Morgen kamen zwei Soldaten, um nach mir zu sehen, worüber ich mich riesig freute. Außerdem musste ich dringend zur Toilette, die außerhalb des Krankenhausgebäudes lag. Sie blieben eine Weile bei mir, und wir hatten jede Menge Spaß, machten Radau und sausten mit dem Rollstuhl herum. Aber abends mussten sie zurück. Wieder war ich allein, und niemand im Krankenhaus machte sich die Mühe, mir zu helfen. Damit ich zur Toilette kam, musste ich das Bein mit einer Hand ausgestreckt halten, während ich mich mit der anderen mühte, den Rollstuhl zu lenken. Bis zur Toilette brauchte ich mehr als eine Stunde. Da war es schon zu spät. Ich beschloss, darüber zu lachen.

Im Krankenhaus stank es nach Medizin. Alles, was man in den Mund bekam, stank nach Medizin. Ich hielt es dort nicht aus. Als die Soldaten das nächste Mal zu Besuch kamen, überredete ich sie, mich hinauszuschmuggeln. Sie luden mich in den Landrover, und im Nu waren wir wieder zurück im Lager, wo ich von fast allen Soldatinnen laut begrüßt wurde, die mich mit den traditionellen Huldigungsschreien empfingen. Der Lagerkommandant lud mich in seine Wohnung ein, und später stand ich im Mittelpunkt eines Festes, das die anderen Sergeants extra für mich arrangiert hatten. Wir tranken und feierten die ganze Nacht. Alle waren sehr froh, weil ich mein Bein nicht verloren hatte.

Ein paar Tage später musste ich nach Kampala, um das Bein von einem Spezialisten behandeln zu lassen. Für den Spaziergang zur Straßensperre brauchte ich fast eine halbe Stunde. Dort erwischte ich den Bus, und wer saß hinter dem Steuer? Ramadan, der Held, der eine noch größere Katastrophe abgewendet hatte, indem er mich hinderte, auf Zivilisten zu schießen.

»Big Business«

In Kampala stieg ich aus und wohnte bei Peter Karamagi, Dragos Freund. Ich hatte vor, der Firma einen Besuch abzustatten, deren Fahrer das Unglücksfahrzeug gelenkt hatte. Der Direktor des Unternehmens empfing mich, und nachdem ich ihm mein schwer verwundetes Knie gezeigt hatte, bat er mich zu warten und ließ den Fahrer rufen. Wie ich sah, war auch er bei dem Unfall nicht unbeschadet davongekommen. Der Direktor erklärte ihm, dass er die Verantwortung trage und mir eine Entschädigung zahlen müsse. Jeder konnte auf den ersten Blick erkennen, dass der Mann kein Geld hatte, um irgendetwas zu bezahlen. In gewisser Weise stimmte es, dass er für das Unglück verantwortlich war, aber die Firma hatte ihn angestellt, sodass ich den Direktor unter Druck setzte. Und ich ging nicht eher, bis ich bekommen hatte, was ich wollte. Ich erhielt einen Scheck. Zum ersten Mal in meinem ganzen Leben ging ich auf die Bank und löste einen Scheck ein – ganze dreihundert Dollar konnte ich nach Hause tragen. Für mich eine riesige Summe, doch diesmal würde sie nicht für gegrillte Hähnchen draufgehen. Stattdessen wollte ich sie in ein eigenes Geschäft investieren. Stundenlang saß ich in meinem Zimmer und überlegte fieberhaft, was für ein Geschäft das sein sollte. Das Leben war vielleicht doch nicht so übel.

Auch karrieremäßig ging es plötzlich bergauf. Als ich nach Karuma zurückkam, wurde ich zum Commander ernannt. Der neue Job als Vorgesetzte an der Straßensperre war besonders lukrativ, weil damit so viel Bestechungsgeld verbunden war. Der Lagerkommandant wusste von dieser Form des Verkehrs allerdings nichts. Er schien mit dem Heereslohn völlig zufrieden zu sein und machte keinerlei Anstalten, sich zu verändern. Er aß dankbar Bohnen und Posho, während die einfachen Soldaten – die an sich die unterste Stufe der militärischen Hackordnung bildeten – jeden Tag Hähnchen aßen und lachten.

In meiner neuen Stellung hatte ich auch mit einer Reihe von Geschäftsleuten zu tun, die keine Steuern oder Abgaben zahlen wollten. Sie waren besonders interessiert daran, meine Bekanntschaft zu machen – und mir Geld zu schenken. Als Gegenleistung sollte ich ihre Lastwagen ungehindert und ohne die Fracht zu untersuchen passieren lassen. Sogar in meiner Freizeit dachte ich noch ans Geschäftemachen. Sobald die Arbeit überstanden war, machte ich mich auf den Weg nach Gulu, nahe der sudanesischen Grenze. Dort kaufte ich Milchpulver von den Flüchtlingen aus dem Sudan, das ich in Kampala weiterverkaufte.

Da die Milchpreise in Kampala erheblichen Schwankungen unterworfen waren, machte ich manchmal Gewinn, manchmal aber auch Verlust. Mir ist nicht ganz klar, ob es illegal war, diese Milch zu kaufen und verkaufen. Allerdings lag es wohl kaum in der Absicht der Spender, dass die Milch, die für die Flüchtlinge im Sudan bestimmt war, stattdessen in den Geschäften Kampalas verkauft wurde. Aber es wurde auch mit anderen Sachen gehandelt, zum Beispiel mit Fischöl aus den USA.

Es dauerte nicht lange, und einer meiner Freunde bei der Militärpolizei wollte sich in mein Geschäft einkaufen. Schon bald hatte ich sowohl seinen als auch meinen Anteil verloren. Ich wollte ihm eigentlich alles sagen, hatte aber Angst vor seiner Reaktion. Ich beschloss, nichts zu sagen und ihn in dem Glauben zu lassen, das Geschäft würde blühen. Ich hätte mir jedes Mal die Zunge abbeißen können. Doch nach und nach glaubte ich selbst an meine Lügen. Ich war felsenfest davon überzeugt, dass ich den Verlust wieder gutmachen könnte – beim nächsten Mal!

Irgendwann stellte mir ein Franzose einen Freund vor, einen Schweizer mit einer Firma, die sich auf den Kauf und Verkauf von Kaffee und Sonnenblumenkernen spezialisiert hatte. Das Hauptbüro lag in Kampala, wo er mit seiner afrikanischen Frau wohnte, die ich, ohne eigentlich zu wissen, warum, nicht ausstehen konnte. Vielleicht weil ich wusste, dass er zu Hause in der Schweiz ebenfalls eine Frau hatte. Aber ich musste so tun, als liebte ich sie von ganzem Herzen, weil sie Major General Salim Salem persönlich kannte.

Später eröffnete der Schweizer auch ein Büro in Arua, um die Kaffeebohnen und Sonnenblumenkerne direkt bei den Bauern einzukaufen. Mit der Zeit wurden wir gute Freunde. Meine Aufgabe bestand darin, dafür zu sorgen, dass seine Lastwagen an den Straßensperren nicht kontrolliert wurden. Obwohl ich tat, was ich konnte, vergingen nur wenige Monate, bis er es leid war, mich zu bestechen. Er schlug vor, mir stattdessen eintausend Dollar zu geben, die ich in meine Geschäfte investieren sollte. Für diesen Betrag sollte ich einen Schuldschein unterschreiben, denn die Summe sei kein Geschenk: Er würde das Geld zu einem späteren Zeitpunkt von mir zurückfordern. Ich fühlte mich unter Druck gesetzt, schaffte es jedoch nicht, das Geld zurückzuweisen. Nicht jetzt, wo ich es schon in Händen hielt und mir doch so brennend eine neue Uhr wünschte, so eine, wie ich sie neulich in Kampala gesehen hatte.

Überglücklich fuhr ich mit dem Geld in der Tasche nach Kampala. Als ich wieder nach Hause kam, war die Hälfte des Geldes schon verbraucht. Ich konnte kaum glauben, was ich da eben getan hatte, verdrängte die Angelegenheit jedoch. Außerdem musste ich noch an so viel anderes denken. Am Ende wuchs mir die Sache über den Kopf und ich litt ständig unter Kopfschmerzen. Die wurden so schlimm, dass mich Drago in eine Privatklinik brachte. Drei Tage lang lag ich mit Sonden und Schläuchen im Krankenhaus. Zu sehen, wie schlimm es um mich stand, hatte ihn sehr beunruhigt, und so wollte er unbedingt, dass ich unseren kleinen Sohn seiner neuen Freundin Rita zur Pflege überließ.

Nach zwei Wochen kehrte ich nach Karuma zurück, wo ich eine Absprache mit einem Offizier traf, der in der Zwischenzeit als diensthabender Commander eingesetzt worden war. Er gestattete mir, nach Arua zu fahren. Dort traf ich den Schweizer. Vor lauter Freude, mich zu sehen, lud er mich in das Hotel ein, in dem er und seine afrikanische Freundin wohnten. Nach ein paar Bier erzählte ich ihm, ich müsse weiter, aber er bestand darauf, dass ich blieb und mit ihnen aß. Die Rechnung würde er übernehmen.

Das Hotel war sehr teuer, und das Essen, das man dort servierte, sehr merkwürdig. Es bedeckte lediglich einen Bruchteil des Tellers. Obwohl ich nicht selbst bezahlen musste, ärgerten mich die hohen Preise. In meinen Augen war das die reinste Geldverschwendung. Wären wir in ein schlichteres Restaurant gegangen, dann wäre die Bedienung bestimmt genauso gut gewesen. Eigentlich hätte ich es lieber gehabt, wenn er mir das Geld, das die Mahlzeit kostete, ausbezahlt hätte. Doch zuerst wollte ich seine Freundin um Rat fragen. Sie lachte laut auf und nannte mich eine typische Soldatin, also ließ ich es sein.

Gegen zwanzig Uhr füllte sich das Restaurant. Einer der Gäste war der Chef der Brigade in Arua, Lieutenant Colonel Katagara. Ich war in Uniform, und deshalb erhob ich mich und salutierte. Er reagierte nicht auf meinen Gruß, obwohl er mich noch aus meiner Zeit als Kashillingis Leibwächterin kannte. Mir war er aus ganz anderen Gründen ein Begriff. Das Gerücht ging um, Katagaras Truppen hätten einmal einen Zug in der Nähe von Karamoja angehalten und mehrere hundert Menschen gefangen genommen, die keinerlei Ausweispapiere bei sich trugen. Viele Offiziere hielten sie für potenzielle Aufrührer. Das war eine verbreitete Haltung, mit den Betroffenen wurde nicht gerade sanft umgegangen. Doch wenn die Geschichte stimmte, war Katagaras Vorgehen extrem teuflisch und überstieg alles, was ich je an Grausamkeiten gesehen und gehört habe. Er soll befohlen haben, alle Gefangenen in die Waggons zu verfrachten, die dann abgeschlossen und in Brand gesetzt wurden. Die Schreie der Opfer scheinen bis zur militärischen Führung durchgedrungen zu sein. Jedenfalls hatte das zur Folge, dass Katagara unmittelbar darauf nach Arua versetzt wurde.

Während Katagara im Stehen sein Bier trank, ließ er mich keine Sekunde aus den Augen. Glücklicherweise war ich ihm keinen Gehorsam schuldig und brauchte nicht wegzulaufen. Wieder einmal dankte ich im Stillen Afande Kaka dafür, dass er mich zur Militärpolizei gebracht hatte. Katagara rief mich zu sich und flüsterte mir ins Ohr, ich solle ihn zu seinem Privatquartier begleiten.

»Nein, Sir!«, weigerte ich mich laut.

»Dann möchte ich gern wissen, was du hier in Gesellschaft eines weißen Mannes zu suchen hast. Bist du eine Spionin?« Katagara drehte den Spieß um.

Lächelnd fragte ich, was er eigentlich hier zu suchen habe, eine Reaktion, die ihm gar nicht behagte. Ehe er das Restaurant verließ, kam er zu mir herüber und sagte, früher oder später würde er mich schon noch zu einer Antwort zwingen. Katagara hatte mich nervös gemacht, und ich überlegte, was da wohl noch auf mich zukommen mochte. Doch dann beschloss ich, das Ganze als leere Drohung abzutun.

Kurz darauf gingen wir alle zusammen auf das Zimmer des Schweizers, wo er mir eine Zigarette anbot. Ich wollte nicht annehmen, denn ich hatte selbst eine neue Packung in der Tasche. Wieder bestand er darauf. Nachdem ich einen tiefen Zug genommen hatte – mehrere –, fingen die beiden an, blöde zu grinsen. Der Schweizer wollte die Zigarette, die ich in der Hand hielt, wiederhaben. Nun ja. Als Soldat ist man daran gewöhnt, alles zu teilen, sodass ich sie zurückgab, ohne weiter darüber nachzudenken. Aber etwas stimmte nicht. Plötzlich begann sich alles im Zimmer zu drehen. Die beiden drehten sich auch und ihre Köpfe wurden immer größer. Als sie lachten, wurde es nur noch schlimmer. Ich hatte Angst, verrückt zu werden. Nun begann ich ebenfalls zu grinsen, und der Schweizer stachelte mich an, mich wie ein böser Soldat zu benehmen, wie ein Killer. Nur so zum Spaß! Ich schloss die Augen, und plötzlich sah ich alles, was ich getan und erlebt hatte, vor mir, auf eine unheimliche und zugleich ganz realistische Art und Weise. Mir war, als würde ich alles noch einmal erleben. Trotzdem konnte ich einfach nicht aufhören zu grinsen. Meine Augen fühlten sich riesengroß an, sodass ich versuchte, sie mit den Händen abzuschirmen. Aber jetzt wuchsen meine Lippen und verlangten mehr Platz. Mein Körper war leicht wie Staub, und ich konnte mich nicht mehr spüren. Irgendwann machte ich mir ernstlich Sorgen um meinen Gemütszustand. Endlich gaben sie zu, mir Marihuana gegeben zu haben. Auch da grinste ich, schwor mir jedoch, dies sei das erste und das letzte Mal gewesen.

Ich hatte den Schweizer wirklich gemocht und ihn als meinen Freund betrachtet, als jemanden, auf den ich mich verlassen konnte. In dieser Nacht verlor ich jeden Respekt vor ihm. Der verantwortungsbewusste und überlegte Mann war verschwunden und hatte nichts weiter als die leere Hülle eines gedankenlosen Menschen zurückgelassen. Ohne mich zu verabschieden, reiste ich am nächsten Morgen ab, voller Angst, er könne sehen, dass mir die Augen geöffnet worden waren.

In der Stadt kursierten Gerüchte, in Lira wären die Lebensmittel ausgegangen. Die Menschen litten Hunger und würden einfach alles kaufen. Ich eilte zu einem Großhändler, der mir eine Lieferung getrockneten Mais versprach. Nun hatte ich mein ganzes Geld in Mais investiert. Der musste jetzt transportiert werden. Aber in meinem Eifer, einen guten Handel abzuschließen, hatte ich ganz übersehen, Geld für den Fahrer zurückzulegen. Ich musste nach Lira, koste es, was es wolle, ehe der Preis für Mais wieder fiel. Im Büro des Schweizers traf ich seinen Freund, den Franzosen, der aufstand, um mich zu begrüßen – wenn auch etwas mühsam, wegen seines dicken Bauchs. Ob die zwei Partner waren oder der Franzose dem Schweizer nur die Lastwagen vermietete, wusste ich nicht. Ich wusste nur, dass die beiden zusammenarbeiteten.

Vor dem Büro hielten einige Lastwagen. Die meisten von ihnen gehörten dem Franzosen. Ich schilderte ihm meine Lage, sagte klipp und klar, dass ich kein Geld hätte, um einen Lastwagen zu mieten. Wir vereinbarten, dass ich dem Fahrer als Gegenleistung für den Maistransport helfen würde, in Lira Sonnenblumenkerne einzukaufen. Als ich ihn fragte, was der Schweizer dazu sagen würde, beruhigte er mich und meinte, der würde nichts davon erfahren.

In Lira standen die Leute schon Schlange und innerhalb kürzester Zeit war die Ladung verkauft. Müde und zufrieden checkte ich in einem Hotel ein und überließ den Einkauf der Sonnenblumenkerne dem Fahrer. Der kehrte bald darauf zurück und behauptete, in ganz Lira seien keine Sonnenblumenkerne aufzutreiben. Das war eine ziemliche Katastrophe, denn über den Verkauf der Sonnenblumenkerne hatte ich die Transportkosten decken sollen. Sicher dachte er, dass ich den Verlust aus eigener Tasche bezahlen würde, aber das kam für mich nicht infrage. Lange diskutierten wir hin und her, bis wir einen Plan hatten. Der Fahrer meinte, er kenne Leute im Mbale-Distrikt, die etwas nach Kampala transportiert haben wollten. Mit den Frachtkosten könnten wir dann den Diesel bezahlen, den wir unterwegs verbraucht hatten. Keine schlechte Idee, dachte ich, und gab grünes Licht. In Mbale klapperten wir alle Geschäfte ab, vergebens. Anscheinend hatten alle gerade Fracht losgeschickt. Wir mussten leer nach Kampala zurückfahren, und der Fahrer musste allein zum Büro des Schweizers gehen.

Nach ein paar Tagen in Kampala begegnete ich einem Kaffeeagenten, einem Mann von Ende fünfzig. Leider hatte er nicht genug Geld, um sich selbstständig zu machen, berichtete aber, wie Kaffee Menschen von einem Tag auf den anderen unglaublich reich gemacht hätte. Je mehr er redete, desto begeisterter wurde ich. Nicht nur ich hielt ihn für vertrauenswürdig. Viele andere waren derselben Meinung. Dieser alte Mann war der Einzige, der wusste, wo es Kaffee gab. Aber niemand konnte ihn dazu bewegen, zu verraten, wo. Ehe er mit all unserem Geld loszog, nannte er uns ein Geschäft, in dem wir uns treffen würden, sobald er zurückkäme, was in circa zwei Wochen der Fall sein würde. Ich meldete mich krank, weil ich erst nach Kampala zurückwollte, wenn der alte Mann dagewesen war. Jedes Mal, wenn ich an das viele Geld dachte, das ich verdienen würde, ließ ich eine Mahlzeit ausfallen. Nach zwei Wochen und einem Tag war der alte Mann noch immer nicht aufgetaucht. Ich nahm Kontakt zu den anderen »Anteilseignern« auf, aber niemand wusste, wo er wohnte. Ich schickte ein Stoßgebet gen Himmel.

Ein paar Tage später ging ich zu dem Geschäft, wo wir uns verabredet hatten. Der alte Mann und der Kaffee waren am Vortag angekommen. Ich war so beschämt, dass ich kaum wagte, ihm in die Augen zu sehen, nicht nach all den Flüchen, mit denen ich ihn belegt hatte, als ich noch glaubte, betrogen worden zu sein. Der Kaffeepreis war noch hoch, als wir verkauften.

Meinen Profit verwendete ich dazu, mir einen Minibus zu kaufen. Eine Woche später wurde mir klar, dass das ein Fehlkauf gewesen war. Der Bus war in einem katastrophalen Zustand. Kaum hatte ich ein Problem gelöst, tauchte auch schon das nächste auf. Das Auto, das ich gekauft hatte, um ein bisschen Geld zu verdienen, schien sich in der Werkstatt am wohlsten zu fühlen. Jetzt wurde es mit den Finanzen wirklich knapp. Der Bus verschlang meine sämtlichen Ersparnisse, sodass ich gezwungen war, nach Karuma zurückzukehren.

In der Falle

In Karuma wurde ich nicht gerade mit offenen Armen empfangen! Der Commander wollte mich sprechen, und als ich in sein Büro trat, rief er den Telegrafisten, der gebeten wurde, mir ein Telegramm vorzulesen, das mein Chef von Lieutenant Colonel Katagara empfangen hatte. Darin stand:

»Wichtige Mitteilung an alle Einheiten: Gesucht wird Sergeant China von der Militärpolizei. Während ihres Aufenthalts in Koboko entwaffnete sie die Leibwachen des Anführers der sudanesischen Aufständischen, Colonel John Garang. Die konfiszierten Waffen sind verschwunden. Deshalb verlange ich – Lieutenant Colonel Katagara –, dass sie diese Waffen abliefert oder verhaftet wird.«

Das wird doch nicht mein Ende sein?, schoss es mir durch den Kopf. Ich sah, dass mein Vorgesetzter der Anklage keinen Glauben schenkte. Leider hatte sein Wort nicht so viel Gewicht wie das Katagaras. Und bei meinem niedrigen Rang lohnte es sich nicht, sich mit einem Mann wie Katagara anzulegen. Ich hatte keine Zeit zu verlieren. Sobald der Appell vorüber war, bat ich um Erlaubnis, zum Hauptquartier der Militärpolizei fahren zu dürfen, um dort zu erklären, warum Katagara hinter mir her war. Der Commander gab mir grünes Licht und wünschte mir viel Glück.

»Ich hoffe, du kannst dich durchsetzen. Ich will dich nicht verlieren, Sergeant China«, sagte er zum Abschied. Nach Karuma würde ich schon zurückkommen. Fragt sich nur, wann und unter welchen Umständen.

Niedergeschlagen saß ich im Bus und schaute aus dem Fenster, sah mir alles gut an, was ich hinter mir ließ. In Kampala beschloss ich, meinen Freund, den Schweizer, aufzusuchen. Er empfing mich so herzlich wie eh und je – dachte ich zumindest. Er wartete, bis ich mich gesetzt hatte, und zog dann seinen Stuhl zu mir heran und verlangte, ich solle ihm die tausend Dollar geben, die ich ihm noch schulde plus das Geld für den Transport nach Lira. Wir saßen uns von Angesicht zu Angesicht gegenüber, nur einen Fingerbreit voneinander entfernt. Aber der Abstand zwischen unseren Herzen hätte nicht größer sein können. Ein Blick genügte, und ich wusste, dass das nicht mehr der Schweizer war, den ich kannte. Er war kreidebleich, wurde aber puterrot, als ich erklärte, ich hätte kein Geld. Mein ganzes Geld war für den Minibus draufgegangen. Einen Augenblick überlegte ich ihm den anzubieten.

Das Geld sei sofort fällig, spätestens morgen. Neben ihm saß seine Freundin, und er erinnerte mich daran, dass sie Major General Salim Salem gut kannte. Rasch musste ich einsehen, dass ich ihnen niemals von dem Stück Land hätte erzählen dürfen, das ich meiner Mutter gekauft hatte. Aber damals waren wir ja gute

Freunde – dachte ich zumindest. Jetzt wollte er, dass es seiner afrikanischen Freundin zufiele.

Er verbot mir, das Haus zu verlassen. Wenn ich mich ihm widersetzte, würde ich bestraft werden. Er stellte mich tatsächlich unter Hausarrest, und ich konnte nichts tun, weil ich unbewaffnet war. Ich rührte mich den ganzen Tag nicht vom Fleck. Niemand sprach mit mir, auch nicht der Gärtner oder das Dienstmädchen. Beiden war es verboten.

Am nächsten Tag zwangen sie mich, die verhasste Reise anzutreten. Wie sehr ich auch bat und bettelte, sie zeigten keinerlei Mitleid mit meiner Mutter. Den ganzen Weg über, mehr als dreihundert Kilometer, sprachen sie kein Wort. Nur meine Worte waren zu hören. Den Schweizer konnte ich ja in gewisser Weise verstehen, und deshalb war ich über seine Behandlung nicht so empört. Aber seine afrikanische Freundin, die das Leben und unsere Traditionen hier kannte! Das war etwas völlig anderes.

Meine Mutter freute sich, uns zu sehen, empfing uns mit offenen Armen und umarmte den Schweizer herzlich. Ich kann mich nicht erinnern, dass sie mich überhaupt begrüßte, ehe sie stolz zum Nachbarn hinüberlief, um ihn zu holen. Er war ein alter Mann, die obligatorische Pfeife zwischen seinen Zähnen. Wir sollten uns mit ihm unterhalten, solange sie uns ein Willkommensessen zubereitete. Der Nachbar meiner Mutter war ein ulkiger alter Mann, und während ich mit einem Knoten im Magen dabei saß, liefen der Schweizer und seine Freundin hin und her und fotografierten den alten Mann.

Auch wenn ich mich nach Kräften bemühte, so zu tun, als wäre nichts, ließ sich meine Mutter nicht lange an der Nase herumführen. Sie muss gespürt haben, dass da etwas nicht stimmte. Beim Essen sah ich den anderen nur zu, mir war der Appetit vergangen. Es war an der Zeit, den beiden das Grundstück zu zeigen. Aber als wir so herumgingen, erklärte die afrikanische Freundin, das sei ihr zu wenig Land, und außerdem mache sie sich nichts aus der Umgebung. Trotzdem, ich hätte schwören können, dass sie sehr wohl erkannte, wie gut man hier Vieh halten konnte. Ich flehte sie an, nahm ihre Hand in meine, aber sie schob sie weg und sagte, das sei nur eine Angelegenheit zwischen dem Schweizer und mir. Beschämt und gedemütigt, wie ich war, konnte ich ihm nicht in die Augen schauen. Er stand vor mir wie ein Vorgesetzter, und da erklärte ich meiner Mutter mit gesenktem Kopf, warum wir hier waren. Ich weinte und sie fing ebenfalls an zu weinen, während sie flehte, er möge mir vergeben, ich sei ihr einziges Kind, die Einzige, die für sie sorgen würde.

Wieder wurden wir gezwungen, uns zu trennen, und ich hatte so das dumpfe Gefühl, dass es für immer sein würde. Unglücklicherweise sollte ich Recht behalten.

Teil 3

Auf der Flucht

Amerika, gelobtes Land

Auf der Rückfahrt nach Kampala schlug ich dem Schweizer vor, meinen Lohn einzubehalten, bis alles zurückbezahlt wäre, aber er hämmerte nur mit den Fäusten aufs Lenkrad, forderte mich auf, den Mund zu halten, und drohte mir mit dem Gefängnis. Das reichte. Krampfhaft presste ich den Sicherheitsgurt in mein Fleisch, um mich durch den Schmerz von meiner Wut und Ohnmacht abzulenken. Gegen Mitternacht waren wir wieder zu Hause, und ich wurde bei Karamagis Haus abgesetzt.

Kurz darauf lag ich im Bett und wälzte mich ruhelos hin und her. Da fiel mir Paul ein. Jetzt dachte ich nur noch: Flieh nach Amerika – flieh vor allen deinen Problemen. Amerika war die Lösung!

Am nächsten Morgen ging ich zu einem jungen Burschen, der gerade aus Italien zurückgekommen war, und vertraute mich ihm an. Kein Problem, sagte er, ich bräuchte mir lediglich einen Pass und eine falsche Identität zu beschaffen. Obendrein half er mir bei einem Gesuch, das wir zusammen ausfüllten.

Name und Nachname des Inhabers:	Kyomujuni Innocent
Beschäftigung:	Sekretärin

Drei Instanzen musste ich bestechen, ehe ich bis zum Büro des District Administrator vorgedrungen war. Dort musste ich noch den Sekretär bestechen, damit er mein Gesuch ganz oben auf den Stapel legte. Anschließend führte mich mein Weg ins Passbüro, wo ich zwei weitere Angestellte schmieren musste, um zu vermeiden, dass mein Gesuch monatelang verschleppt würde. Überall wurde Geld verlangt – also musste mein Minivan verkauft werden. Der Motor war in keinem guten Zustand, und da ich nicht lange warten konnte, gab ich ihn für tausend Dollar aus der Hand. Die gingen größtenteils dafür drauf, den Pass »zu bezahlen«. Schließlich konnte ich mir die Miete bei Karamagi nicht mehr leisten. Stattdessen zog ich zu einer Familie, die ich über Kashillingi kennen gelernt hatte. Sie ließen mich mietfrei bei sich wohnen, aber für mein Essen musste ich selbstverständlich selbst sorgen. Ein paar Tage später erhielt ich den Pass. Jetzt fehlte nur noch das Visum.

Zu meinem Bekanntenkreis gehörten viele Baganda. Sie halfen mir mit allem, außer mit Geld. Eines Tages setzte ich mich mit Babumba in Verbindung, der die Gruppe leitete, die 1995 zur Neunten Behindertenolympiade fahren sollte. Wir kannten uns noch aus dem Haus der Republik, wo wir uns öfter begegnet waren. Als ich ihn bat, mir zu helfen, reagierte er, als habe er sich soeben die Finger verbrannt. Er könne es sich nicht leisten, Leib und Leben für mich zu riskieren, denn darauf würde es hinauslaufen, wenn er einer Soldatin helfen würde, ein Visum zu erhalten. »Ach, Mister Babumba! Sie verwechseln mich wohl mit meiner Schwester, die im Haus der Republik zu arbeiten pflegte!«, säuselte ich. Er gab vor, mir zu glauben, wies mich aber darauf hin, dass mich das 920 Dollar kosten würde.

»Können Sie mir nicht einen kleinen Rabatt einräumen?«, flehte ich.

»Wir sind hier nicht auf dem Markt«, antwortete er reserviert, konnte sich jedoch ein Lächeln nicht verkneifen.

Notgedrungen erwiderte ich sein Lächeln und überließ ihm den Pass. Ich versprach ihm, so bald wie möglich mit dem Geld wiederzukommen. Ich klapperte ganz Kampala ab und suchte alle auf, denen ich jemals irgendwie ausgeholfen hatte. Niemand konnte mir helfen. Jeder hatte eine andere Entschuldigung. Allmählich war ich hungrig und müde und stand kurz davor aufzugeben.

Verraten und verkauft

In diesem Moment lief ich Ronald über den Weg, dem Freund meiner Mutter, der mich vergewaltigt hatte. Trotzdem erzählte ich ihm, dass ich verzweifelt Geld benötigte. Er hätte Geld, sagte er, und wolle mir gern helfen. Auch er kannte das Stück Land, das ich für meine Mutter gekauft hatte. Jetzt setzte er mich unter Druck, um es in die Finger zu bekommen. Das war meine letzte Chance. Ich ließ mich unter Druck setzen. Als wir die Treppe zu seinem Rechtsanwalt hinaufgingen, liefen mir die Tränen über die Wangen. Es war, als würde ich zum zweiten Mal vergewaltigt, nur schlimmer. Im Büro begann alles vor meinen Augen zu verschwimmen, mechanisch tat ich, wie geheißen. Den Tag, an dem ich das Stück Land meiner Mutter verkaufen musste, werde ich nie vergessen. Ihr Schmerz wurde mein Schmerz – und wird mich für den Rest meines Lebens begleiten.

Aber für Tränen war keine Zeit, wenn ich überleben wollte. Jetzt musste ich nur noch zurück zu Babumba und für ein Dreimonatsvisum bezahlen. Und dann würde ich nach Amerika fahren können. Ich ahnte ja nicht, wie naiv das war. Als ich zu der Familie kam, bei der ich wohnte, erzählte man mir, Kashillingi würde am nächsten Morgen um acht Uhr vor Gericht gestellt. Wir gingen zum Prozess. An jenem Tag saß er bereits vier Jahre im Gefängnis, und erst jetzt wurde er einem Richter vorgeführt. Nur wenige seiner Freunde waren erschienen, und die Presse war ausschließlich durch die regierungstreue »The New Vision« repräsentiert.

Ich glaubte keine Sekunde, dass die Regierung ihm mehr als eine Parodie einer Gerichtsverhandlung zubilligen würde. Dass es überhaupt so weit gekommen war, hieß nur, dass Museveni überzeugt davon war, Kashillingi würde nie mehr auf die Beine kommen. Kashillingi stand direkt vor uns. Ich konnte sehen, wie verzweifelt er sich nach Freiheit sehnte. Warum übte dieser Mann noch immer einen so starken Einfluss auf mich aus, nach all den Jahren und nach seinem Verrat an mir?

Erst las man Kashillingi die Anklage auf Hochverrat vor, dann die Anklage wegen Desertierens. Der Staat behauptete, er sei mitten auf dem Schlachtfeld gefangen genommen worden, wo er auf Seiten der Aufständischen der ADF gekämpft habe. Doch Kashillingi hielt daran fest, er sei aus seinem Hotelzimmer gekidnappt worden, als er sich gerade in Zaire, heute Demokratische Republik Kongo, aufhielt. Das stimmte. Sein alter Freund, Major Kyakabale, damals Brigadechef in Kasese, war für die Entführung verantwortlich. Die Belohnung ließ nicht lange auf sich warten. Kurz nach Kashillingis Verhaftung wurde Kyakabale zum Lieutenant Colonel befördert. Später wurde er jedoch selbst ins Gefängnis geworfen, und zwar aus mehr als fadenscheinigen Gründen. Weshalb er eigentlich angeklagt wurde, weiß man nicht genau.

Der »Prozess« gegen Kashillingi dauerte zwei Tage. Dann ließ man ihn frei. Sein Geld und sein gesamtes Eigentum waren weg. Niemand erinnerte sich noch an seinen Namen. Vielleicht wird ihm einer seiner Söhne eines Tages neuen Glanz verleihen.

Wenige Tage nach Kashillingis Freilassung zog ich bei der Familie aus, wo ich in der Zwischenzeit gewohnt hatte. Als polizeilich Gesuchte durfte ich mich nirgendwo lange aufhalten. Stattdessen quartierte ich mich bei einer meiner Cousinen ein, die in der Nähe der Kaserne der Militärpolizei wohnte. Dort war ich sicher, denn ich wusste, sie würden nie auf die Idee kommen, dass ich mich direkt vor ihrer Nase niederlassen könnte. Meiner Cousine sagte ich nicht, dass ich gesucht wurde. Einerseits, weil ihr das Wissen gefährlich werden konnte, andererseits, weil ich Angst hatte, sie könne nervös werden und mich hinauswerfen. Ich erzählte ihr bloß, dass ich versuchte, das Land zu verlassen.

Aber sie glaubte mir nicht. Einen solchen Schritt hätte sie mir niemals zugetraut.

Als ich zu Babumba wollte, lief mir Stephen über den Weg, der nach unseren Geschäften fragte. Begeistert erzählte ich ihm, soeben hätte ich einen ganz neuen Minibus gekauft, der gerade im Hafen von Mombasa in Kenia angekommen sei. Es fiel mir wirklich nicht leicht, Stephen so ins Gesicht zu lügen. Ich hoffe nur, dass ich das eines Tages wieder gutmachen und ihm alles zurückbezahlen kann. Babumba berichtete, mit meinem Visum sei alles glatt gegangen, aber die olympische Mannschaft würde den Flughafen von Entebbe benutzen. Dort kannte jeder Wachposten mein Gesicht, deshalb bat ich um meinen Pass. Ich war gezwungen, selbst nach einer Möglichkeit zu suchen, aus Uganda herauszukommen.

Vaters letzte Worte

Auf dem Heimweg überlegte ich, wo ich das Geld für ein Flugticket herbekommen könnte. Ohne Flugticket keine Reise. Aber ich hatte kein Geld. Das Land meiner Mutter hatte ich verkauft. Was gab es sonst zu verkaufen? Jetzt war nur noch ein Mensch übrig, an den ich mich wenden konnte: mein Vater. Ich machte mir nicht wirklich Gedanken darüber, was ich mit meinem Besuch bei ihm erreichen wollte.

Mein Vater war sehr krank und bettlägerig. Er hatte sich von seiner Frau – meiner Stiefmutter – getrennt. Nach der Scheidung waren meine Stiefgeschwister aus der Schule genommen worden und hassten ihn dafür. Sie wollten lieber bei ihrer Mutter leben, die zur Miete in einem Zweizimmerhaus wohnte, nur zehn Minuten von meinem Vater entfernt. Alle Welt hatte ihn verlassen. Als ich kam, hatte er schon seit Tagen nichts mehr gegessen, und so beschloss ich, für ihn zu kochen.

Meine Stiefmutter stellte alles so hin, als sei sie die Gute und mein Vater der Böse. Aber ich weigerte mich, meinem Vater die Schuld zu geben. Mir gegenüber sagte sie, sie wolle die Kinder wieder zur Schule schicken, aber sie hätte kein Geld dafür und auch keine Vollmacht, das Vieh zu verkaufen. Sie schlich wie eine Katze um den heißen Brei, was mich sehr ärgerte. Warum sagte sie mir nicht einfach klipp und klar, worauf sie hinauswollte? Endlich brach es aus ihr heraus: Ich sollte drei Kühe verkaufen und ihr das Geld geben. Vielleicht glaubte sie ja tatsächlich, mich um den kleinen Finger wickeln zu können. Trotz meiner gemischten Gefühle für meinen Vater tat es mir irgendwie Leid, dass ihm jetzt niemand mehr zur Seite stand. Es schmerzte mich, zu sehen, wie ein Mann mit einer derart großen Familie allein dem Tod entgegenging. Sein Reichtum war ihm zwischen den Fingern zerronnen. Wo war das ganze Geld geblieben? Meine Stiefmutter wird es ausgegeben haben, schätze ich. Ich selbst war auch drauf und dran, wegzugehen. Würde ich am Ende meiner Reise ebenfalls dem Tod ins Auge sehen? Wartete dort draußen das Grab auf mich oder ein neues Leben?

Es gab so vieles, über das ich gern mit meiner Stiefmutter gesprochen hätte. Aber ich hatte immer noch Angst vor ihr. Deshalb begnügte ich mich damit, sie zu bitten, mit zu meinem Vater zu kommen. Als er ihre Stimme hörte, versuchte mein Vater, sein Bett zu verlassen. Als das misslang, bat er mich um Hilfe. Nachdem er sich in einen Sessel gesetzt hatte, bat er uns alle, ebenfalls Platz zu nehmen und ihm zuzuhören.

»Baby, es tut mir Leid. Das war ich nicht. Weil ich diese Frau geheiratet habe, habe ich euch alle verloren. Du bist das einzige Kind, das ich liebe. Wenn ich sterbe, sollst du alles erben.«

Plötzlich bäumte er sich auf und rief:

»Gib ihnen bloß nichts ab! Das sind nicht meine Kinder!«

Als er sich wieder beruhigt hatte, versuchte er, noch etwas zu sagen.

»Eine Sache bereue ich ...« Mehr kam nicht. Er sah mich nur an und schwieg. Meine Stiefmutter rastete aus, als habe eine Tarantel sie gestochen. Ich konnte sie gerade noch zurückhalten, auf ihn loszugehen. Langsam schleppte sich mein Vater wieder nach drinnen. Ich bedaure bis heute, ihm zugehört zu haben. Seine Worte verwirrten mich und ließen mir keine Ruhe. Doch egal, was er noch gesagt hätte – sein Verhalten während meiner gesamten Kindheit steht in krassem Gegensatz zu seinen letzten Worten. Wahrscheinlich hatte er nur seine Hände in Unschuld waschen wollen. Jetzt ließ er mich mit einem Schuldgefühl zurück. Er wird mir immer ein Rätsel bleiben.

Meine Stiefmutter und ich einigten uns darauf, ohne sein Wissen drei seiner Kühe zu verkaufen. Nachdem meine Stiefmutter weg war, drehte ich mit den Kindern eine kurze Runde. Ich wusste ja, dass ich wegfahren würde, und hatte das Bedürfnis, mich von Freund und Feind zu verabschieden. Wir gingen von Haus zu Haus. Im letzten hatte Rehema gewohnt, aber zu meinem großen Bedauern lebte sie nicht mehr dort.

Hier wohnten die Menschen, die Teil meiner Vergangenheit sind. Es war, als versuchten sie, mich an etwas zu erinnern. Aber ich wollte nicht hinhören, weil ich den Abschiedsschmerz nicht ertrug. Wegen der Gefahren, die auf mich warteten, war ich viel zu unruhig. So wurde es ein stummer Abschied von Freunden und Familie, die ich wahrscheinlich nie mehr wiedersehen würde. Als wir das Haus meines Vaters erreichten, war es beinahe zehn Uhr. Ich setzte mich zu ihm auf die Bettkante, aber er schlief tief und fest. Ich blieb eine Weile dort sitzen und prägte mir jedes Detail seines Gesichts ein. Dann ging ich ins Zimmer der Kinder und sah ihnen eine Weile beim Spielen zu. Ihre Unschuld beschützte sie davor, ihrer eigenen unsicheren Zukunft ins Auge zu sehen.

Am nächsten Morgen zogen wir los zur Farm. Meine Großmutter war mittlerweile völlig blind. Aber als sie mich berührte, erkannte sie mich sofort. »Wie geht es ihm? Stirbt mein Sohn?«, fragte sie wie ein unschuldiges kleines Kind.

»Nein, es geht ihm besser. Aber er muss ins Krankenhaus. Deshalb bin ich hier. Wir müssen einige Kühe verkaufen«, antwortete ich.

Sie sagte nur »Grüß ihn von mir« und ging dann wieder ins Haus. Die Kühe standen auf der Weide und fraßen Gras. Als die drei Kühe verladen waren, sagte ich, wir bräuchten noch eine vierte, aber die Kinder protestierten. Mit einem Mal schämte ich mich in Grund und Boden. Die Kühe verkauften wir einem Nachbarjungen, der auf dem Fleischmarkt arbeitete. Das Geld steckte ich in die Tasche. Die Kinder und ich gingen in ein Hotel, wo ich sie bestellen ließ, worauf sie Lust hatten. Noch während sie aßen, plante ich meinen nächsten Schachzug. Ich beschloss, ihnen zu sagen, dass ich meine Meinung geändert hätte und das Geld nicht ihrer Mutter geben würde. Ich fragte, ob sie ein Foto von sich hätten. Das hatten sie, aber natürlich zu Hause.

»Jetzt hört mir gut zu. Geht heim und holt die Fotos, damit ich ein Konto auf euren Namen eröffnen kann«, erklärte ich. Wir verabredeten einen bestimmten Treffpunkt. Als wir uns verabschiedeten, konnte ich mich nicht beherrschen und steckte ihnen ein bisschen Geld zu. Kaum waren sie um die Ecke, beeilte ich mich, zur Haltestelle zu kommen, und bestieg den Bus nach Kampala.

Doch das Geld reichte immer noch nicht. Da fuhr ich nach Arua. Dort kannte ich eine muslimische Familie, die aus Asien stammte. Ich hatte dem Mann und seinen Kindern einmal in Karuma geholfen, als ihnen Benzin und Geld ausgegangen waren. Ich hatte ihm Geld geliehen. Er war einer der wenigen, denen ich vertrauen konnte, und er bat mich zu warten. Nach fünf Tagen gab er mir lächerliche zwanzig Dollar. Jetzt blieb nur noch Drago. Irgendwie liebte ich ihn immer noch. Andererseits hatte ich Angst, er wäre genau wie alle anderen.

Im Wettlauf mit der Zeit

Meine Verzweiflung drohte in Panik umzuschlagen. Mein Visum galt nur drei Monate und war bald abgelaufen – mir blieben nur noch elf Tage. Zehn Tage vor Ablauf bat ich das Dienstmädchen, das für den Nachbarn arbeitete, die Kinder mit in die Stadt zu nehmen und zwei Hühner zu kaufen. Meine Cousine war noch bei der Arbeit. Ich nahm ihre größte Tasche und stopfte ihren kleinen Fernseher hinein. Als ich gerade gehen wollte, fand ich, der Fernseher des Nachbarn würde bestimmt auch noch hineinpassen. Im Taxi versuchte ich, beide Fernsehapparate auf der Schulter zu balancieren. In der Stadt war leider niemand sonderlich an Schwarzweiß-Fernsehern interessiert. Das Sinnvollste, um nicht zu sagen Ehrlichste, wäre es gewesen, sie zurückzugeben. Aber ob deren rechtmäßige Besitzer meine Verzweiflung verstehen würden, die mich zu dem Diebstahl getrieben hatte?

Neun Tage ehe mein Visum ablief, gelang es mir, sie für fünfzehn Dollar an einen Mann zu verkaufen, der Radios reparierte. Jetzt hatte ich genug Geld, um mir ein Flugticket zu kaufen, aber noch immer nicht genug für die Reise nach Kenia. Im Reisebüro bezahlte ich das Ticket, aber nachdem der Mann sich mit dem Büro in Kenia beratschlagt hatte, sagte er mir, ich würde es erst ausgehändigt bekommen, wenn ich in Kenia ankäme. Dann steckte er mir ein Papier mit der Adresse und Telefonnummer des kenianischen Büros zu. Vom Reisebüro ging ich direkt zu der Boutique, die Drago mit seiner neuen Freundin betrieb, aber er war nicht da. Ich war gekommen, um mich von meinem Sohn zu verabschieden, den Drago von seiner Freundin betreuen ließ, aber auch er war nicht im Geschäft. Nur Rita, die Freundin, war da, aber wir hatten nie richtig miteinander reden können. Das gelang auch an diesem Tag nicht. Die ganze Zeit, die ich bei ihr war, starrte sie mich nur wortlos an, bis ich ging. Mir ist es schon immer schwer gefallen, Gefühle zu zeigen. Ich setzte mich auf den Ladentisch und sah ihr lange in die Augen, ehe ich sagte, ich würde verreisen und hoffte, sie würde so lange gut auf meinen Sohn aufpassen, bis ich zurückkehren und ihn holen würde. Sie sah mir nach, als ich den Laden verließ, und sagte kein einziges Wort.

Draußen begegnete ich Dragos Bruder Eric und erzählte ihm, ich müsste Drago unbedingt treffen. Ich erfuhr, dass Drago zur Hochzeit eines seiner Freunde gefahren war. Das Wort Hochzeit rief lauter widerstrebende Gefühle in Bezug auf Liebe, Kinder und das Leben in mir wach: Wie unterschiedlich so ein Leben doch verlaufen konnte! Drago hatte Geld und war auf dem besten Wege, ziemlich mächtig zu werden. Unser Leben hätte sich kaum mehr unterscheiden können. Aber er war nicht umsonst so beliebt. Seine Fürsorge für andere war echt, er dachte nicht nur an sich selbst. Er war im wahrsten Sinn des Wortes liebenswert und wurde von Soldaten wie privaten Freunden gleichermaßen geschätzt. Er hätte mir seine Hilfe niemals verweigert. Aber er war nicht da.

So merkwürdig das auch klingen mag, aber ich konnte mich in Kampala frei bewegen, obwohl ich gesucht wurde. Nur wenige hatten mich in Zivil gesehen. Ich hatte tagtäglich Uniform getragen, und die veränderte mein Aussehen so sehr, dass ich ohne sie gewissermaßen »unsichtbar« war. Wieder musste ich jeden anbetteln, dem ich einmal geholfen hatte, bis ich genug Geld für die Busfahrt zusammengekratzt hatte. Mir blieben immer noch neun

Tage. Am Abend bestieg ich einen Bus, der nach Busia fuhr, einem kleinen Grenzübergang zwischen Kenia und Uganda. Ich reise ohne Tasche, nur mit den Sachen, die ich am Leib trug, sowie mit ein paar Fotos von mir und meinen Soldatenkameraden in Uniform. Die Angst war mein Gepäck, aber ich schwor mir hoch und heilig, mich nicht festnehmen zu lassen, und wenn es mich das Leben kosten würde. Ich wusste, was mich im Gefängnis erwartete.

Im Bus traf ich zwei Bekannte, die nicht beim Militär waren. Sie versprachen, mir über die Grenze zu helfen, falls etwas schief ginge. An der Grenze zeigte ich meinen Pass vor. Der Mann musterte mich prüfend und fragte, warum ich nicht den Flughafen in Entebbe benutzte. Ich wusste nicht, was ich antworten sollte, und beschloss zu schweigen. Er stempelte meinen Pass und forderte mich auf, zum Büro der I.S.O. – International Security Organisation – zu gehen. Viele der Wachleute dort kannten mich, deshalb schlug mir das Herz bis zum Hals. Glücklicherweise entdeckte ich am Grenzübergang einen ganz gewöhnlichen Polizisten. Was für eine Erleichterung! Bei der Polizei kannte mich niemand.

Als es brenzlig wurde, waren mir meine Freunde keine große Hilfe, also musste ich selbst einen Ausweg finden. Ich sah mich suchend um, als mir auf der anderen Seite des I.O.S.-Büros eine lange Schlange von Menschen auffiel, die vor der Toilette anstanden. Wenn diese Toilette nicht meine Rettung wird, dann wird sie mein Tod sein, dachte ich und ging hinüber. Ich blieb ziemlich lange auf der Toilette sitzen, ehe ich hinaustrat und seelenruhig über die Grenze ging. Einen Augenblick später betrat ich kenianischen Boden – und war in Sicherheit. Meine Freunde schauten mich nur verwundert an und schüttelten den Kopf. Aber meine Beine zitterten so sehr, dass ich einen Moment stehen bleiben musste, bis ich in den Bus einsteigen konnte, der nach Nairobi weiterfuhr.

*Sende sie, die Heimatlosen,
die vom Sturm Gestoßenen, zu mir ...*

Am nächsten Morgen kamen wir in Kenias Hauptstadt an. Wieder betrat ich eine völlig neue Welt. Das hätte genauso gut der Dschungel sein können. Aber was für ein Dschungel! Alle hatten es eilig. Der Lärm der vielen Autos war überwältigend, und es kam mir so vor, als würden sie mich alle anhupen. Meine beiden Begleiter nahmen mich in ihre Mitte, und gemeinsam fanden wir das Reisebüro, wo ich die Fahrkarte abholen sollte. Der Mann dort bat um meinen Pass und erklärte, die amerikanische Botschaft habe allen Reisebüros mitgeteilt, dass alle, die nach Amerika reisen wollten, persönlich in der Botschaft vorsprechen mussten, ehe ihnen das Ticket ausgehändigt werden konnte. Das konnte doch so schwer nicht sein! Am 2. August 1995 erschien ich auf der amerikanischen Botschaft in Nairobi. Mein Visum lief erst am 9. August ab. Ich stellte mich in die Schlange und hielt meinen Pass bereit. Eine Frau von Ende vierzig kam und nahm meinen Pass, warf einen Blick darauf und gab ihn mir zurück. Dann bat sie mich zu warten. Jemand anders werde sich der Angelegenheit annehmen. Ein Mann mit kurzgeschnittenen Haaren ungefähr im gleichen Alter kam heraus, ein kleines Muskelpaket mit dickem Bauch. Nachdem er die Vermerke durchgelesen hatte, sagte er mir, er sei gezwungen, mein Visum abzulehnen, die Olympischen Spiele hätten schließlich schon begonnen. Was ich denn sonst in den USA wolle? Weinend holte ich meine Fotos und Papiere hervor, während ich zu dem Mann aufschaute, der mein Leben in seinen Händen hielt. Jetzt erzählte ich ihm den wahren Grund für meine

Flucht in die USA. Das half genauso wenig. Noch einmal warf er einen Blick auf die Bilder. Da der Schalter, hinter dem er saß, vergittert war, konnte ich nicht seine Hand nehmen, um meinem Flehen Nachdruck zu verleihen. Er stempelte mein Visum ungültig und ging weg, während ich weinend versuchte, mir einen Reim auf seine Ablehnung zu machen. Die Worte, die ich nicht verstand, lauteten:

<u>Cancelled</u>
without prejudice
American Embassy
Nairobi

Alles um mich herum wurde schwarz, und mein Gehirn wollte einfach nicht mehr funktionieren. Ein Stück weiter standen die beiden jungen Burschen und warteten auf mich. Als ich ihnen von der Ablehnung meines Visums berichtete, spürte ich, dass das Ende nahe war. Ich konnte nicht mehr. »Wenn ich überall unerwünscht bin, warum dann leben? Da kann ich mich ebensogut vor ein Auto werfen und es gleich hinter mich bringen!« Die Jungen schauten mich nur an. Dann erinnerte mich der eine an all das, was ich bereits durchgemacht – und überlebt – hatte. Er fragte, wie ein »Commando« wie ich bloß an Selbstmord denken könne, nur wegen eines abgelehnten Visums. Auch wenn er den Grund für meine Selbstmordfantasien falsch verstanden hatte, gelang es ihm doch, mich auf andere Gedanken zu bringen. Gemeinsam gingen wir zum Reisebüro, um das Geld für das Flugticket zurückzubekommen, aber das war nicht möglich. Das Geld konnte mir nur im Büro in Uganda zurückerstattet werden.

Hier trennten sich unsere Wege, und unglücklich, wie ich war, ging ich in ein Hotel, um etwas zu essen. Ich musste in Ruhe nachdenken. »China!«, rief plötzlich jemand. Die Stimme gehörte Boxer, einem alten Kameraden aus Soldatentagen. Unglaublich! Hier saß ich mutterseelenallein in einem wildfremden Land. Ihn hatte der Himmel geschickt! Boxer war bei weitem kein Engel und war kaum noch wiederzuerkennen. Er war Alkoholiker geworden und trank alles, was er nur zwischen die Finger bekommen konnte, von selbstgebranntem Fusel bis hin zu Bier. Wie er so schwankend vor mir stand, war kaum zu übersehen, dass er voll war. Trotzdem taten wir uns zusammen, streiften gemeinsam durch die Straßen Nairobis und sprachen von früher.

Die I.O.S. hätte ein Büro in der Stadt, wusste er zu berichten, deshalb war es gefährlich, sich hier aufzuhalten. Noch am selben Abend kehrte ich nach Uganda zurück. Ich wusste sehr wohl, wie riskant das war, aber damals war mir alles egal. Tot oder lebendig, was machte das schon für einen Unterschied? Aber irgendetwas in mir wollte leben. Was diesen Lebensfunken oder Selbsterhaltungstrieb nährte, war mir allerdings ein Rätsel.

Am nächsten Morgen kamen wir also in Kampala an, wo ich mich beeilte, ins Reisebüro zu kommen, und meine tausend Dollar zurückerhielt. Anschließend ging es zurück zur Bushaltestelle, um zum zweiten Mal auf den Bus nach Kenia zu warten. In Busia reichte ich dem Grenzbeamten meinen Pass, der wissen wollte, warum ich die Grenze so kurz hintereinander ein zweites Mal überschritt. In all den Jahren, die er an der Grenze Dienst tat, war das offenbar noch nicht vorgekommen. Als Ausrede erklärte ich ihm, ich hätte mein Geld vergessen, was er umgehend zu sehen verlangte. Nachdem er es abgezählt hatte, steckte er sich hundert Dollar in die eigene Tasche und ließ mich über die Grenze nach Kenia schlüpfen. Was hatte ich denn anderes erwartet?

Boxer wartete bereits auf mich. So gut, wie er sich in Nairobi auskannte, wusste er sicher ein billiges Hotel. Doch das war nicht das

Einzige, was er wusste. Während seines Aufenthalts in Kenia hatte er gelernt, sich durchzuschlagen. Da gab es keinen Trick, den er nicht versucht hatte, kein Schlupfloch, das er nicht kannte. Nachdem wir ein Hotelzimmer gebucht hatten, schlug er vor, ich solle einen falschen Pass kaufen, der mir helfen würde, nach England zu kommen. Um dorthin zu gelangen, benötige man kein Visum. Ich ließ ein Passfoto von mir machen, anschließend gingen wir irgendwohin, wo jede Menge Menschen an Maschinen arbeiteten. Einige begrüßten ihn, aber er sprach nur mit einem, einem Mann von Ende dreißig. Ich habe keine Ahnung, worüber sie gesprochen haben – ich lief Boxer bloß wie ein kleiner Trottel hinterher. Dann kam Boxer zu mir und wollte hundert Dollar haben, die er dem Mann für einen Pass zahlte, der zweifelsohne gestohlen war, denn in dem Pass standen Name und Alter einer anderen Frau. Sie kam aus Malawi und war 37 Jahre alt. Ich war neunzehn! Wie in aller Welt sollte jemand glauben, dass ich schon so alt war! Außerdem hatte sie fast rabenschwarze Augen, aber meine sind braun. Doch Boxer grinste bloß und sagte, das spiele keine Rolle. Als ich verlangte, er solle den Pass zurückgeben und sich das Geld wiedergeben lassen, sagte er, so würde das nicht funktionieren. Wenn ich ein neues und passendes Dokument haben wolle, müsse ich noch einmal hundert Dollar ausspucken. Eine Stunde später kam er mit einem südafrikanischen Pass zurück, der einer Frau mit blauen Augen gehört hatte! Als ich protestierte, schaute er mir tief in die Augen und sagte: »Siehst du, das ist mir ja noch überhaupt nicht aufgefallen. Du hast tatsächlich blaue Augen!« Jetzt konnte ich nicht anders und musste lachen. Mit seinem Charme und seinen Späßen gelang es ihm immer aufs Neue, die Leute einzuwickeln.

Dann fragte ich ihn, ob ihm nicht ein anderer Ausweg einfiele als noch mehr »unpassende« gestohlene Pässe. »Natürlich. Du kannst einfach nach Südafrika fahren. Mit deinem eigenen Pass.«

Das war gar keine so dumme Idee. Doch dann fiel mir ein, dass die Hälfte des Geldes schon verbraucht war. Naiv, wie ich war, hatte ich geglaubt, der Fahrpreis sei immer der gleiche, egal, wohin. Aber Boxer klärte mich auf, dass ich mit dem Bus fahren könne, was wesentlich billiger sei. Er würde mich begleiten und mich dort in Sicherheit bringen. Da ich keine andere Wahl hatte, schlug ich ein. Das hier war meine letzte Chance. Wieder bekam er Geld für Busfahrscheine sowie hundert Dollar, um sich selbst mit einem falschen ugandischen Pass auszustatten. Seinen eigenen hatte er längst zu Geld gemacht.

Flucht nach Südafrika

Am 4. August 1995 verließen Boxer und ich Kenia und kamen noch am selben Abend in Tansania an. Wir übernachteten in einem Hotel in Daressalam und bestiegen am nächsten Morgen einen Bus, der uns bis zur Grenze nach Sambia bringen sollte. Ein weiterer Bus brachte uns nach Lusaka, der Hauptstadt von Sambia. Von Lusaka aus ging es bis zur Grenze nach Simbabwe, die wir am 8. August 1995 in aller Herrgottsfrühe erreichten. Simbabwe ließen wir rasch hinter uns. Der Bus kam zügig vorwärts und am nächsten Morgen, am 9. August, erreichten wir Südafrika. Auf der Einwanderungsbehörde wurden wir freundlich empfangen. Glücklicherweise waren Ugander hier willkommen, denn beide Länder hatte lange Zeit Seite an Seite gegen die Apartheid gekämpft. Wir wurden lediglich nach dem Ziel unserer Reise gefragt und wie lange wir bleiben würden. »Ein paar Wochen«, antwortete ich, woraufhin uns der Mitarbeiter der Behörde eine vorübergehende Aufenthaltsgenehmigung erteilte und das Datum 1995-08-23 sowie ein »temporary residence permit« in den Pass stempelte. Ein Minibus brachte uns noch vor Einbruch der Nacht nach Johannesburg.

Als ich ausstieg, schlug mir Kälte entgegen. Überall um uns herum sahen wir nur Afrikaner, aber niemand trug warme Kleidung, was mir unbegreiflich war, denn ich zitterte vor Kälte. Sogar in dem billigen Hotelzimmer des Chelsea Hotel in Hillbrow war es ungemütlich kalt, und ich musste um mehrere Decken bitten. An der Rezeption traf ich Raja, einen Mauretanier, der sehr neugierig war und wissen wollte, woher ich kam. Die Übernachtung im Doppelzimmer kostete mich hundert Rand, und so musste ich Boxer gegenüber betonen, er dürfe nicht erwarten, dass ich über die abgesprochenen zwei Tage hinaus für ihn bezahlen könne. Da brach Boxer – ein starker junger Mann Anfang dreißig – weinend zusammen. Sein hemmungsloser Konsum von Marihuana und Schnaps war nicht spurlos an ihm vorübergegangen und hatte ihn physisch und psychisch geschwächt. Aber er war ein alter Freund, sodass ich Mitleid mit ihm hatte und ihm versprach, wir würden zusammenbleiben, bis mein Geld ganz aufgebracht sei. Boxer fand ein noch billigeres Hotel, das »Poor Man's Hotel«, wo das Frühstück nicht mit inbegriffen war und es auch keinen Wachdienst gab. Aber Boxer meinte, dort wäre es für mich zu gefährlich. Am Ende blieb ich wohnen, wo ich war, während er in das Slumhotel zog. Da ich mir nicht leisten konnte, ihm Geld für Essen zu geben, tauchte er Tag für Tag bei mir auf und aß mein Frühstück, während ich mich mit einer Tasse Tee und einem Ei begnügte.

Neues Leben – neues Pech

Beim Innenministerium – »Home Affairs« – zeigte ich die gleichen Papiere und Fotos vor wie bei der amerikanischen Botschaft in Nairobi. Boxer hatte auch ein »Rambo«-Foto von sich mit einem Maschinengewehr auf dem Schoß mitgebracht. Doch hier reagierte man ganz anders. Wir wurden von Tinus van Jaarveld empfangen, dem ersten Buren, dem ich je begegnet war. »Hey, kommt her und schaut euch diese Aufrührer an«, sagte er zu den anderen im Büro. Als wir von dort weggingen, hatte man unsere Aufenthaltsgenehmigung um drei Monate verlängert. Auch wenn das Recht auf Wohnung und Arbeit nicht dazugehörte, bekam ich doch eine Ahnung davon, wie wunderbar sich das anfühlt, seinen Verfolgern entronnen zu sein. Boxer schlug vor, sich an das Rote Kreuz zu wenden. Dort traf ich eine Frau, die mir alles erklärte. Ich musste ihr auch gestehen, schwanger zu sein. Als die Frau das hörte, schickte sie mich in ein Frauenhaus – The Woman's Shelter. Das bestand aus einem großen Raum mit Zementfußboden, auch wenn der kaum zu sehen war, so viele Menschen lagen dort. Keine gewöhnlichen Menschen, sondern Alkoholikerinnen, Drogenabhängige und Geisteskranke. Das war ein ziemlicher Schock für mich. Glaubten sie etwa, ich sei auch so und gehöre deshalb dorthin? Ich sah nicht auf diese Menschen herab, aber sie machten mir Angst, und deshalb ging ich wieder. Bis zur Geburt waren es immerhin noch sechs Monate.

Mir waren gerade mal fünfzig Dollar geblieben, das heißt fünf Tage für uns beide im Chelsea Hotel. Gegen das Wetter war nichts einzuwenden. Die Sonne schien, und ich setzte mich an einen der vor dem Hotel aufgestellten Tische. Ich war nicht die Einzige. Der Mann neben mir trug eine Pistole. Ich staunte, einen bewaffneten Zivilisten zu sehen. In Uganda wäre das undenkbar. Dort haben nur Militär und Polizei die Erlaubnis, Waffen zu tragen – und das aus gutem Grund. Auf dem Bürgersteig ging eine junge Frau auf und ab und blieb vor meinem Tisch stehen. Sie war provozierend gekleidet und trug einen superkurzen Minirock. Auch das war ich nicht gewohnt. Bald darauf stellte sich ein Mann zu ihr, und ich hörte sie fragen: »Willst du etwas kaufen?« Anschließend gingen sie zusammen ins Hotel. Neugierig folgte ich den beiden, um zu sehen, womit das Mädchen handelte. Ein junger Weißer stand an der Rezeption und lachte laut, als ich danach fragte. Statt mir zu antworten, fragte er, woher in aller Welt ich bloß käme. Ich kam mir ziemlich dumm vor.

Als ich gerade den Aufzug nehmen wollte, legte mir ein Mann die Hand auf die Schulter und fragte, wer ich sei. In seinem Büro stellte er sich vor und bot mir einen Whisky an. Morocka war der Besitzer des Hotels, ein Jude mittleren Alters. Ich schöpfte neue Hoffnung und setzte ihm meine und Boxers Situation auseinander. Nachdem er ausgetrunken hatte, rief er Bryce an, den jungen Typen von der Rezeption, und informierte ihn darüber, dass Boxer und ich von nun an gratis im Hotel wohnen und essen würden. Vor lauter Dankbarkeit fiel ich vor ihm auf die Knie, aber er streckte nur abwehrend die Hände aus. Als Morocka in seinem weißen BMW davonbrauste, sah ich ihm noch lange nach, außerstande, Boxers und mein unglaubliches Glück fassen zu können.

Wenige Tage später fingen wir beide dort an zu arbeiten – ich an der Bar und Boxer als Wachdienst. Die Bar ging über zwei Stockwerke. Die untere Etage war eine ganz gewöhnliche Bar, während die obere, in der ich arbeiten sollte, etwas anders eingerichtet war. Auf einem Schild stand »Sex Shop«. An einem Ende des Lokals gab es einen Pornoshop, wo Filme, Videos und merkwürdige Gegenstände verkauft wurden. Am anderen Ende befand sich die Bar mit Oben-ohne-Bedienung. Die Decke über der Bar war eine große Filmleinwand, wo nonstop Pornofilme gezeigt wurden. In den ersten Tagen war ich wie paralysiert und bekam kein Wort über die Lippen.

Raja führte die Bar. Es wurde erwartet, dass ich ebenfalls oben ohne bediente. Glücklicherweise zwangen sie mich nicht dazu, denn dann hätte ich den Gehorsam verweigert. Stattdessen setzte mich Raja als »Assistentin« ein. Eine von den anderen, die bedienten, hieß Dee. Für mich war sie ein wahrer Engel. Sie und ihr Freund Ryan luden mich häufig ein, mit in die Stadt oder ins Kino zu gehen, ohne dass es mich auch nur das Geringste kostete. Natürlich verdiente sie mit ihren 180 Dollar wesentlich mehr als ich, die ich mich mit fünfzig Dollar begnügen musste. Aber dafür musste sie auch topless arbeiten und außerdem Striptease tanzen. Unsere Zimmer lagen direkt nebeneinander, und ihre Tür stand immer für mich offen, wenn ich reden wollte, egal, zu welcher Uhrzeit.

Nicole, die andere Bedienung, war ganz anders. Sie verdiente ebenso gut wie Dee, hatte aber ein ganz anderes Verhältnis zu Geld. Es war ihr Ein und Alles. Obwohl sie auch einen Freund hatte, verkaufte sie sich an Kunden, die kamen, um die Stripteaseshow zu sehen. Wegen ihrer Geldgier geriet ich eines Tages in eine peinliche Situation. An ihrem Geburtstag hatte sie uns nach der Arbeit auf ihr Zimmer eingeladen. Nachdem der Geburtstagskuchen gegessen war, gab mir Nicole ihre Schlüssel und bat mich, eine Flasche Whisky zu holen. Gesagt, getan, aber ich ging früh zu Bett und ließ sie ohne mich weitertrinken. Am nächsten Morgen wurde ich in aller Herrgottsfrühe geweckt, weil Raja vor der Tür stand und schrie, ich solle aufmachen. Er hatte einen der Leibwächter mitgebracht. Schockiert erfuhr ich, dass mich Nicole beschuldigte, ihr fünfzig Dollar gestohlen zu haben. Weinend beteuerte ich meine Unschuld und zeigte ihnen meine Geldbörse mit dem Wochenlohn, den Raja mir am Tag vorher ausgezahlt hatte. Obwohl er mir glaubte, wurde ich in Nicoles Zimmer gezerrt. Sie saß auf dem Bett, einen großen Teddy im Arm. Ich schaute ihr direkt in die Augen und fragte sie, warum sie log. Als sie nicht antwortete, sagte ich: »Nicole, du kennst die Wahrheit. Ich hoffe, Gott wird dich für deine Lügen bestrafen.« Dann lieferte ich mein sauer verdientes Geld ab. Da senkte sie den Kopf und wollte es nicht annehmen. Dee wurde wütend, als sie das hörte, und schwor, sie wolle nie mehr etwas mit ihr zu tun haben.

Zwei Wochen vergingen, dann hatte Nicole ein neues Opfer gefunden. Sie hatte mit ihrem Freund Schluss gemacht, und ich sah sie in Gesellschaft eines jungen Mannes, eines Kunden aus der Bar. Nach Geschäftsschluss verließen sie gemeinsam die Bar. Am nächsten Morgen war unten an der Rezeption lautes Geschrei zu hören, und ich lief hin. Als Erstes sah ich, wie die Leibwächter auf den Mann losprügelten, der mit Nicole die Bar verlassen hatte. Sie stand mit zwei Pornofilmen daneben. Der junge Mann, den sie im Porno-Shop auf frischer Tat ertappt hatte, war schon ziemlich mitgenommen. Trotzdem prügelten sie immer weiter auf ihn ein. Erschrocken schaute ich zu, wie ein weißer Mann verprügelt wurde. Das war das erste Mal, dass ich etwas Derartiges sah, denn es hatte immer geheißen, Leute mit so zarter weißer Haut könnten nicht ertragen, geschlagen zu werden. Plötzlich erschien Morocka, zum Glück setzte er der Prügelei ein Ende. Morocka verlangte eine Erklärung, und als die anderen geredet hatten, wandte er sich mir zu.

»Innocent, dir vertraue ich. Erzähl mir, was passiert ist.«

»Mr. Morocka, als ich nach unten kam, waren sie bereits dabei, ihn zu schlagen. Über den Jungen weiß ich nur, dass er an der Bar saß und trank«, erklärte ich. Morocka glaubte nicht an die Schuld des Jungen und ließ ihn gehen. Nicole kündigte er fristlos.

Dee und ihr Freund fingen an, Kokain zu nehmen. Als ich das mitbekam, wurde ich unglaublich traurig. Dee war ein wunderbarer Mensch, sie war nicht nur schön, sondern hatte auch einen guten Charakter. Es dauerte nicht lange, und ich konnte zusehen, wie die Droge das Leben aus ihr sog. Ich bemühte mich, sie zur Vernunft zu bringen, aber es war schon zu spät. Ihr ganzes Geld ging jetzt für Drogen drauf, und manchmal musste ich ihr sogar etwas leihen, wohl wissend, das ich es nie mehr wiedersehen würde. Es war nicht so sehr das Geld, um das es mir Leid tat. Sie hatte so viel für mich getan, ohne etwas dafür zu erwarten. Aber mein Bauch wurde nicht kleiner und meine Probleme ebenfalls nicht. Sie begannen, mir über den Kopf zu wachsen. Das Leben als Flüchtling mit einer falschen Identität, die Nerven, der Stress und meine heimliche Schwangerschaft hatten dazu geführt, dass ich mittlerweile vierzig Zigaretten am Tag rauchte. Und die Gesundheit, meine und die des neuen Lebens, litten darunter.

Irgendwann hatte ich einen Mann getroffen, Peter Nkwe. Ich sah schnell ein, dass er meine Lage nur ausnutzte. Wenn ich das Kind im Krankenhaus zur Welt bringen wollte, musste ich den Namen des Vaters auf ein Stück Papier schreiben, sonst wurde einem die Aufnahme verweigert. Auch wenn er nicht der Vater des kleinen Mädchens war, das ich erwartete, trug ich mich als Patricia Nkwe ein. Wieder einmal war ich in eine Situation geraten, wo die Angst mich zwang, ein Leben mit Gewalt zu akzeptieren. Die Beziehung war sehr gewalttätig. Aber wo hätte ich sonst hingehen sollen? An wen konnte ich mich wenden? Morocka wagte ich nichts zu sagen, aus Angst, gefeuert zu werden. Wenn ich arbeitete, litt ich Höllenqualen in jeder Hinsicht. An die Zeit, die nun folgte, denke ich nur ungern zurück. Noch heute fällt es mir schwer, darüber zu sprechen. Dee konnte ich mich auch nicht mehr anvertrauen. Sie war viel zu sehr damit beschäftigt, sich mit den Drogen zu ruinieren. Einen Monat später kündigte sie.

Nachdem sowohl Nicole als auch Dee aufgehört hatten, war ich die einzige Bedienung in der Bar. Dem Pornoladen blieben die Kunden weg, und ich hatte Angst, meinen Job zu verlieren. Um die Kunden zu halten, fing ich an, doppelt so viel auszuschenken: Wenn ein Gast einen Drink bestellte, gab ich ihm zwei. Das kam heraus. Rasch entdeckte Raja, der für die Getränkebestände verantwortlich war, dass der Alkohol schneller verschwand. Er ging schnurstracks zu Morocka, der mich holen ließ. Als ich in sein Büro kam, saß er mit seinem Whisky hinter dem Schreibtisch.

»Innocent! Hast du etwas zu essen bekommen?«, fragte er, was ich verneinte. Er ließ zwei Omelettes heraufbringen.

»Innocent! Bestiehlst du mich?« Wieder verneinte ich und erklärte, was ich getan hatte und warum. Da lächelte er nur und sagte, dass ich in Zukunft zuerst ihn fragen solle. Die Omelettes kamen, aber ich brachte sie nicht herunter, so heiser war ich. Ich wollte nur noch allein sein. Dieser Wunsch wurde mir erfüllt, und dann rutschte das Omelett ohne Probleme.

Drago stirbt

Eines Tages kam Boxer und erzählte mir, der Vater meines Sohnes, Lieutenant Colonel Moses Drago, sei bei einem Angriff aus dem Hinterhalt getötet worden. Wie ein Schlafwandler ging ich zu einer Wand und lehnte mich dagegen. Ich wünschte, ich wäre tot. Meine Gedanken gingen zu meinem Sohn, Moses Drago junior. Was sollte jetzt aus ihm werden? Um seinetwillen musste ich stark sein. Unten in der Bar bat ich Raja, in Uganda anrufen zu dürfen. Das war das erste Mal, dass ich zu Hause anrief. Als Drago höchstpersönlich abnahm, wäre ich beinahe in Ohnmacht gefallen, brachte aber gerade noch heraus, man hätte mir erzählt, er sei tot. Drago lachte und sagte, er sei lebendiger denn je. Dann erzählte er mir, dass er im Übrigen erfahren habe, ich sei tot. Vielleicht waren das die beiden Jungen aus Kenia gewesen, ich weiß es nicht, aber er war sehr glücklich, zu hören, dass ich noch am Leben war, und bat mich sehr, nach Hause zu kommen. Aber ich sagte nein, auch wenn er mir den Himmel auf Erden versprach. Das kam für mich nicht infrage. Ich wollte frei sein – frei von Verfolgung, frei von willkürlicher Verhaftung, frei sein, mein Leben selbst zu gestalten. Das konnte er mir nicht geben.

Ehe wir uns verabschiedeten, wollte Drago, dass ich ihm eines versprach: dass ich mich eines Tages seiner Kinder annehmen würde. Lächelnd stimmte ich zu und versprach, wieder anzurufen. Als ich am nächsten Tag gegen achtzehn Uhr anrief, nahm sein kleiner Bruder Eric ab. Drago sei weggefahren. Warum er mir gestern gar nichts davon gesagt habe, fragte ich. Aber Eric wusste von nichts, und ich konnte nicht mehr sprechen, so sehr musste ich weinen. Plötzlich hörte ich Stimmen und Lärm im Zimmer. Ich wusste sofort, dass da etwas nicht stimmte. Am nächsten Tag rief ich Eric noch einmal an, sollte aber nie herausfinden, wer Drago getötet hatte. Drei Waffenbrüder des gleichen Stammes – Lieutenant Colonel Moses Drago, Lieutenant Colonel Bruce und Major Moses Kanabi – alle waren sie innerhalb von vier Jahren ermordet worden. Sie hatten gekämpft und den Krieg überlebt, nur um dann abseits vom Schlachtfeld, auf so genanntem sicheren Terrain zu sterben. Das war schwer zu akzeptieren.

Ich versuchte zu vergessen, aber das war schwer, um nicht zu sagen, unmöglich. Überall um mich herum gab es Drogen und Pillen, die mit dem Schleier des Vergessens lockten. Aber ich widerstand. Stattdessen griff ich zur Flasche. Am Ende trank ich so viel, dass ich gefeuert wurde. Das war der Anfang vom Ende, und ich war dabei, eine Schlacht zu verlieren, so viel wusste ich. Ich zwang mich, Drago zu hassen, weil meine Liebe zu ihm so stark war, dass sie mich langsam, aber sicher das Leben kostete.

Das Verhältnis zu Peter Nkwe wurde nicht besser. Erst jetzt erkannte ich, wie Recht meine Schwester Helen gehabt hatte, als sie mir damals sagte: »Wenn ein Mann weiß, dass du kein Zuhause hast, in das du zurückkehren kannst, bist du ihm hilflos ausgeliefert.«

Nachdem ich mein Kind bekommen hatte – und noch ehe ich gefeuert worden war –, besuchte ich Dee, die behauptete, clean zu sein. Deshalb ließ ich sie auf mein kleines Mädchen aufpassen. Doch es dauerte nicht lange, bis ich entdeckte, dass sie das Geld, das ich ihr zahlte, nicht für Milch, sondern für Drogen ausgab. Natürlich beteuerte sie jedes Mal, das sei das letzte Mal gewesen. Ich wusste nicht mehr ein noch aus, und dann wurde ich auch noch gefeuert. Ich wusste nicht, wohin, und sah mich gezwungen, mit Peter in Soweto zusammenzuziehen. Wenn ich arbeiten ging – ich nahm alles, was ich kriegen konnte –, passte Peters Schwester auf das Kind auf. Am Ende nahm die Gewalt überhand, und ich flüchtete. Mein kleines Mädchen musste ich vorläufig bei Peters Schwester lassen.

Tiefe Depression

Vier Jahre sollten vergehen, bis mein Leben endlich eine Wendung zum Besseren nahm. Vier Jahre, in denen ich das verzweifelte Bedürfnis gehabt hatte, all das aufzuarbeiten, was ich durchgemacht hatte. Aber so etwas braucht Zeit, die ich nie hatte. Ich sah nur noch schwarz und misstraute allem und jedem. Die Finsternis, in der ich lebte, war nur ein anderes Wort für die Hoffnungslosigkeit, die sich in meinem Inneren breit gemacht hatte. Eine Finsternis, für die ich keinen Namen hatte, aber die andere später Depression nennen sollten.

Eines Tages brach etwas in mir entzwei. Ich war allein. Warum ich dorthin ging, weiß ich nicht. Ich ging einfach. In meiner Hand hielt ich einen Brief. Alles, woran ich denken konnte, war, dass ich ihn unbedingt abliefern musste. Vor mir ragte ein riesiges Gebäude auf, und ich las »United Nations High Commissioner for Refugees«. Schon in der Vorhalle fing ich an zu reden. Das Mädchen hinter dem Schalter schien mir gar nicht zuzuhören, sie saß einfach nur da und starrte mit offenem Mund in die Luft. Vielleicht sah sie zum ersten Mal eine Afrikanerin, die ganz in Weiß gekleidet war und ein weißes Kopftuch trug wie ein Muslim, der gerade aus Mekka kommt. Ich reichte ihr den Brief, und als ich sah, wie ihre Hand ihn entgegennahm, kamen mir plötzlich die Tränen. Sie führte ein Telefongespräch, gab eine kurze Auskunft und wenige Minuten später folgte ich einer anderen Dame in ein Büro. Ihr Name war Pamela. Wortlos setzte ich mich hin, während sie den Brief las. Dann bat sie mich, alles zu erzählen. Von Anfang an. So, wie sie das sagte, öffnete sie eine Schleuse.

Es war, als hielte sie den Schlüssel zu einem Teil von mir in der Hand, den ich versteckt, viel zu lange verdrängt hatte. Blitzschnell kamen all die Bilder wieder hoch. Kein Wort kam über meine Lippen. Immer tiefer verkroch ich mich in meinen Sessel, um mich zu verstecken. Immer tiefer sank ich in ihn hinein, bis alles um mich herum schwarz wurde. Sie war mit meiner Reaktion überfordert und verließ das Büro, bat mich aber, einen Moment zu warten. Pamela kam mit einem Mann zurück, der meine Hand nahm und mich in ein anderes Büro brachte. Er bot mir eine Zigarette an und sagte, ich solle einfach loslassen und nicht versuchen, irgendetwas zurückzuhalten. Dann schaute er ruhig auf die Tischplatte und ließ mich weinen wie ein kleines Kind. Als ich keine Tränen mehr hatte, nannte er seinen Namen: Burt Leenschool. Burt wollte wissen, wie ich an diesen Brief gekommen war, und ich fing an zu erzählen:

In den Fängen des Raubtiers

»Vor ein paar Monaten traf ich einen Mann aus Uganda, der mir erzählte, er wohne in England, reise aber durch die ganze Welt, um Mitglieder für seine Organisation zu werben. Die Organisation hätte sich zum Ziel gesetzt, Musevenis Regime zu stürzen. Als Musevenis Name fiel, dachte ich sofort an Drago. Deshalb wurde ich Mitglied dieser Organisation. In Südafrika hatte der Mann bereits eine Gruppe von 15 Mitgliedern aufgebaut, die meisten waren ehemalige Soldaten aus Musevenis Heer. Der Gruppenleiter war Muslim, und er versicherte uns, wir wären nicht die Einzigen.

Mein Wunsch, Mitglied zu werden, war so stark, dass ich alle Bedenken beiseite wischte und keine Fragen stellte. Noch einmal sollte ich das tun, was ich am besten konnte. Diesmal wollte ich es selbst. Ich zog freiwillig in den Kampf und glaubte zu verstehen, worum es wirklich ging.

Der Gruppenleiter mietete ein Lokal im Zentrum von Johannesburg, das zu unserem Treffpunkt wurde. Bei den meisten Treffen sahen wir Filme, die Idi Amin verherrlichten. Einer in der Gruppe hatte es besonders eilig, in den Busch zurückzukehren. Beim fünften Treffen, an dem ich teilnahm, hörte ich die Kameraden über Major Kasaija sprechen, der im ugandischen Heer diente. Da ich Kasaija sehr gut kannte, wollte ich genauer wissen, was er derzeit tat. Als ich erfuhr, er sei in die ugandische Botschaft nach Südafrika versetzt worden, konnte ich es kaum erwarten, ihn zu treffen. Endlich war da jemand, der mich und meine Geschichte verstehen würde. Ich wollte ihn um Rat fragen, was zu tun sei, um endlich in Frieden nach Hause zurückkehren zu können. Ich bekam seine Telefonnummer in der Botschaft und rief ihn an.

Als ich mit ihm sprach, konnte er sich nicht an mich erinnern, aber ich war mir sicher, dass er es war. Ich erkannte seine Stimme. Um seiner Erinnerung auf die Sprünge zu helfen, legte ich ihm meinen gesamten militärischen Werdegang dar und wurde umgehend zu einem Treffen in sein Büro bestellt. Ich kannte ihn zwar, aber die Erfahrung hatte mich gelehrt, vorsichtig zu sein. Ich wollte auf keinen Fall mein Leben aufs Spiel setzen. Deshalb nahm ich einen Sambier mit und bat ihn, in der Vorhalle zu warten.

›Wenn du mich schreien hörst, dann hol Hilfe‹, bat ich ihn. Im Büro stand ein Mann, den ich noch nie zuvor gesehen hatte. Der Mann, der sich Kasaija nannte, erhob sich und grüßte mich höflich und voller Respekt. Dieser Mann war nie in seinem Leben Soldat gewesen. Das sah ich auf den ersten Blick. Er bot mir eine Tasse Tee an, aber ich lehnte dankend ab. Die Botschaft war bereits geschlossen, und so war ich mit ihm und seinem Sekretär allein, was mir ein Gefühl von Geborgenheit gab. Trotzdem blickte ich mich unruhig um. Kasaija sagte, er glaube, ich sei einem Missverständnis zum Opfer gefallen, wenn man mich wirklich so behandelt hätte, wie von mir beschrieben. Eine Kriegsheldin wie ich verdiene ein besseres Schicksal. Er wirkte so überzeugend, dass ich ihm glaubte, als er beteuerte, er stünde auf meiner Seite. So überzeugend, dass ich ihm von meinem neuen politischen Engagement berichtete.

Plötzlich saß da ein ganz anderer Mensch vor mir. In gewisser Weise war es imponierend zu sehen, wie gut er sich vorher verstellt hatte. Nun setzte er mich unter Druck. Er verlangte, ich solle die Namen meiner Kameraden preisgeben, im Gegenzug sicherte er mir Straffreiheit zu. Innerlich verlachte ich ihn. Dieser Mann glaubte wohl, ich sei nichts weiter als ein verirrtes Ziegenkitz, das andere auf Abwege gebracht hatten. Das mit der Straffreiheit nahm ich ihm keine Sekunde lang ab. Er gab mir Geld, und ich versprach, zurückzukommen, sobald ich meine Untersuchungen abgeschlossen hätte. Ich wusste, ich hatte ihn überzeugt. Er konnte nicht wissen, dass sein Angebot reine Geldverschwendung war.«

Entführt

»Einige Wochen später ging ich in Pretoria auf ein Fest, das die Uganda Airlines organisiert hatten. Gegen elf Uhr kam ich mit ein paar Männern ins Gespräch, die versprachen, mich nach Johannesburg mitzunehmen. Ich war schon ziemlich betrunken und kann mich nicht daran erinnern, was ich über Musevenis Regime gesagt habe. Bestimmt hatte ich mich mit meiner Vergangenheit interessant gemacht. Gegen Mitternacht verließen wir gemeinsam das Fest. Ich war so voll, dass ich gar nicht merkte, dass wir in die falsche Richtung fuhren. So gut kenne ich Pretoria nicht. Auf einmal hielten wir vor einem Gebäude, und zwei von denen zerrten mich hoch in eine Wohnung. Dort befahlen sie mir, mich ganz auszuziehen. Alle meine Sachen wurden durchsucht. Als sie verlangten, ich solle ihnen meinen Pass aushändigen, redete ich ihnen ein, er läge zu Hause. Jetzt fragten sie mich aus, ob ich mit Kashillingi in Kontakt stünde, was ich hartnäckig verneinte.

Ich muss dann eingedöst sein, aber am nächsten Morgen wurde ich schlagartig nüchtern. Zwei von ihnen packten mich, während der dritte langsam anfing, mir etwas in den Rücken zu bohren, wahrscheinlich einen Eispickel. Sie wussten, wer ich war, und sie wollten wissen, wem ich wie viel verraten hatte. Ich bemühte mich, ihnen meine Sicht der Dinge zu erklären, und erzählte ihnen, was mich zur Flucht bewogen hatte. Aber sie beschuldigten mich nur, ein Deserteur zu sein. Außerdem versicherten sie mir, dies hier wäre rein gar nichts gegen das, was mich erst erwartete, wenn sie mich nach Uganda zurückbrächten. Das war der Gipfel der Demütigung. Mehrere Monate lang wurde ich an einem unbekannten Ort gefangen gehalten und gefoltert.

Heute sehe ich diese Zeit wie durch einen Nebelschleier, sie hat etwas völlig Unwirkliches. Eines Tages zerrten sie mich nach draußen in ein Auto. Ich war müde und sagte, sie könnten mit mir machen, was sie wollten.

In Pretoria war gerade Hauptverkehrszeit. Als wir an der ersten Ampel anhielten, nutzte ich meine Chance. Genau in dem Moment, als der Fahrer nach dem Schaltknüppel griff, lenkte ich sie ab, indem ich die Heckscheibe einschlug. Sie drehten sich um – das reichte mir, um die Tür zu öffnen und aus dem Auto zu springen.«

Ich ging in ein Krankenhaus. Meine Wunden wurden behandelt und geheilt. Aber nicht meine Seele. Ich war dem Terror des Ugandischen Secret Service monatelang ausgesetzt gewesen. Als ich an der Krankenhausschranke aufkreuzte, muss ich ausgesehen haben wie ein Schatten meiner selbst.

Als ich nach einer Operation wieder laufen konnte, ging ich zu ›Home Affairs‹, wo ich von Tinus van Jaarveld begrüßt wurde, derselbe, der mir damals eine befristete Aufenthaltsgenehmigung für Südafrika ausgestellt hatte.

›Kleine Aufrührerin! Was ist denn mit dir passiert? Du siehst ja aus wie ein Gespenst!‹ Als er hörte, was ich durchgemacht hatte, war er ehrlich schockiert. Ohne lange zu fackeln, brachte er mich in ein anderes Büro, wo er Heidi die Situation darlegte.

Heidi hörte mir geduldig zu, während ich ihr meine Lebensgeschichte erzählte. Als ich ihren fassungslosen Blick sah, wurde mir zum ersten Mal klar, wie jung ich damals gewesen war, als ich zum Heer ging, und was für schlimme Konsequenzen das für mein ganzes weiteres Leben gehabt hatte. Als ich meine Erzählung beendet hatte, begann sie auf der Schreibmaschine einen Brief zu tippen. Ihre Finger hämmerten auf die Tasten, als übertrage sie ihre ganze Wut aufs Papier. Sie war so in ihre Arbeit vertieft, dass sie meine Anwesenheit völlig vergessen zu haben schien. Den

Brief steckte sie in einen Umschlag, der an den ›United Nations High Commissioner for Refugees‹ adressiert war.

Narben an Körper und Seele

Mein Bericht war zu Ende. Ich befand mich wieder in der Gegenwart, im Gebäude der Vereinten Nationen, und vor mir saß Burt. Lange Zeit sprach keiner von uns beiden. Schließlich brach Burt das Schweigen, indem er sich räusperte und sagte, ein paar Leute hier sollten gleich noch meine Narben anschauen. Victoria W. Stofile untersuchte mich, und schon am nächsten Tag schickte man mich zu einer Traumaklinik nach Johannesburg, wo die Verletzungen – auch die psychischen – behandelt wurden. Dort kümmerte sich eine freundliche Frau um mich. Doch so freundlich sie auch war, ihr Job bestand darin, mir alle möglichen Fragen zu stellen, so viele, dass ich fast wahnsinnig geworden wäre. Die Angst, alle die schrecklichen Erinnerungen wieder wachzurufen, belastete mich. Vielleicht hatten mich ihre Fragen tatsächlich ein bisschen wahnsinnig gemacht, denn ich musste mich sehr beherrschen, um nicht laut loszuschreien. Gleichzeitig flehte eine Stimme in mir, ich solle doch nachgeben und um Hilfe bitten. Aber was würde passieren, wenn ich zurückgewiesen würde?

Nach einiger Zeit bezwang sie meine Angst, und ich begann, diese Frau zu lieben. Stundenlang saß sie da und hörte zu, während ich redete und redete. Doch etwas behielt ich immer noch für mich, ich wollte mich nicht ganz ergeben. Die vielen Jahre – im Grunde fast mein ganzes Leben –, in denen ich nicht wagte, meinen Gefühlen nachzugeben oder meine Meinung zu sagen, aus Furcht, geschlagen oder ins Gefängnis geworfen zu werden, hatten mich geprägt. Auf diese Weise hatte ich überlebt – ich bin nun einmal eine Kämpfernatur. Jetzt hatte endlich eine andere übernommen. Wo würde das – wo würde ich – enden?

Die Frau gab nicht auf, sondern half mir zu begreifen, dass nicht jeder darauf aus war, mir wehzutun. Mit der Zeit wuchs mein Vertrauen. Als ich endlich losließ, wurde ich von meinen Gefühlen völlig überwältigt. So viele Jahre hatte ich mein Bewusstsein vollkommen abgeschottet. Ich war zur Gefangenenwärterin meiner eigenen Gedanken geworden. In meinem Kopf herrschte ein riesiges Durcheinander – und das jeden Tag, vierundzwanzig Stunden lang. Das machte mir Angst und ich bekam vor den Gesprächen regelmäßig Panikattacken. Der Wunsch, meine Vergangenheit zu leugnen, war groß, aber die Angst, ihre Fürsorge zu verlieren, erwies sich als noch größer. In meinem früheren Leben hatte ich gelernt, noch die entsetzlichsten Dinge zu bejahen. Jetzt lernte ich ja zu mir selbst zu sagen.

Der Weg zurück zur Normalität war lang, und irgendwann schaltete die Klinik auch einen Psychiater ein. Während der Behandlung wohnte ich in einem Hotel, das von den Vereinten Nationen bezahlt wurde. Jedes Mal, wenn ich zu einem Gespräch musste, wurde ich in einem Land Cruiser mit der wehenden UN-Fahne auf dem Kühler dorthin gefahren. Der Psychiater war ein Südafrikaner holländischer Abstammung, ein großer, muskulöser Mann von Ende vierzig mit einem Vollbart. Er verordnete mir starke Medikamente, die meine nächtlichen Alpträume in fast schon psychedelische Erlebnisse verwandelten.

Mit blutendem Herzen

Eines Vormittags stand ich vor dem Hotel, als ein Auto vorfuhr. Es dauerte eine Weile, bis ich begriff, dass es auf mich wartete, um mich zu Burt zu bringen. Kaum hatte ich bei ihm Platz genommen, fragte er mich auch schon, in welchem Land ich untergebracht werden wollte. Ich traute meinen Ohren kaum und fragte, was er damit meine.

»Ich frage dich, in welchem Land du leben willst.«

»In den USA«, antwortete ich, aber als er wissen wollte, ob ich dort Bekannte hätte, musste ich den Kopf schütteln. Aus dem Grund meinte er, sei das keine gute Idee, versprach mir aber, mein Gesuch nach Genf zu schicken. Er versicherte mir, dass sie bei der zu treffenden Regelung nur mein Bestes im Auge haben würden. Ich begann, am ganzen Körper zu zittern. Der Sessel, auf dem ich saß, fühlte sich warm an, viel zu warm, um still darauf zu sitzen. Ich sprang auf und schrie vor Freude, nicht so sehr, weil ich in ein anderes Land fahren sollte, sondern vor lauter Freude, nach meiner Meinung gefragt zu werden. Ich konnte gar nicht mehr stillhalten. Hätte mich Burt nicht so nervös gemacht, ich hätte ihn auf der Stelle umarmt und gedrückt, bis er keine Luft mehr bekam.

Jetzt war es an der Zeit, meinen Sohn, den ich seit Dragos Tod nicht mehr gesehen hatte, zur Sprache zu bringen. Wo sollte ich anfangen? Burt ließ mich einen Freund anrufen – Derrick – ein Footballstar des Kampala City Council Football Clubs. Eine andere Nummer hatte ich nicht.

Derrick berichtete, dass Drago, ehe er starb, beschlossen hatte, Rita solle sich unseres Sohnes annehmen, und sie wollte ihn nicht gehen lassen. Ich bezweifle nicht, dass sie ihn gern hat, weil sie ihn von klein auf betreut und versorgt hat, aber an sie dachte ich in diesem Moment nicht. Ich hatte die Hoffnung nie aufgegeben, meinen Sohn zurückzubekommen – das war jetzt mein größter Wunsch.

Als das UN-Büro in Uganda endlich Kontakt zu Rita aufgenommen hatte, wandte sie sich an Dragos Familie. Die hatten jedoch kein Vertrauen zu ihr und beschuldigten sie, Moses stehlen zu wollen. Deshalb beschlossen sie, meinen Sohn zu sich zu nehmen, aber vorher kam es noch zu einem Prozess. Rita war schon immer schwierig gewesen, und sie war stur. Den Prozess verlor sie, weil sie weder mit mir noch mit Drago verwandt war. Burt versicherte mir, dass er alle Hebel in Bewegung setzen würde, um mich mit meinem Sohn zu vereinen.

Ich stand kurz davor, Burt von meinem kleinen Mädchen zu erzählen, aber dann traute ich mich doch nicht. Ich hatte die merkwürdige Vorstellung, dass eine Frau mit so chaotischen Familienverhältnissen in kein anderes Land einreisen dürfe. Selbst wenn ich gelernt hatte, mich zu öffnen, ohne dafür verurteilt zu werden, saß die Überzeugung, dass ich ein schlechter Mensch sei, dem niemand helfen wird, noch tief. Ich durfte mir die Chance, in ein anderes Land zu kommen, nicht entgehen lassen, redete ich mir ein. Eines Tages würde ich zurückkommen und meine Tochter finden. Was meinen Sohn betraf, so erfuhr ich, dass die Vereinten Nationen dafür sorgen würden, ihn zu mir zu bringen, sobald ich in meiner neuen Heimat angekommen wäre.

Ich hatte mein Lächeln wiedergefunden. Ich wagte wieder anderen Menschen zu vertrauen. All die Unterstützung und die Freundlichkeit, die ich bei den Vereinten Nationen erlebt hatte, hatten mir meine Lebensfreude zurückgegeben. Aber ich wollte auch selbst, dass etwas passierte. Die starken Medikamente, die ich immer noch nehmen musste, verstärkten meine Ruhelosigkeit und machten mich offener – schwatzhafter. Ich konnte gar nicht mehr aufhören, über mich zu sprechen. Ich hatte den Drang, noch einmal von vorn anzufangen, wollte ein ganz neuer Mensch werden.

Noch immer schämte ich mich für die wirkliche China. Deshalb erfand ich ein neues »Ich« mit einer neuen Biografie, damit niemand über mich lachen oder auf mich herunterschauen konnte. Ich erzählte, ich sei Kanadierin und studiere Politikwissenschaften. Bei einer dieser Gelegenheiten versuchte ich, jemandem einzureden, dass ich auch schriebe. Als mich derjenige fragte, ob ich Autorin sei, musste ich zugeben, dass ich nicht wusste, was das Wort bedeutete. Da wollte er sich ausschütten vor Lachen. Da ich mein Leben lang gelogen hatte, um einer Strafe zu entgehen, durchschaute man mich schnell. Die echte China brach immer wieder durch.

Manche nahmen mir meine Lügen nicht übel. Stattdessen zeigten sie mir, dass Lügen auf lange Sicht nicht weiterhelfen. Ich musste lernen, mich selbst zu akzeptieren, und zwar so, wie ich war und bin. Der Rat, den sie mir gaben, war richtig, aber ich konnte mein Verhalten nicht von einem Tag auf den anderen ändern. Das sollte unendlich lange dauern, egal, wie sehr ich mich auch bemühte.

Eine neue Heimat

Eines Morgens ging ich zu Lori. Vor ihrem Büro begegnete ich Burt, der sehr froh zu sein schien. »Stell dir vor! Dänemark will dich aufnehmen!« Aber ich war gar nicht begeistert, denn ich glaubte, Dänemark läge bei Afrika, und ich wollte so weit wie möglich weg von Afrika. Als ich ihm das erzählte, entschuldigte er sich.

»Ich hätte dir natürlich erst einmal sagen sollen, wo Dänemark liegt. Das ist sehr weit weg«, versicherte er mir. Als er hinzufügte, es grenze an Deutschland – ein Land, von dem ich durch Kashillingi gehört hatte –, war ich beruhigt. Draußen im Wartezimmer überlegte ich, wie das bloß möglich war, dass ein Land jemanden wie mich so bereitwillig akzeptiert – trotz meines kaputten Lebens und ohne Ausbildung. Ich ging zurück ins Hotel und begann, von diesem fernen Land Dänemark zu träumen. Zwei Tage später sollte ich schon eine bessere Vorstellung davon bekommen. Auf der dänischen Botschaft bekam ich die Fahrkarte und das Visum ausgehändigt.

Als ich zurück ins Hotel kam, traf ich einen Deutschen namens Alex Kugler. Er gehörte zu einer Gruppe deutscher Medizinstudenten, die nach Südafrika gekommen war, um dort in einem Krankenhaus zu arbeiten. Kugler war Christ und sprach ein bisschen Suaheli, das er auf einer Reise durch Kenia und Tansania gelernt hatte. Er hatte den gleichen Wunsch wie ich: Er erzählte mir, dass er nach dem Studium in Afrika leben und den Kindern dort helfen wolle. Dafür bewunderte ich ihn. Es dauerte nicht lange, da bat ich ihn, mir Bescheid zu sagen, wenn er zum Gottesdienst gehen würde. Eines Abends kam Kugler in mein Zimmer und sagte, jemand würde draußen auf uns warten, um uns zur Kirche zu fahren. Dort stand ein BMW, und als wir einstiegen, stellte sich mir ein Mann namens Wily van Wyk vor. Als mir klar wurde, dass er ein Bure war, bekam ich Angst. Aber ich beschloss, es auf einen Versuch ankommen zu lassen. Unterwegs erzählte mir van Wyk von Jesus und was er ihm alles zu verdanken habe. Da er ein so teures Auto fuhr, glaubte ich ihm irgendwie, auch wenn ich davon überzeugt war, dass Gott das letzte Wort haben würde. In einer riesigen Kirche feierten Schwarze und Weiße zusammen Gottesdienst. Ich saß neben Kugler, zu meiner anderen Seite saß ein altes Ehepaar, sie waren Buren. Ich war es überhaupt nicht mehr gewohnt, lange stillzusitzen, und begann, mich zu langweilen. Aber ich schaffte es, bis zum Ende des Gottesdienstes zu bleiben. Ehe wir zum Hotel zurückfuhren, trank Kugler eine Tasse Kaffee und ich aß ein Stück Kuchen. Am nächsten Abend kam van Wyk wieder, diesmal fuhren wir zum Haus eines Freundes. Es war ein kalter Winterabend, aber im Haus war es so warm, dass wir unsere Jacken ablegen konnten. Ich war die einzige Schwarze und war sehr erleichtert, als ein chinesisches Mädchen hereinkam. Die Andacht begann mit einem Lied, anschließend wurden wir gebeten, Schuhe und Strümpfe auszuziehen. Das war mir peinlich, weil meine Socken so viele Löcher hatten. Ich gab mir Mühe, sie so unauffällig wie möglich auszuziehen, was mir auch gelang. Eine Dame, sie gehörte zu den Buren, hatte eine Schale und Wasser bereitgestellt und sagte uns, sie würde uns jetzt die Füße waschen, so wie Jesus das mit seinen Jüngern getan habe. Daraufhin hätte ich sie beinahe um eine Zigarette gebeten, mir war nach Weglaufen zumute. Nach der Fußwaschung wurden wir gebeten, im Stillen zu beten, aber das konnte ich nicht, wegen der Animositäten zwischen Schwarzen und Weißen, von denen ich so viel gehört hatte. War das hier echt? Oder war es reiner Zufall, dass ich zu der Andacht gekommen war, bei der einem die Füße gewaschen wurden? Ich konnte keinen Hass erkennen und spürte nichts von der Apartheid, die hinter jeder Ecke zu lauern schien. Diese Menschen mussten in einem völlig anderen Südafrika aufgewachsen sein! Zurück im Hotel, erzählte mir Kugler, dass er am nächsten Tag mit Freunden zu einem Camp in den Bergen fahren würde, versicherte mir aber, er wäre noch vor meiner Abreise nach Dänemark wieder zurück.

In dieser Zeit lernte ich eine junge Frau aus Deutschland kennen, Judith Osseforth. Sie hatte ihr Medizinstudium fast abgeschlossen und gehörte zur gleichen Gruppe wie Kugler. Später stellte sie mich noch Alexander Müller und Eberhard Reithmeier vor. Wir hatten viel Spaß zusammen. Am Tag vor meiner Abreise nahmen sie mich mit in ein Restaurant, wo ich meine letzte Mahlzeit in Afrika zu mir nahm.

In dieser Nacht konnte ich nicht schlafen. Ich saß auf meinem Bett und dachte an das Land, das ich am nächsten Tag verlassen würde. Die Zeit in Südafrika war für mich sehr hart gewesen, und trotzdem tat es mir weh, von hier wegzugehen. Es war ein wirklich bemerkenswertes Land, aber mein Herz und meine Seele weigerten sich, ein Teil davon zu sein. Am Abreisetag war ich traurig und aufgeregt zugleich.

Bald würde ich mich von Südafrika verabschieden. Mit gemischten Gefühlen dachte ich an mein neues Leben.

Abreise

Ich wurde immer nervöser und konnte weder gehen noch stehen. Es war sehr kalt, aber mir war heiß, und ich fühlte mich verschwitzt. Mein Herz raste so, dass ich schon glaubte, einen Herzanfall zu bekommen. Ich stand an der Rezeption, als Kugler auftauchte. Er eilte in sein Zimmer, stellte sein Gepäck ab und danach gingen wir zu dem berühmten Gebäude der South African Union. Überall machten wir Fotos, aber ich kann mich nicht mehr genau erinnern, was wir uns alles angeschaut haben, denn ich war mit meinen Gedanken nicht ganz bei der Sache.

Um sechs Uhr abends fuhr Pamela ein letztes Mal mit ihrem UN-Auto vor dem Hotel vor, um mich zum Flughafen zu bringen. Sie kümmerte sich um alles und erinnerte mich sehr an meine Schwester Margie, von der ich schon seit vier Jahren nichts mehr gehört hatte. Als sie sich von mir verabschiedete, fing ich an zu weinen. Ohne ihre Hilfe fühlte ich mich mutterseelenallein. Ich ging durch den großen Raum zum Gate. Dort war ein weiterer riesiger Raum. Ist das schon das Flugzeug oder ein Theater?, dachte ich und beschloss, ein paar Mädchen zu fragen, die neben mir standen. Auf meine Frage lachten sie laut los, und mir blieb nichts anderes übrig, als mitzulachen. Sie erklärten mir alles. Neben mir im Flugzeug saßen zwei Spanier. Als wir gebeten wurden, die Sicherheitsgurte anzulegen, wusste ich nicht, was ich tun sollte. Aber die beiden Spanier waren sehr hilfsbereit. Als wir in der Luft waren, fiel mir auf, dass alle einen kleinen Tisch vor sich hatten –

nur ich nicht. Aus Angst, mich lächerlich zu machen, wagte ich nicht, danach zu fragen.

In Dänemark

Am nächsten Morgen kamen wir sehr früh in Frankfurt an, wo ich in ein anderes Flugzeug umstieg. Am 21. Juni 1999 um zwölf Uhr erreichte ich meinen endgültigen Bestimmungsort, Kopenhagen. Dort wurde ich von einem hochgewachsenen Mann abgeholt, der mich an der Hand nahm, erst zur Polizei begleitete und anschließend zu zwei weiteren Menschen: Birgitte Knudsen und ihrem Kollegen Karl Erik. Gemeinsam fuhren wir zu ihrem Büro, wo ich Pia traf. Noch nie in meinem Leben bin ich so herzlich empfangen worden. Ich wusste gar nicht, was ich sagen sollte, aber mein Herz sagte, dass ich diese Stadt lieben würde.

Birgitte und Karl begleiteten mich auf eine Sightseeingtour durch Kopenhagen und brachten mich zum Diakonissenstift, wo mir ein Zimmer zugewiesen wurde. Alles war neu für mich. Mein Zimmer hatte eine kleine Küche, wo ich mir etwas zu essen machen konnte. Wenn ich wollte, konnte ich auch unten im Gemeinschaftsraum essen. Noch nie hatte ich so viel Luxus gesehen. Das war fast zu viel des Guten. Geradezu unwirklich. Ich glaubte zu träumen. Gehörte ich jetzt wirklich hierher? Mein Mittagessen nahm ich an einem riesigen Tisch ein, und alle lächelten mir zu. Während des Essens dachte ich an das Land, aus dem ich kam. Ich fühlte mich wie am anderen Ende der Welt. Wohin ich auch schaute, überall beggnete ich fremden Blicken. Alles sah so anders aus, und alle benahmen sich ganz anders, als ich es gewohnt war.

Wenn ein Mensch schwach ist, empfindet er das Fremde schnell als Bedrohung, als Zurückweisung oder Distanziertheit. Schon deshalb lässt einen die Vergangenheit nicht los. Am Anfang bekommt man nur sehr wenig von der neuen Heimat mit. Noch ist sie kein richtiges Zuhause – weil die Gedanken immer noch um die alte Heimat kreisen. Immerzu spukt einem die Vergangenheit im Kopf herum, in jeder Minute, jeder Stunde des Tages. Das lässt sich nicht so einfach abschütteln.

Man würde gern Kontakte zu den Einheimischen aufnehmen und beginnt die Sprache zu lernen. Aber man redet leicht aneinander vorbei, weil die Kultur so unterschiedlich ist. Sogar die Witze sind anders. Manchmal lache ich einfach mit, ohne zu verstehen, warum. Doch Lachen verbindet, und mit der Zeit versteht man immer mehr. Man beginnt zu vergleichen und viele Fragen müssen gestellt und beantwortet werden. Nichts ist schlimmer als zu schweigen, denn dann vertut man die Chance, sich näherzukommen.

Im Grunde ist es mir gar nicht so schwer gefallen, mich in Dänemark einzuleben, vielleicht weil es mir nicht fremd ist, eine Fremde in einem fremden Land zu sein. Als Kind und Jugendliche bin ich lange auf der Flucht gewesen und musste mich überall neu zurechtfinden. Wenn ich daraus etwas gelernt habe, dann das: Wer aufgibt, wird nie etwas Neues lernen. Wer sich um nichts kümmert, wird bald nicht mehr in der Lage sein, das Gute vom Bösen zu trennen. Wer nicht aufgibt, kann nur dazulernen. Man lernt auch Toleranz – wie Hund und Katze, die von Natur aus Feinde sind, aber auch lernen können, gemeinsam unter einem Dach zu leben.

Der Teil der Welt, in dem ich gelandet bin, war für mich lange Zeit das Paradies auf Erden. Aber zwischen dem, was ich mir vorgestellt hatte, und der Wirklichkeit besteht ein himmelweiter Unterschied. Viele meiner Vorstellungen wurden auf den Kopf gestellt. Zum Beispiel hätte ich es mir nicht träumen lassen, dass ein Weißer davon lebt, für andere Weiße zu putzen. Das wurde mir zum ersten Mal bewusst, als ich eines Morgens auf einen weißen Mann traf, der die Küche putzte, die im Diakonissenstift direkt neben meinem Zimmer lag. Das war ein so gewaltiger Kulturschock, dass ich sofort in mein Zimmer stürzte, tief durchatmete und zu mir sagte: »Es gibt bestimmt noch viele andere falsche Vorstellungen, die du dir lieber aus dem Kopf schlagen solltest!«

Eine neue Familie

Als ich in das Diakonissenstift einzog, sah ich eher wie ein Junge aus. Damals hatte ich fast keine Haare auf dem Kopf. Vielleicht haben mich deshalb alle so angelächelt, weil ich kahl war! Nach zwei Tagen, ich saß gerade beim Frühstück, kam ein Mann an meinen Tisch, der aussah, als wäre er Ende fünfzig. Er bot mir Kaffee an, und obwohl ich normalerweise keinen Kaffee trinke, wollte ich die Einladung nicht ausschlagen, aus Angst, er könnte das als Beleidigung auffassen. Der Kaffee war sehr sehr stark, deshalb schloss ich die Augen und trank vorsichtig in kleinen Schlucken. Der Mann hieß Knud Held Hansen und erzählte, er sei verheiratet und habe drei erwachsene Kinder, Jette und die Zwillinge Carsten und Jens. Er hielte sich geschäftlich in Kopenhagen auf. An sich wohne er mit seiner Familie in Ålborg. Ich fühlte mich von seiner natürlichen Art sofort angezogen und meine Nervosität legte sich. Zum ersten Mal seit langem ging ich nicht gleich auf Abstand. Er schaute mich prüfend an und fragte: »Wo sind deine Haare? Wachsen sie wieder? Längere würden dir bestimmt stehen!« Als ich mit ihm sprach, kam es mir vor, als würde ich ihn schon jahrelang kennen.

Als der Kaffee getrunken war, fragte er, ob ich Lust hätte, mir Kopenhagen anzusehen. Die erste Sehenswürdigkeit war etwas, das sie »Die kleine Meerjungfrau« nennen. Auf dem Weg dorthin fragte er, ob ich mir vorstellen könnte, »Bakken« zu sehen. Ich hatte keine Ahnung, wovon er sprach, wollte aber nicht, dass sich unsere Wege trennten, deshalb sagte ich einfach ja. Nachdem wir geparkt hatten, spazierten wir durch einen Wald mit großen alten Bäumen. Überall sahen wir fröhliche Menschen, die wie wir zu Fuß gingen oder in Kutschen an uns vorbeifuhren. Die Uniform der Kutscher war fantastisch und sehr vornehm. Das Ganze wirkte wie ein schöner Traum. Auf einer Lichtung brannte ein großes Feuer, und Knud erklärte, man würde Hexen verbrennen. Wie faszinierend. Ich starrte intensiv ins Feuer, konnte aber keine Hexe entdecken. Sehr merkwürdig! Endlich kamen wir zu einem Vergnügungspark, der »Tivoli« hieß. Ich kannte nur ein einziges Tivoli, und das war ein Videogeschäft in Uganda. Hier wimmelte es nur so von fröhlichen Menschen. Riesige Maschinen schwangen Menschen hoch in die Lüfte und sie lachten und kreischten laut. Für mich war es das Paradies auf Erden. Ich konnte es kaum erwarten, alles auszuprobieren, und Hansen stand wie ein Vater daneben und sah zu, wie ich schaukelte und mich freute wie ein kleines Kind. Ihm machte es Spaß, mir dabei zuzuschauen. Als ich langsam genug bekam, meldete sich der Hunger, den wir in einem italienischen Restaurant stillten. Während wir auf die Pizza warteten, grüßte uns ein Paar, das am Tisch nebenan saß. Ihre Sprache klang ganz anders als die, die ich im Diakonissenstift gehört hatte. Hansen sagte, ich hätte richtig gehört. Sie sprachen schwedisch. Trotzdem verstand er alles, was sie sagten.

Abends im Diakonissenstift bekam Hansen wieder starken Kaffee, während ich mich mit einer Tasse Tee begnügte. Plötzlich klingelte sein Handy. Es war seine Frau Esther, und ich bekam Gelegenheit, sie und ihre Tochter zu begrüßen. Am nächsten Tag würde Hansen nach Hause fahren, und ich stand kurz davor, in Tränen auszubrechen, obwohl er mir versicherte, wir würden uns bestimmt wiedersehen. Er kümmerte sich wie ein Vater um mich, und deshalb fiel es mir nicht weiter schwer, in ihm den Vater zu sehen, den ich nie gehabt hatte. Seine Herzlichkeit ließ die kalte Zurückweisung der Amerikaner in einem ganz anderen Licht erscheinen. Heute bin ich fest davon überzeugt, dass darin ein tieferer Sinn lag. Sonst wäre ich nie hierher gekommen und hätte so viele freundliche, hilfsbereite Menschen getroffen, die Verständnis für mich hatten. Endlich ist es so weit und ich lebe bei einer wunderbaren Familie. Endlich kann ich lächeln und fröhlich sein.

Die Zeit heilt manche Wunden

Noch heute kann es vorkommen, dass ich meine Uzi vermisse. Nicht weil ich den Drang verspüre zu töten, sondern weil sie so viele Jahre lang mein einziger Schutz war und mich vor dem Tod bewahrt hat.

Unsere Anführer beim Militär nutzten das aus. Gleichzeitig wussten sie, dass es gefährlich sein konnte, uns die Waffe wegzunehmen. Statt uns zu trösten und zu helfen, züchteten sie uns zu gefährlichen Kampfmaschinen heran – man denke nur an die Prahlerei Kashillingis seinen Freunden gegenüber.

Es stimmt nicht ganz, wenn ich sage, dass ich die Waffe vermisse. Es ist die vermeintliche Sicherheit, die sie mir gab. Ich bin weit davon entfernt, alles in meinem Leben zu verstehen. Wer kann das mit fünfundzwanzig schon von sich behaupten? Ich weiß, dass ich noch einen langen Weg vor mir habe, vieles will noch verarbeitet werden. Trotzdem sehe ich heute viele Dinge anders. Dazu gehört auch meine Kindheit. Ich glaube, die schlimme Misshandlung – so kann man das wohl nennen – war der Grund, warum ich immer wieder zum Militär ging, auch nachdem der Krieg längst zu Ende war. Das Heer war alles andere als paradiesisch, andererseits hatte ich nie eine Wahl. Die Entscheidung fiel stets zugunsten des geringeren Übels.

Meine ganze Kindheit war ein einziger Hilfeschrei. Doch der verhallte ungehört. Und die, die ihn doch wahrnahmen, waren selbst zu schwach, um etwas zu tun. Deshalb musste ich aus eigener Kraft einen Ausweg finden – legal oder illegal –, um dieser Hölle zu entkommen. Ich war eine Fremde in meinem eigenen Land der Kindheit.

Wenn ich als Dreijährige versuchte, meine Tante Florida zu stärken, wenn ich daran dachte, die Tiere zu vergiften, war das in Wahrheit nichts weiter als eine Waffe, um mich zu verteidigen – wenn auch ohne Erfolg.

Heute brauche ich andere Waffen: Einsicht und Verständnis. Das ist gar nicht so leicht, wie ich zuerst gedacht habe. Eine gewisse materielle Sicherheit gibt mir Halt. Aber ich bin nach wie vor eine Fremde in einer fremden Kultur, in die ich mich zu integrieren, die ich zu verstehen versuche.

Die Hoffnung, wieder ein ganzer Mensch zu werden, den Traum von Freiheit – meiner eigenen Freiheit, meinen eigenen Träumen – habe ich nie aufgegeben. Wer einen Löwen besiegt, auf den geht etwas von dessen Mut und dessen Stärke über. Wer den Kampf verliert, wird gefressen und verschwindet für immer. Doch ich bin nicht gefressen worden! Und mit jedem neuen Tag spüre ich, dass die starke ehemalige Kindersoldatin China diesen Traum wahr machen kann.

Doch weder meine qualvolle Vergangenheit noch meine neue

Heimat haben mich je vergessen lassen, dass in Uganda immer noch Krieg wütet und dass es viele gibt, die weinen und Hilfe brauchen. Deshalb habe ich dieses Buch geschrieben. Deshalb will ich jedem Kindersoldat, der kämpft, und jedem, der dagegen ankämpft, dass Kinder als Soldaten missbraucht werden, sagen: Der Kampf ist noch nicht zu Ende.

Deshalb erhebe deine Stimme und fordere dein Recht ein auf ein selbstbestimmtes Leben, ein Leben in Würde.

Nachwort

An Yoweri K. Museveni

Hier sitze ich und denke,
Wenn ich mich im Spiegel sehe, sehe ich dein Gesicht.
In Albträumen verfolgst du mich mit meinem alten Gewehr in der Hand.
In meinen Träumen höre ich immer noch deine Stimme, all deine schönen Worte, die mich dazu brachten, mein Blut für dich zu vergießen.

Ich spielte dein Spiel, ohne die Regeln zu kennen.
Während dein Gesicht immer mehr zu strahlen begann, wurde meines immer grauer.
Grau, weil ich zu erschöpft war, um es zu waschen.
Weil das Gewehr, das du mir in die Hand gabst, schwer auf mir lastete und mich hinabzog.

Während ich deine schmutzige Arbeit erledigte, fragte meine Seele: warum? Nur du kanntest die Antwort. Doch ich bekam nie eine Antwort.
Du zogst dich in dein sicheres Versteck zurück, zu dem ich keinen Zugang hatte.
Die Fragen meiner Seele mögen dich erschreckt haben, denn deine Leibwächter erhielten den Befehl, mich abzuweisen.
Sie erhielten den Befehl, mich gefangen zu nehmen und meine Seele zu rauben, nur weil du es mit der Angst bekamst.
Du machtest mich zum Flüchtling in meinem eigenen Land.
Deine Waffen waren gegen mich gerichtet.
Meine Stimme rief nach dir, aber du wolltest sie nicht hören.
Die Jagd war bereits in vollem Gange.

Jetzt hast du den Gipfel der Macht erklommen, bist von allem
umgeben, wonach du gehungert hast.
Aber kennst du meinen Namen?

Warum, glaubst du, wollen wir nicht mehr mitspielen? Warum?
Ich weine so oft. Warum?
Reckte ich meine Waffe nicht hoch genug für dich?
Kämpfte ich nicht tapfer genug in deinem Krieg?
Du bekamst, was du wolltest. Und was bekamen wir?
Was wurde aus allen deinen Versprechungen?
Zu viele Jahre habe ich versucht, eine Antwort zu finden.

Warum hörst du die Schreie nicht mehr?
Liegt es an den hohen Mauern, die dich umgeben?
Liegt es an den bewaffneten Menschen, die dich umgeben, Tag
und Nacht?
Liegt es daran, dass du dich nicht mehr an uns erinnerst?
Erinnerst du dich nicht mehr an die Kinder, denen du ein neues
Leben und eine Zukunft versprachst?
Damals – erinnerst du dich? – damals, als sie es am dringendsten
brauchten, damals, hinter den feindlichen Linien, als du vor
ihnen standest.

Viele sind gefallen. Wie lautete deine Antwort?
Das war nicht so schlimm, sagtest du.
Was sagtest du zu den Eltern, die nach ihren Kindern suchten?
Hätte ich damals bloß gewusst, was ich heute weiß.
Ich legte mein Leben in deine Hände – als schliefe ich neben
einem Löwen.
Und wer neben einem Löwen schläft, wird vielleicht schon am
nächsten Morgen gefressen.

Erinnerst du dich an die Mütter? Ich sehe sie noch vor mir, die Mutter, die zu dir kam und nach ihrem Sohn suchte. Sie nannte seinen Namen. Als du nicht reagiertest, versuchte sie, ihn dir zu beschreiben, dieses verschreckte kleine Kind, das sich nachts immer noch in die Hosen machte. Aber du hattest ihm längst einen anderen Namen gegeben. Einen fremdklingenden Namen. Er bekam den Namen eines Actionhelden, um in deinem Spiel mitzuspielen.

Sein richtiger Name wurde vergessen und begraben. Die Mutter senkte den Kopf und weinte, denn dort, wo sie herkam, waren Actionhelden unbekannt. Dann hattest du keine Zeit mehr. Du musstest eine Straße bauen. Aber ich sah ihre Tränen. Ich sah, wie ihre Beine nachgaben, als sie die Treppe erreichte.

Ich sah, dass du in die andere Richtung blicktest, als du an ihr vorbeigingst.

Kann ich mir selbst auf die Schulter klopfen, weil ich meine Sache gut gemacht habe?

Habe ich richtig gehandelt, damals, als ich mich in deinem Spiel vor den Kugeln duckte?

Damals hatten deine Taschen keine Löcher.

Wir spielten mit und weinten bittere Tränen. Jetzt bist du mit dem Weinen an der Reihe – in diesem Narrenspiel.

Aber du kannst es wieder gutmachen. Es muss dich nicht einmal das Leben kosten, nur ein winziges bisschen deiner kostbaren Zeit.

Andere werden deinem Beispiel folgen, wenn du bereit bist, der Mutter ihr Kind zurückzugeben.

Dein Kindersoldat

Dank

Ohne die Hilfe und Unterstützung vieler Menschen in zahlreichen Ländern hätte ich niemals den Mut gehabt, dieses Buch zu schreiben. Mein besonderer Dank gilt dem dänischen Volk und der dänischen Regierung, meiner neuen Familie – Knud Held Hansen und seiner Frau Esther mit ihren Kindern Jette, Carsten und Jens –, allen Angestellten der Vereinten Nationen in Südafrika, meiner Schwester N. Omutoni, meinem Bruder M. Richard, meinem Bruder S. Robert und meinem Bruder Emanuel, Lucky Dube, Rasmus Kujahn Ehlers, Jens Poulsen und seiner Familie, meinen Lehrern Søren, Lisa und Kenneth, meiner Ärztin Lill Moll Nielsen sowie Lars Koberg – ich danke euch!

Der Krieg in Uganda und seine Hintergründe

1862 entdeckt John Speke auf seiner Suche nach den Nilquellen die Gegend um den Viktoriasee. Er ist es auch, der dem See seinen Namen gibt. Bald darauf kommen die ersten christlichen Missionare, zunächst protestantische Anglikaner, wenige Jahre später französische Katholiken. Die Missionare begründen ein Ausbildungssystem, das bis heute die Grundlage des ugandischen Schulwesens bildet. In den Jahren bis 1893, bevor die britische Krone über Uganda herrscht, wird das Land von der Handelskompanie »British East Africa Company« verwaltet, bis diese in Konkurs geht.

Eine eigene politische Bewegung entsteht erst in den Jahren nach dem Zweiten Weltkrieg. Zwei große Parteien bilden sich – der UPC und die DP. Der UPC – »Uganda People's Congress« – steht unter der Leitung von Milton Obote, einem extremen Nationalisten. Sein Parteiprogramm ist stark von einer zentralistischen sozialistischen Ideologie inspiriert. Die DP – »Democratic Party« – dagegen ist eine dezentral orientierte katholische Partei, die besonders im südlichen Uganda Unterstützung findet, wo das alte Königreich der Baganda eine gewisse Unabhängigkeit genießt. Am 9. Oktober 1962 endet die Kolonialverwaltung Großbritanniens, und Uganda wird ein unabhängiger Staat mit einer föderalen Verfassung – das heißt mit einem Präsidenten, einer Regierung, die von einem Premierminister angeführt wird, und mit einem Parlament von 276 Mitgliedern. Im Frühjahr 1962 finden die ersten Wahlen statt. Das Präsidentenamt bleibt letztlich ohne wirklichen politischen Einfluss. Premierminister wird Milton Obote, der aus dem nördlichen Uganda stammt. 1966 wird Uganda zu einem Einparteienstaat. Obote ernennt sich zum alleinigen Herrscher und bekleidet sowohl das Amt des Premierministers als auch das des Präsidenten. 1971 wird er durch einem Staatsstreich von Idi Amin abgesetzt. Anfangs feiern die Menschen Amin als Helden, der das Volk von Obotes marxistischer Diktatur befreit hat. Doch dann folgt eine Schreckensherrschaft mit willkürlichen Ermordungen. Besitz, insbesondere der der asiatischen Minderheit, wird konfisziert. Amin jagt nicht nur die Asiaten aus dem Land – bei denen es sich überwiegend um Inder handelt, die ursprünglich von den Engländern ins Land geholt wurden –, sondern auch die israelischen Berater. 1978 dringt Amin in Tansania ein. Die Armee Tansanias geht zum Gegenangriff über und stürzt Amin mit Hilfe verschiedener ugandischer Aufständischer.

Nach einer von Tansania eingesetzten, leider wenig effizienten Übergangsregierung kehrt Obote 1980 aus dem Exil zurück und gelangt durch Wahlmanipulation erneut an die Macht. Anfangs unterstützt die »Democratic Party« Obote, aber Yoweri Museveni, der schon eine Gruppe von Aufständischen anführte, die aktiv gegen Idi Amin gekämpft hatten, weigert sich, das Wahlergebnis anzuerkennen. Internationale Beobachter schätzen, dass Obote ebenso viele Massaker veranstalten und Menschen foltern ließ wie Idi Amin. Rasch gründet Museveni eine Widerstandsbewegung, die NRA – »National Resistance Army«. Mit dem Ziel, Milton Obote abzusetzen, zettelt er einen Guerillakrieg an. Museveni findet besonders im südlichen Teil des Landes Unterstützung, aber auch andere Fraktionen kämpfen an seiner Seite.

Nach einer Offensive, die neun Tage währt, nimmt die NRA am 26. Januar 1986 die Hauptstadt Kampala ein. Yoweri Museveni wird zum Präsidenten einer Einparteienherrschaft ausgerufen, in der politische Parteien bis heute verboten sind. Museveni selbst übernimmt neben dem Amt des Präsidenten auch das des Verteidigungsministers, das er jedoch später an seinen Halbbruder Salim Salem abgibt. Der bekleidet diesen Posten bis 1999. Der Korruption angeklagt, muss er gehen. Erst 1989 werden die ersten landesweiten Wahlen abgehalten. Fast alle Regierungsposten werden mit Mitgliedern von Musevenis politischer Organisation NRM besetzt.

Viele vergleichen Musevenis Einparteiensystem mit Mussolinis faschistischer Partei, die anfänglich auch kommunistische Elemente aufnahm. Die Partei ist ganz auf ihren Vorsitzenden zugeschnitten und betreibt einen regelrechten Personenkult. Nach der Machtübernahme geht Museveni zunächst Allianzen mit Libyen, Kuba und der früheren Sowjetunion ein. Nachdem der Pariser Club eine Entschuldung durchgeführt hat, pflegt das Land gute Beziehungen zu den USA und anderen westlichen Ländern.

Das ugandische Rechtssystem ist auf dem britischen aufgebaut – wenn auch nur theoretisch. In der Praxis werden Menschen noch immer willkürlich gefangen genommen und in den Gefängnissen zu Tode gefoltert, ohne dass sich deswegen irgendjemand vor Gericht verantworten müsste. Laut IWF steht Uganda ökonomisch gesehen gut da. Das liegt unter anderem an der zuvor bereits erwähnten Entschuldung, aber auch daran, dass viele der ausgewiesenen Asiaten nach Uganda zurückgekehrt sind.

Die gegenwärtige Regierung Ugandas wurde im Mai 2001 gewählt und setzt sich aus 21 Ministern und 45 Juniorministern zusammen, darunter auch zehn Minister, die im Mai nicht wiedergewählt wurden. Dennoch überlässt Museveni den Posten des Verteidigungsministers Amam Mbabazi, dem früheren Junioraußenminister. Museveni umgibt sich stets mit Leuten, die seinen Weg von Anfang an begleitet haben. Sie werden nicht ausgewechselt, egal, wie die Wahlen ausgegangen sind. Stattdessen nimmt er Regierungsmitglieder aus anderen Stämmen dazu – nicht zuletzt Bagandaner, die den größten Stamm Ugandas bilden. Diese kandidieren als Einzelpersonen und nicht als Repräsentanten der Opposition, die, wie gesagt, per Gesetz verboten ist.

Auch heute ist Uganda weit davon entfernt, ein friedliches Land zu sein. Verschiedene Gruppierungen bekämpfen Museveni. Eine davon ist Idi Amin treu geblieben. Ein anderes Beispiel ist die Lord's Resistance Army (LRA). Sie ging zwar aus einer christlichen, fundamentalistischen Bewegung hervor, wird aber vom muslimischen Sudan unterstützt, wo sie Stützpunkte unterhält. Der gefährlichste Widerstand kommt jedoch von einer Gruppierung, die aus zusammengewürfelten Truppen besteht, aus Obote-Getreuen, islamischen Fundamentalisten sowie Hutu-Milizen mit Wurzeln in Ruanda. Diese Allianz – ADF genannt – soll auch hinter den Terroranschlägen von Kampala stecken und für die Vertreibung von bis zu einhunderttausend Ugandern aus dem westlichen Teil des Landes verantwortlich sein. Die ADF wird besonders von der Demokratischen Republik Kongo und dem Sudan unterstützt.

In Uganda werden viele Sprachen gesprochen. Die offizielle Landessprache ist Englisch, die auch im Unterricht benutzt, jedoch nur von 10–20 % der Menschen gesprochen wird. Suaheli ist die zweite offizielle Sprache des Landes, die aber in Uganda nicht so verbreitet ist wie anderswo in Afrika. 70 % sprechen unterschiedliche Dialekte der Bantusprache. Die nilotischen und nilo-saharischen Sprachen werden meist im Norden gesprochen, aber auch in Ostuganda.

Ingelise Gullack Møller

Inhalt

Vorwort
7

Teil 1
Die geraubte Kindheit
11

Teil 2
Mein Leben als Kindersoldatin
107

Teil 3
Auf der Flucht
263

Nachwort
310

Dank
313

Der Krieg in Uganda und seine Hintergründe
314